K.レーヴィット

ニーチェの哲学

NIETZSCHES PHILOSOPHIE DER EWIGEN
WIEDERKEHR DES GLEICHEN

柴田治三郎訳

岩 波 書 店

クルト・リーツレルの記念のために

NIETZSCHES PHILOSOPHIE DER EWIGEN
WIEDERKEHR DES GLEICHEN
by Karl Löwith

This Japanese edition published 1992
by Iwanami Shoten, Publishers, Tokyo
by arrangement with Verlag W. Kohlhammer, Stuttgart.

初版への序文

「私の著作は時間を要する。――そしてこの現在がその課題として解決しなければならないものと、取り違えられることを、私はまったく欲しない。五十年後におそらく数人の人々が、私によってなされたことを見る目を、開くであろう。しかし目下のところでは、無限に真理から取り残されていることなしに私について語ることは、(遠近法の法則にしたがって)単に困難であるばかりでなく、まったく不可能である。」(ヴェニスにて、一八八四年)

ニーチェはその著作の最後の章で、何ゆえにかれが一つの「運命」であるか、すなわちかれ自身の、もっとも孤独な、そして同時にわれわれすべての人々の共通の、公然たる運命であるかを、世界に向かって言明した。

「私の存在の幸福、おそらくそれの唯一性は、それの宿命に存する。すなわち、謎の形で言い表わすならば、私は私の父としてすでに死んでいて、私の母としてまだ生きており、そして老いて行くであろう。そのような、デカダンにして同時に始まりという、いわば生の梯子の一ばん上の踏板と一ばん下の踏板から出たような二重の素性――生の全体的問題に対する関係においておそらく私の特長をなしているかの中立性、党派からの自由を、説明するものがあるとすれば、そのような二重の素性である。私は、上昇と下降の徴証に対して、かつて一人の人間がもったよりも、より鋭い鼻をもっており、私はそれを教える特にすぐれた教師であり――私は両者を知っており、私は両者である。」

そのように「今日と明日のあいだに立たされ」、「今日と明日の矛盾の中に張り渡されて、かれは自分が来たるべき世紀とまだ証明されていない未来の早生児であると意識していた。それゆえかれは『ツァラトゥストラ』の中で、自分が今や一体何者であるか、約束する者なのか実行する者なのか、征服する者なのか相続する者なのか、秋なのか犂頭なのか、医者なのか全快者なのか、詩人なのか正直者なのか、解放者なのか制御者なのか、という問題を未決定にしておいた――なぜならば、かれは、自分がそのどちらかではなくて、同時に両者であることを、知っていたからである。」

ところが、ニーチェ自身と同じく、かれの哲学もまた、ニヒリズムおよび等しいものの永遠の回帰の二重の「予言」として、二重の意味に解せられる。かれの無への意志は「二重の意志」として永遠性の存在に帰ろうと欲したのだから、永遠回帰の教説は、意識的にかれの「運命」であった。存在(有)の縁から新たに出て行こうとして無の縁で存在の太陽の下降に向かう「新コロンブス」のそうした運動に対する理解もなく、ニーチェについて、かれは自己の足で立たされた個体の無制限な自由やまた新たな立法や序列を教えるのだとか、かれは「英雄的現実主義」やまた「放肆礼賛」の哲学を教えるのだ(それより更に考えの浅い解釈についてはまったく語らずにおくとして)、ということが取沙汰された。依然としてツァラトゥストラの次の言葉が妥当する――「かれらはみな私のことを語る……しかし誰ひとりとして私のことを――考える者はない！　これが私の学んだ新たな静寂である。私の周りのかれらの騒ぎは、私の思想の上にマントを拡げる。」

かれの思想のこうした被覆とは反対に、本書に述べられる解釈は、ニーチェのアフォリズムをその特有の問題性の、隠された全体において、その哲学的な見取図にしたがって把握しようとする一つの試みである。一つの総体的叙述の広汎な豊かさをあきらめることは、そうした組織的に総括しようとする意図に対応するものである。

しかし、ニーチェの哲学における本来の問題は、昔からつねにあった問題と、けっきょく何ら異なるものではなく、人間的実在が存在の全体においてどんな意味をもつか、ということである。「たましいの未開地」を発見しようとして、ニーチェはあえて「公海」に乗り出し、そして「最高の種類の存在」たるディオニュソス神の最後の使徒として、自分がついに狂気のうちに十字架にかけられたものと心得た。かれの先駆を後から辿る者として、われわれがすでに「生の新たな可能性」を――その可能性のためにニーチェがかれの最後の「新しい生き方の設計」にさいして一つの最古の世界観を反復したのに――発見したとでもいうように、かれの熱情的な問に対する答をもっていると思うのは、素朴でなければ思いあがりであろう。しかしニーチェの実験の判断に関しては、ある手紙の中の次のような個所が道しるべとなるかも知れない――

「もしあなたがいつか、私について何か書くことになったとすれば(親愛なる友よ、あなたにはもちろんそんな時間がない!)、あなたはまだ誰も残念ながらもったことのない賢明さ――私の特質を描き私を《叙述》しはするが、しかし私を《評価する》ことをしないという賢明さを、おもちになるがいい。そのことから気持のいい中立性が出て来る。そうすると人は自分の激情を休ませておくことができ、そしてそれだけますますより繊細な精神性を手に入れるものと、私には思われる。私はまだ一度も叙述されたことがない――心理学者としても著述家(《詩人》をも含めて)としても、新しい種類のペシミズム(強さから生まれたディオニュソス的なペシミズム、それは実在の問題をその角《つの》でつかむという楽しみをもつ)の考案者としても非道徳主義者(――これまで到達された最高の形式の《知性上の正直さ》、それはそれ自体本能となり不可避性となった上で、道徳を錯覚として取り扱うことができる――)としても。そのさい私にくみすることは、全然必要でもなく、望ましくすらない。反対に、見知らぬ植物に対するような一とつまみの好奇心と一種の皮肉な抵抗の方が、私には、私に対するはるかにより知性的な態度だと思われるであろう[二]。」

一九三四年六月、ローマにて。

新版の序文

ニーチェは『ツァラトゥストラ』の発表以来、一つの課題にとりつかれた者の確信をもって、自分の作品には時間がかかるという自意識の中に生きていた。かれは一八八四年に、半世紀後にようやく数人の人の目に、かれによってなされたことが見えて来るだろうと、予言した。[一] そのあいだに時はニーチェの「未来の哲学の前奏」をも乗り越えて進み、「絶望の戦争」――それに向かってかれはドイツ人を一つの反ドイツ同盟によって挑発しようとした[二]――も、すでに過ぎ去ってわれわれから半ば忘れられている。そんなわけで今日われわれにニーチェは、その名声と活動が登り坂にあった五十年前とは、ちがって見える。かれはわれわれにまだ身ぢかであり、そしてすでに遠ざかっている。ヨーロッパの未来に関するかれの予言が、予見されない仕方ではあっても、いろいろと実現したし、あの時代には未曾有の言表だったことが、常套語になってしまって、現在の思惟がすべてその中で動いている。かれは「ヨーロッパ的ニヒリズム」を単にはじめてその名で呼んだだけではなく、それを助けて存在するに至らせもし、かれの意識によって、「権力への意志」が意識なしに実践されえたような精神的雰囲気を創造した。しかし今となっては人々は、いやというほど長いあいだ「ダイナマイト」をもって爆破し、かつ「危険な生き方をせよ」という原則を従順に守って来たので、そのような諸原理がまだ誘惑的に心をひくということもない。破壊の時代が実に徹底的にその仕事をやったので、人々は現に存在しない基礎の上で再建に取りかかる方がましだと考えるほどである。

ニーチェの像と作品が受けて来た意義の変遷を思い浮かべてみると、判断と評価における重点の転位が明らかになる。それはかれを輝かしいモラリスト兼心理学者として認めることから始まる。そして第一次世界戦争の若い世代のツァラトゥストラ崇拝において頂点に達した。それは、実際に「ハンマーをもって」哲学した第三帝国のニーチェのカリカチュアに急転した。そして、西洋の形而上学全体が論理上ニーチェにおいて完成(完了)するという終末史的なテーゼをもって終わる。――それは「歌う」べきだったろう、この新しいたましいは、とシュテファン・ゲオルゲの一九〇八年のある詩に言われている。「ツァラトゥストラ的本質」によって世界は癒される、と一九三八年、統制されたニーチェ-アルヒーフは布告した。「ニーチェのツァラトゥストラとは何者か?」と一九五三年にある詩人がたずねたが、その詩人は何のためらいもなく、ニーチェをヨーロッパ最大の形而上学者の列まで高め、まさにそれによって、かれを「存在忘却」の歴史に組み入れた。[三]

しかしじっさいにニーチェは偉大な思想家あるいは阻まれた詩人なのか? アリストテレスやヘーゲルに比べると、かれは「文化の医師」として来たるべき時代のためにかれ自身の時代に対抗してはたらきかけようとし、ついにはヨーロッパの未来を自分の意のままにしうるという確信をえた一人の情熱的なディレッタントである。ソフォクレスやヘルデルリーンに比べると、ニーチェの詩や比喩的言説は、少数の貴重な例外はあっても、「思想体験」の人為的な表現様式である。キェルケゴールが宗教的な著作家であったようにニーチェは、前景と幅から言って、哲学的な著作家であるが、かれにはキェルケゴールがもっていた概念的思惟の訓練がない。かれの師はヘーゲルではなくて、ショーペンハウエルであった。しかしニーチェは、やはり、深部と背景において、真に知慧を愛する者であり、そのような者として、常住するものすなわち永遠なるものを求め、そのためかれの時代ならびに総じて時間性を克服しようとした。かれにとって世界が「完全」になった時間の充実を、かれはある忘我の瞬間において体験し、それにかれは「正午にして永遠」という名を与えた。正午における永遠は、それがあたかも世界創造の前の神の無時間の永遠でもあるかのように、時間を否定しはせず、世界時間そのものの永遠を意味する。すなわち、つねに等しい発生と消滅の永遠に回帰する循環であって、その中では「存在」の恒常と「生成」の変化とが同一である。「つねに」あるものは、無時間的なのではない。つねにみずからに「等しく」とどまるものは、時間的なのではない。そのように理解された永遠、始めと終りのない、あるいは起原と目標のない永遠の中に、他の場合には時間の諸次元に時間的に撒き散らされているものが、完全に集合している。それゆえニーチェの、等しいものの永遠の回帰の永遠性を目ざす時間の時間性の克服という教説は、時間からの単なる逃亡でもなければ、無常性の単なる賞讃でもない。この「新しい永遠」——新しいというのは、無時間性という古い永遠に比べて言うにすぎない——の布告が、ニーチェのもっとも固有な教説になった。そしてそれに対応して、『ツァラトゥストラ』がかれの本来の作品であり「遺書」である。等しいものの永遠の回帰の教説は、「一切の価値の顚倒の試み」たる未完成の『権力意志』に対しても、それを担いかつ締めくくる思想として基礎をなしている。ニヒリズムすなわち一切の最高価値の無価値化の真理を永遠回帰の真理に転回することは、また一切の特殊な価値顚倒の一般的な原理でもある。しかし、『権力意志』の中の回帰説のためのノートと『ツァラトゥストラ』におけるそれの告知とのあいだの本質的な相違は、後者は前者が思想的に説明していることを比喩に圧縮しているということであり、そのさい詩作された比喩は不同の成分に分けられる。——問題は、われわれがそれにもかかわらずニーチェの教説から学びうるか否か、そして何を学びうるかということである。誰でもその教説に近づいて、それの決定的な意義についてのニーチェの聞きのがすことのできない証言をまじめに受け取った者は、それの意味もしくは無意味について説明をほどこすことを、試みずにいられなかった——それをそのまま神秘的なものとして受け取る仕方によったにせよ、始まりかけた狂気の徴候として片づける仕方によったにせよ。

ニーチェの全哲学を等しいものの永遠回帰の教説とする本書の解釈は、一九三五年の同題の出版の改作であり補足である。[四] それは読みこむ(こじつける)のではなくて、取り出す(解釈する)のである。それは、本書中で印刷の仕方を目立たせた本文の引用の解釈のために、それらの本文がそれ自身において、あるいは相互に不一致であるかぎり、批判的な観点をもそれらの本文そのものからだけ借用する。それは、ニーチェが自然的世界の必然的循環の物理的真理を一種の「困窮の転回」として承認しようとし、そのため権力への意志がすでに『ツァラトゥストラ』において「自己克服について」の標題のもとに永遠回帰の「幻想」の本質的な成分になりはするが、その幻想に適合するわけではない、ということに基づく基本的な矛盾を明らかにしようとする。等しいものの永遠回帰の教説は、その時間的な象徴たる「正午」と同様に、それ自身として分裂した両義的なものである。「正午」は「正午にして永遠」として、静止と完全性の最高の時間を意味する。それはまた、そしてなかんずく、極端な困窮と危険の最高の時間を、そしてそれ自身として一つの岐れ目の「中点」を――一つの決定が問題となる中点を――意味する。この矛盾によってニーチェの思想過程のおどろくべき統一性と首尾一貫性が崩れる。もし人が矛盾の命題の論理を非哲学的なものとして不要だと考え、矛盾と両義性がすでにそれ自身として深い洞察の証拠だと見るならば、もちろん矛盾や不一致は重要でないものに見えるかも知れない。しかし、ニーチェの思惟を動かしている矛盾は、たがいに矛盾する個々の命題の平面にあるのでもなければ、論争によって制約された多くの反対命題――それはニーチェの著作にもちろんいたるところに指摘されるが、それがそのつどどんな意図で、何に対して言われているかを考慮すれば、解決されるものである――の範囲内にあるのでもない。それ(ニーチェの思惟を動かしている矛盾)は、そのような形式的な外観上の諸矛盾とはちがって、一つの本質的な、包括的な矛盾であり、――神および共通の創造秩序のない――人間と世界の関係における根本的葛藤から発するものである。認識する論述というよりはむしろ試みる実験というべきニーチェの熱情的な思惟の極端な緊張は、最初から最後まで、右のような葛藤の解決とその葛藤からの救済をめぐって旋回する。外観上の解決は、ニーチェ-ツァラトゥストラが救済を必要とする自己の実存の偶然を自然的世界の全体の中に企投し、自己克服へのかれ自身の意志を天界の自己意欲と忘我的に調和せしめる、という仕方で行なわれる。自己自身を意欲する自我の有限な無の中から出て存在の永遠なる全体の中へ帰ろうとするかれの試みは、けっきょく、かれ自身と神――その神を中心として一切は世界となる――との混同に流れこむ。[五] ニーチェの意識は一種の狂気に入って終わる。その狂気については、それが無意味な外的な偶然であったか、かれに内面的に属している運命であったか、一種の神聖な狂気であって、その勃発にさいしてニーチェが最初の著作をささげたディオニュソス的狂躁の現象がかれ自身において電光的に具現して、[六]やがて痴呆の中に消えて行ったのか、簡単には決定せられない。――「そしてむしろ半ば崩れた黒い城砦のように、思いに沈み、鳥たちすらその静けさを恐れるくらい静かに、ただひとりでかれの山の上に坐っていたいと思う。[七]」

一九五五年十月、カローナにて。

目　次

ニーチェの哲学

第一章　ニーチェの哲学

——アフォリズムから成る一体系——

ニーチェの哲学は単一にまとまった体系でもなければ、ばらばらのアフォリズムから成る多様さそのものでもなく、アフォリズムから成る一つの体系である。その哲学的形式の特質が、同時にその内容をも特徴づけている。[一]ニーチェの哲学の体系的性格は、かれが自分の哲学的実験を企図し持続し遂行する一定の仕方から来ているし、アフォリズム的性格は実験すること自体から来ている。かれが幾度か変化したことの単純な意味も、かれの思索がもつそのような原則的に実験的な性格から理解されなければならない。

ニーチェはある時、現代という時代全体を実験の時代と呼んだ。このことは、かれに言わせると、将来の生物学的な飼育実験についてあてはまるのみならず、「地上のすべての部分が意識的な実験に供せ」[二]られるかも知れない。そのさいかれの念頭に浮かんでいた史上の人物はルネッサンスの偉大な発見者と実験者、レオナルド・ダ・ヴィンチやコロンブスのような敢えて行ない試みる精神である（カントが自分をコペルニクスと比較したように、ニーチェは自分をしばしばコロンブスと比較した）。同じ意味でニーチェはまた新しい哲学者たちを、「未知の大海に浮かべる船のように、それでどこまでやって行けるかを見ようとして」[三]漫然とやってみる「試みる人々」と名づけた。

「新しい種類の哲学者たちが現われる。私は敢えてかれらに危険でなくはない名前をつけようと思う。私がかれらを見抜いたところによると……これら未来の哲学者たちは当然に、あるいはまた不当に、誘惑者（試みる者）と名づけられたいのだ。この名前そのものが、けっきょくは一つの試みにすぎない。何なら誘惑と言ってもいい。[四]」

一人の試みる者としてニーチェ＝ツァラトゥストラは常に途上にある。真理に達せんがため、いろいろの違った道を試み、たどる「放浪者」である。

「いろいろな道、いろいろなやり方によって、私は私の真理に達した。……私は道をたずねるのがいつもいやだった。……むしろ私は道そのものにたずね、道そのものを試みた。試みたずねることが私の歩みのすべてだった。[五]」

ニーチェの実験哲学は、試みに、原理的なニヒリズムの可能性を先取りする――それも、その逆たる、存在の永遠の循環に到達せんがために。[六]

ニーチェの哲学の実験的な根本性格から、かれの批判と懐疑の特別な意味も規定されて来る。すなわち、その両者は試み（験《ため》し）に仕えている。かれの批判は従来のすべての価値の顛倒の「試み」であり、かれの懐疑は「向こう見ずな」男らしさのもつそれである。

「未来の哲学者たちの像の中に、かれらがおそらく……懐疑家にちがいないのではないかと推量させる何か一つの特徴があると仮定するとしても、それはやはり、かれら自身ではなくて、かれらにおけるあるものを表わしているにすぎない。かれらが批判家と呼ばれるのも、同様に正しいことであろう。そしてたしかにかれらは実験の人間なのであろう。私が敢えてかれらに与えた名前によって、私はすでに〔かれらの〕好んで試みる気持と〔かれらの〕試みそのものをはっきりと強調したのである。こうしたことは、霊肉の批判家たるかれらが、実験をある新しい、おそらくより広い、おそらくより危険な意味において利用することを好んだからであろうか。……これらの来るべき人々が何よりも欠いてはならないのは、批判家を懐疑家から区別するかのまじめな、軽く考えてはおかれないような、もろもろの特性であろう。というのは価値標準の確実さ、統一的な方法の意識的な扱い方、抜けめのない勇気、独立と責任能力のことである。じじつ、かれらはみずから一種の否定欲、分析欲、そして確実に微妙にメスを扱いうる一種の冷静な残酷さを有することを告白する。……かれらは、人間的な人間が願わしく思う以上に苛酷になるであろう(それもおそらく必ずしも自分自身に対してだけではない)。かれらは、《真理》がかれらの《気に入り》、あるいはかれらを《高め》かつ《感激さす》ようにと、真理と係わり合うのではないであろう。……」[七]

ニーチェはその哲学のかような実験的性格を、かれの最初の「試みの時代」から永遠回帰の教説にいたるまで堅持した。その教説もなお「真理に対する最後の試み」であり、哲学者ディオニュソスそのものも「試みる者としての神」である。

かりにニーチェの哲学が最初から考え抜かれた体系だったら、体系というものに対するかれの批判は理解できないであろうし、逆にかれの哲学が単に一連のアフォリズムだったら、いかにしてニーチェが『悲劇の誕生』以来「一切が一であり、一を欲する」ことを固執しえたかが洞察されないであろう。ニーチェはけっきょくは体系的な思想家なのだという新しい見解は、ニーチェはアフォリズムを書くだけの人だという古い見解と同様に、正しくもあれば誤ってもいる。じじつ、かれの著作が多かれ少かれ展開されたアフォリズムから成り立っているということも、かれがその全体にあてはまる計画を立てたということも、まぎれのない事実である。そしてその計画によってすべての断片がたがいに連関をもって来る。しかも、体系的な解釈をする人も体系をあきらめる人も目を転じて見まいとすること、すなわち永遠回帰の説において、連関をもつに至るのである。かれの最後の実験たるその説において初めて、体系的帰結をもった一連の試みが接合して一つの「教説」をなす。

哲学的体系についてニーチェが打ち破ろうとするのは、「認識の根本意志」が生み出す方法上の単一性ではなくて、体系が独断的に固定された世界、「あれこれと制限をつけられた」世界をさもありそうに思わせるということである。体系の哲学者は、問題への勇気がないために、試みようとする検討と質問の打ち開けた地平を閉ざしてしまう。体系に対する批判に対応するのは、世界の新発見と打ち開けた質問の地平への哲学的な意志である。ニーチェの思惟の非体系的な形式は実証的に存在と真理に対するかれの新しい立場から生ずる。以前の人間はすべて、懐疑家さえも、「真理を有していた。」しかるに「哲学に対するわれわれの今日の立場の新しいところ」は、「いかなる時代にもなかった」確信、「われわれは真理を有していないという」確信である。[八]「何ものももはや真ではなく」、「すべてが許されている」のだから、ニーチェは真理について新しい試みを行ない、試みの誠実さが、真理を有していた時代の真ではなくなった体系に取って代るのである。真理はもはや、真理における存在への信頼の中に存するのではなくて、それまで信じられていたすべての真理に対する不信の中に存する。

「お前は真理に対する不信を説く教師になろうとするのか。――ピュロン。まだ一度もこの世になかったような……あらゆるものに対する不信を説く教師に。それが真理への唯一の道なのだ。右の目は左の目を信用してはいけないし、光はしばらくのあいだ闇と呼ばれなければならないだろう。これが、お前たちの歩まなければならない道なのだ。その道がお前たちを果樹や美しい牧場へみちびくものだと信じてはいけない。その道の上にお前たちは小さな固い粒をいくつか見出すだろう――それが〔個々の〕真理なのだ。[九]」

真理のこの小さな粒に対応するのが、アフォリズム的な言葉の「穀粒」である。ツァラトゥストラの超人的な言葉、形而上学的に基礎づけられた比喩において初めてニーチェは、真理の全体の中に在ることを、みずから要求する[一〇]。試みようとする実験の言葉は「霊感」の言葉に変じ、体系的な主要著作への草案となってつづこうとする。しかしニーチェは『ツァラトゥストラ』までは、かれをして常に新たに自分自身を追い越さしめ打ち克たしめていた開かれた地平への実験的意志に、不安のうちにしがみついていた。

「私の初期の著作には、際限のない地平への殊勝な意志、確信に対する一種の賢明な警戒、強い信仰には必ずつきものの良心の瞞着と魅惑に対する不信が見てとられる。人はそれを一部は火傷をした子供の用心深さだと……見るかも知れない。――私には事物の謎めいた性格をやすやすと手放そうとはしない謎の好きな人間のエピクロス的な本能の方が、もっと本質的なのだと思われる。――けっきょくもっとも本質的なのは、大きな端正な無条件な言葉に対する美的な嫌悪であり、ぶざまな四角ばった対比に抵抗し、ニュアンスや影や午後の日ざしや涯しれぬ海を愛する者として事物の中にかなりの不確かさを願い、対比を取りのぞくような、一種の趣味である[一一]。」

このような開かれた地平へのよき意志から、閉じた体系の世界に対するニーチェの批判、ならびに真理のアフォリズム的小片におけるニーチェの「さしづめの」思惟と言説の意味は、理解されなければならない。体系への意志は「今日では」――一切が再び流動し、暖風が氷を、氷がすべての小橋を砕く今日では――「誠実さの欠如」である。

「さしづめの真理。――今日思想家が認識の一全体、一体系を提示するとすれば、それは……一種の欺瞞である。――われわれはそのような全体の可能性に対するもっとも深い疑念を心中に抱かずにいるためには、あまりにも抜けめがなさすぎるのだ。船乗りが大海に出るとある一つの方向を取りつづけるように、われわれが方法の諸前提の全体について――われわれが研究の手引きにしようとする《さしづめの真理》について――一致するならば、それで十分である。」[一二]

体系への意志は一哲学者にあっては、道徳的に表現するならば、利口な堕落であり、非道徳的に表現するならば、「自分を実際よりもより愚かに見せようとする意志である。より愚かに、すなわち、より強く、より単純に、より高びしゃに、より粗野に、より命令的に、より横暴に……」「私は一つの体系を作るほど、愚昧ではない。――私の体系をさえ作らないのだ。[一三]……」体系家たちは一つの体系を「充填しようとし、そのため地平を円くするので、自分たちの弱い方の諸特性を強い方の諸特性の様式で表わそうと試みなければならない。――かれらは完全な、一様に強い諸性質を提示しようとする。」――それがかれらの「お芝居」である。[一四]体系家は「よく整えられ、堅固だと思われている認識の建物」[一五]に住んでいて、真理を偶然のたわむれの中に逸する。かれの根本的な先入見は、「真の存在」はそれ自身均一に秩序正しく体系的に確保されているから、人はそれを信頼することができる、ということである。[一六]かれの欲するものは発見の意味の真理ではなくて、確実の意味の真理である。デカルトの疑問も、なかんずく確実さの真理への途上で確かめられる。かれらはみな、まだ真理を信じている。しかし敢えて「仮説によって」生きようとはしない。「未完成の体系の中に、まとまりのない展望をもって」いるよりは、「ドグマ的な世界」の中に自分をしばりつけておく方が、たやすいからである。しかし群小思想家はすべてこの実験で滅んで行く。[一七]

「自分自身と千度も撞着し、多くの道をあゆみ、多くの仮面をつけ、自分の中に終結も最後の地平線も見いださない人があるとしても、そのような人は、決定的に……自分の立場に立った端正なストーイカーよりも、真理を知ることが少ないというのは、ありそうなことだろうか。ところが、かような先入見が、従来のすべての哲学の入口に立っている。そして特に、確実さの方が不確実さや涯しない大海よりまさっているという先入見が[一八]。」

このように涯しない大海に乗り出そうとする誠実な意志があったにもかかわらず、ニーチェの実験は、それが保つ方向によって、やはり体系的に導かれていた。体系的な試みだとは言っても、吟味を受けていない体系ではない。アフォリズムの中に示された際限のない地平への傾向は、おのずから概念の「本来の親近性」によって制限される。

「個々の哲学的概念が任意のものでも、ひとりでに生《は》えるものでもなく、相互の関係と親近性の中に成長するものだということ、それらがどんなに突然に、どんなに随意に思惟の歴史に現われると見えても、やはりそれらは、一大陸のファウナの系列全体と同じく、一体系に属している。そのことはけっきょく、どんなに違った哲学者でもきまって何かある可能な哲学の基本図形をたえず埋めているということに、あらわれる。かれらは目に見えない呪縛のもとに、くりかえしくりかえし今一度同じ軌道を走る。かれらは批判的な、あるいは体系的な意志をもって、自分ではたがいに独立だと思っているかもしれない。しかし何物かがかれらを一定の秩序の中に後から後からと追い立てる。ほかでもない、概念のあの本来の体系性と親近性である。かれらの思惟はじっさいに発見であるよりは、むしろ再認識、再想起であり、かの概念どもがかつて出て行ったたましいの遠い古い総世帯への帰還であり帰宅である。哲学的思索はその限りにおいて最高級の一種の先祖返りなのである[一九]。」

そんなわけでニーチェの最新の実験も、もっとも古い由来の円周の中で動いていた。ニヒリズム克服のための真理に関するかれの最後の試みは、また西洋哲学の起原を思い出させる。同じ回想が、個々の体系は「生み出す根本思想」から発するということにおいても行なわれる。

「無数の経験を総体的命題に単純化し圧縮することと過去全体を短縮して内包している精子の生成とのあいだには、完全な類同がみとめられる。そして、生み出す根本思想から《体系》にまで芸術的に作り出すことと、有機体の生成、すなわち考えぬき考えつづけること、以前の全生活を回想すること、現在にひきもどすこと、肉体を与えること、とのあいだにも同様である。」[二〇]

かような生み出す根本思想は、生み出された思想をその上肉体化するが、その結果それらの根本思想から哲学者の「確信」が生ずる。学習はもちろんわれわれを変化さすが、

「われわれの根底の、ずっと《底の方に》もちろんどうしても教えられないところ、精神的なファートゥムの花崗岩、予定され選択されている問への予定された決定と解答の花崗岩がある。根本的な問題となるといつも口を利くのは不変の《それは私だ》である。たとえば男女について、思想家は卒業はできるが学び直すことはできない――それについてかれには《確定している》ものを発見しつくすだけである。人は時機をはずさず問題のある解答を見いだすと、それが正にわれわれに強い信念を作る。おそらく人はそれらをそれ以後自分の《確信》と呼ぶだろう。後になって――それらが単に自己認識への足跡、われわれ自身であるところの問題への――より正しく言うならば、われわれ自身であるところの大きな愚かさへの、われわれの精神的なファートゥムへの、ずっと《底の方に》あるどうしても教えられないところへの、道標でしかないことが分かる。」[二一]

それから口を利くのは、人間よりも強い「至上の本能」である。

「本能が至上のものになっていない人間がもちろんたくさんいる。そんな人間には何の確信もない。してみると、これが第一の特徴なのである。哲学者のまとまった体系というものはすべて、それにおいては一つの

本能が支配者であること、ある確乎たる序列が存することを実証する。それがやがてみずから《真理》だと称する。――そのさい、この真理がある以上自分は高みに立つ《人間》だ、他の者は、少なくとも認識者としては、自分より低級なのだ、という感じをもっている。」[二二]

ニーチェが最初出発した位置に再び立ったとき、やはり「実在に対する」究極の「最高の立場」を獲得しようとした。かれは永遠回帰を説く者として、『悲劇の誕生』の問題を再び回想する。そしてディオニュソス的存在の最高の在り方において、かれの試みの最後はそれの最初と体系的に結ばれる。

しかしこの教説によると「人間の運命」はすでに「永遠の昔から存在し」て、久しく決定しているのだから、人間の認識にも随意的なことはまったくなく、あるのはファートゥムだけである。[二三]体系から遠ざかろうとするニーチェの試みの中にすでに、最初と最後に、かれを強要する一つの必然性、永遠に回帰する存在の思想を体系として展開しようとする必然性が、支配している。そして見かけはほんの偶然に浮かんだ思想のその場限りの形式のようなアフォリズムに、ニーチェは、その哲学と一致して、通り過ぎのための箴言ではなくて、「永遠性の形式」を刻印しようとしたのである。

「時がその歯をどんなに試みてもむだであるような事(物)を作り出すこと、形式から言っても、実質から言っても、ちょっとした不滅性を得ようと努力すること――私は私自身にそれ以下のものを望むほど十分に謙遜だったことは、まだ一度もなかった。アフォリズム、箴言、それにかけては私はドイツ人のうちで最初の名人なのだが、それらは《永遠性》の形式である。」[二四]

この形式が「永遠」だというのは、ニーチェがおよそ永遠性について語るようなあり方で永遠なのである。すなわち、それはすでに一度存在し、そしてまた永遠に回帰する。そしてニーチェが「知慧」のない[二五]哲学の時代に哲学の言語としてやむをえずアフォリズムと比喩を試みると、そこにもかれは、すでに在ったことのあるもの、すなわち哲学的箴言の古い知慧を再び見いだすのであった。体系的哲学の随意的になった言語形式をニーチェが分解したのは、現在の思惟の窮境から言語上の必然性を建て直そうとする試みである。今日では体系が思想に、それが実はもっていない外見上の必然性を与えるのであるが、ニーチェは言語上の偶然に関するかれの新しい試みを心底から促がされている。そして、そのためかれは、アフォリズムの形で書くにせよ、一つの体系をもつのではなくて、箴言の知慧の必然的な偶然をもって体系を再び試みるのである。そのようにして、かれのアフォリズム的思惟および述作の必要、かれ自身が意識しているその必要の中に、同時に一種の意図しなかった必然性が表明される。ところがこの必然性は思想の偶然の中でこそおちつくが、偶然とともに必然的なものをも排除する体系の中ではおちつかないものである。

　ニーチェが体系をもはや不可能な全体だとしてアフォリズムと比喩の弛い結合に解消したことは、最後に、近代性の範囲内のすべてのものと同じくあいまいな言語上の形式をもつ一つの教説を生ぜしめる。比喩からなる一体系たる『ツァラトゥストラ』の言語は、初めはもちろん、いわば哲学的な言語であるように見える。しかしこの新しい様式の言語にも、すでに存在したことのあるもの、すなわち哲学的教訓詩というきわめて古い形式が帰って来る。[二六]ただ実証的な学問の尺度で測るときには、この言語は、実は別な物、すなわち「真実」と「詩」の単なる混合物、と見えるし、ニーチェ自身が半ば詩人で半ば正直者の混合者と見えるにちがいない。しかし、ニーチェの試みをかれ自身の尺度で測るならば、その時には、かれは「詩人哲学者」ではなくて、もっとも古い哲学的言語の近代的革新者である。この傾向は、かれが正に『ツァラトゥストラ』の中で、「学者」は「精神の靴下」を編むだけだし、「詩人」は「十分に深いところまで考えなかった」ので、かれらの「感情」は「底」まで沈まなかったと言って、[二七]「学者」にも「詩人」にも真理における存在を否認していることから、間接に出て来る。「知慧と学問」[二八]のあいだの戦いにおいてもニーチェは、哲学的箴言の教訓的な言語における真実と詩の原初の統一を回想している。かれの近代性はしかしこの統一を、不自然な洒落と気の利いた機智が全体の真面目さと荘重さと混り合った、考えぬいた隠喩から成る一体系というあいまいな形式において初めて成就した。パルメニデスからルクレティウスまでの哲学的教訓詩では考えられた思想を教訓的に述べているが、ツァラトゥストラの説話は福音書の言葉を模倣している。それは反キリスト的なおとずれを告げ知らせようとするもので、それの哲学的な内容は『ツァラトゥストラ』の比喩の中に、表わされているというよりは、むしろ被われている。

ニーチェのアフォリズム的な創作の統一性をニーチェ自身が指摘した。かれの著作の中で問題なのは「まったく一定の哲学的感受性の長い論理」であって、「百の任意の逆説や異端説のごたまぜ」ではない。[二九]「多彩に積み重ねられた私のこのごろの多数の著書の中にある一貫した、意識も意図もしなかった思想の一致と共属は、私を驚かした。人は自分自身から脱することができないものだ。だから自分自身を敢えて遠くまで行くに任せるべきである。[三〇]」かれは自分の創作の統一性にしたがって、自分に自分の「思索の成果」の「一種の概要を誰か他の人間がいつか」作ってくれて、そのさいかれを従来の思想家と比較するということを願う。この統一性をニーチェはかれの哲学的課題の統一性に負うている。「徐々にはもちろん、もっとも内なるものが、人を訓練して統一性にかえらせる。久しく人がそれを呼ぶ名をもたなかったかの情熱がわれわれをすべての偏倚と分散から救う。われわれが心ならずもその伝道者になっているかの課題が。[三一]」そしてかれの運命が実現すればするほど、ますます確実にかれは「綜合的な洞察」によって自己を知り、かれを〔他の哲学者から〕区別する哲学的感受性をその最後の帰結にまで方式化することがますますできるようになる。[三二] ついには、かれは『悲劇の誕生』以来「一切が一であり、一を欲する」[三三]という「絶対的確信」を得る。じじつ「われわれ哲学者は何かにおいて単独である権利をもたない。われわれは単独に迷ってもいけないし、単独に真理を射あててもいけない。むしろ木が果実をつける必然性をもってわれわれの中からわれわれの思想、われわれの価値、われわれの諾と否と《もしも》と《かどうか》が――すべてがたがいに類縁と関連をもって、生ずる。そして一つの意志、一つの健康、一つの世界、一つの太陽の証言が。」[三四]そのようにしてかれにそれを要求したのは、ますます決定的に語り命令するようになる「認識の根本意志」である。

この統一性を知っていてニーチェは自分の読者に自分のアフォリズムの解釈を要求した。じっさい、かれの野心は「他人が一冊の本で言えないことを、十の文章で言うこと」であった。「私の本のようなアフォリズムの本には、短かいアフォリズムとアフォリズムのあいだや、その背後に、禁ぜられた長い事柄や思想の連鎖だけが書かれている。」それらの長い事柄を拾い出すためには、何よりもまず、ゆっくりと文献学的に読むことが必要である。

「かような本、かような問題は少しも急がない。その上私たちはどちらも、つまり私も私の本も、緩徐調《レント》が好きだ。文献学者だったこと、おそらくまだ文献学者であること、すなわち緩慢な読み方の教師であることは、むだではない。ついには書くのもゆっくりにもなる。《急ぐ》人間ならどんな種類の人間でも絶望させられるようなもののほかはもう何も書かない……というのが今では私の習慣になっているだけでなく、私の趣味にもなっている。すなわち、文献学はその崇拝者に何よりもまず一つのことを、つまり傍に寄り、ゆっくり構え、静かになり、緩慢になることを、要求する尊敬すべき術である。すなわち、言葉に関する金細工の術であり物識りであり、細かな用心深い仕事だけを片づけなければならず、レントで達するのでなければ何一つとして達せられないものである。しかし、それだからこそ、それは今日今まで以上に必要なのであり、それだからこそ、《労働》の時代、すなわち焦燥の時代、不作法に汗をかく性急な時代、何事も、古い本でも新しい本でも、すぐに《すませ》ようとする時代のまっただ中に、それはもっとも強くわれわれをひきつけ、われわれを魅惑する。――それ自体はそんなにたやすく何かをすませることがない。それはよく読むことを、すなわち、底意をもち、扉を開けはなち、感じ易い指と目をもって、ゆっくりと、深く、うしろと前に気をくばりながら読むことを教える。……私の忍耐づよい友人たちよ、この本は完全な読者と文献学者だけに、私をよく読むことを学んで下さい、と願っている。[三五]」

このような読書の術を要求するのは、なかんずく『ツァラトゥストラ』[三六]で、それの解説書と理解されていいのは、『善悪の彼岸』や『道徳の系譜』だけでなく、それにつづく時代の爾余のすべての著作である。じじつ、それらの著作の中には、『ツァラトゥストラ』の比喩の中に短かく、多くの関連を含めてすでに暗示されていないような思想は、一つとしてない。[三七]しかし『ツァラトゥストラ』の比喩的説話の解釈のむずかしさはアフォリズム的な作品のそれに劣らない。両者ともあまり容易に頭にはいるものだから、ともするとうわべだけを読んでしまうことになる。『道徳の系譜』に関して次のように言われている――

「正しく刻印され鋳造されたアフォリズムは、読み上げられただけでは《解読》されたことにならない。むしろそこからいよいよその解釈が始まるべきで、それには解釈の術が必要だ。私はこの本の第三の論文で、そんな場合に私が何を《解釈》と呼ぶかの一つの見本を出しておいた――その論文の前に一つのアフォリズムが置かれてあるが、その論文そのものがそのアフォリズムの解説なのである。もちろん、そのように読書を術として練習するには、何をおいても一つのこと、今日正にもっともよく忘れられていること――だから私の著作が《読めるもの》になるまではまだ時間がかかるのだが――そのためには、ともかく《近代人》ではなく、ほとんど牛にならなければならないようなこと、つまり反芻すること、が必要である。[三八]」

箴言は、長い脚で峯から峯へとまたいで歩むことのできる長身者のための峯でなければならない、とツァラトゥストラは言う。しかし、アフォリズムや箴言や比喩が、ニーチェが要求したように、前後に気をくばりながら、立ち停まりながら、言われていることを解釈する読み方に、人を促がすかどうかという問題が残る。ニーチェのアフォリズム的な作品にある魅力的な点を誰よりもはっきりと認識したのは、かれの友人オーフェルベック(Franz Overbeck, 1837—1905)であった。アフォリズムは、その簡潔さという「美容術めいた力」によって逆説に分不相応の外観を与え、基礎づけを犠牲にして効果を過度に強める。基礎づけられたことをすべて論駁されるかも知れないということは、「基礎づけを欠いたものが……世に現われた時の生まれながらの欠陥」の半分しか危険でない。[三九]——基礎づけを欠いたものはこの世の中で永もちするはずがない。それゆえわれわれはニーチェのばらばらの作品の統一的な解釈の中に、かような基礎づけを取りもどし、それによって同時に批判的な意識を可能にしようと試みるものである。

第二章　ニーチェの著作の時期分け

ニーチェの哲学が、かれ自身と同時に、かれの実験の遂行にさいして、何度も変ったということは、ニーチェの著作の中にある隠された体系と、見かけの上で矛盾するにすぎない。『善悪の彼岸』の「後の歌」に「変化する人だけが、いつまでも私と同類である」という有名な文章がある。しかしその前に、自分が自分自身に無縁な「他人になった」のだろうか、という問がある。それに対する適切な答をニーチェは「脱皮」という比喩でくりかえし与えた。もちろん自分は十分しばしば皮を脱いだ。しかし「皮を取りかえる」という蛇の賢明さを理解していたからこそしたことである[一]〔とかれは言う〕。いつも同じであるものだけが変ることができるのだから、かれが変化しながらもいつも同じものだったという意味の、かような自己解釈は、ニーチェがその生涯のまん中で静止していた「正午」の時期のものである。[二] かれの生活と思索の正午、多くの決定をはらんだこの正午に、自分を全体として理解せんがために、かれは前を見、うしろを見る。[三] 未来の課題を予見することにおいて、かれは初めて自分の生活の「長い文章」をさかのぼって読むことができた。「先の方には――それには何の疑もない――私は当時《意味のない言葉》だけを読んだ。」そしてかれの課題の未来があらかじめかれを左右していて、かれの初期の学校の作文もかれの最後の教説からはじめて完全にその本来の意味が明らかにされるくらいだから、かれは自分自身の過去をも後になってから「未来を判断するように」見ることができたし、自分の哲学的実験全体を、ある同一のものの変化として概観することができた。[四] この変化においてかれは自分自身に無縁にはならず、かえって自分自身のものになり、「第二の天性」への決意によって自分の第一の天性を所有することになった。[五]「かようにして私は、あらゆるローマン的虚偽の反対物たるかの勇敢なペシミズムへの道と、また、今となってはそう思われてならないのだが、《私》自身への、私の課題への、道をふたたび見いだした。[六]」その課題は十九世紀の未決定のペシミズムを決定的なニヒリズムとそれの「自己克服」にまで形成しつづけることにあった。[七] それゆえ、ニーチェを体系的に読むことを学んだ者は、かれの移り変わる展望の多彩な豊かさには驚かず、かえってかれの哲学的問題が不変であるどころか単調でさえあることに驚くであろう。「性格のある人間は、たえずくりかえして現われるその人独特の体験をもつものだ。」

ニーチェの現在の課題からさかのぼってする自己解釈は、一八八六年に書かれた以前の著作への新しい『序文』の中にもっとも明瞭に現われている。『人間的な、あまりに人間的なもの』(一八七八年)で、かれをして一巡して最後に出発点まで帰らしめたかれ自身の孤独な発見旅行が始まる。〔誰かを〕尊敬する信奉者が自己自身を解放する精神へ、そして自由になった精神が他を教える師に変ったこの二度の決定的な変化は、ニーチェの著作を三つの時期に区分する根拠を与える。かれは初めリーヒャルト・ヴァーグネルを崇拝する年少の友人として、ドイツ文化の革新を信じた。[八] その後かれは、悲しくも自由になった精神として、自分自身の道を求めるべく、「まったく何ものをも」信じなかった。最後にかれは、ファートゥムを意欲して永遠回帰の教師となったが、その永遠回帰の「環」は『ニーベルンゲンの指環』(Der Ring der Nibelungen. 北欧のニーベルンゲン伝説によるヴァーグネルの三部作。一八四八―七四年)に答えるものである。

ヴァーグネルへの結合とヴァーグネルからの訣別は、ニーチェの生涯における決定的な、ついに克服されなかった出来事であった。「音楽の精神から」の『悲劇の誕生』(一八七〇年)への献辞は、この関係の始まりを、『ニーチェ対ヴァーグネル』(一八八八年)はその終りを示している。文筆上の宣伝係として「バイロイト」(Bayreuth バイエルンの小都市、ヴァーグネルは一八七一年この地に移り国王の援助のもとに「祝祭劇場」を建設して自作の楽劇をはなばなしく上演した。）に奉仕せんがためバーゼル大学の教授の地位を投げ出そうとするニーチェの意図は、その関係の絶頂である。ヴァーグネルはニーチェにとって対蹠人そのものだった。しかしまた、ニーチェ自身がどんな意義をもつ人間であるかをニーチェにおぼろげながら覚らしめた「唯一の、あるいはともかくも最初の人」だった。しかるにコージマ・ヴァーグネルは、ニーチェが狂気になってしまうまでも「アリアードネ」として尊敬していた最初の、かつ唯一の女性であった。『ツァラトゥストラ』以来ニーチェは、ヴァーグネルの「遺産」を相続し、それによってヴァーグネルの「大事業」をそのあまりにも人間的な諸欠点から解きはなすのだと考えて、よろこんでいた。ニーチェとヴァーグネルは、ニーチェ自身が意識していた以上に、またニーチェ自身が意識していたのとは違った意味で、同類の人間だった。それはショーペンハウエルの意志の形而上学に由来する「救済[九]」のモティーフを共有していたからであることも、おろそかにできない。

第一期は、かれ自身が公けにした著作では、『悲劇の誕生』と『時代はずれの考察』を含み、第二期は「犂頭《すきがしら》」の諸論文、すなわち『人間的な、あまりに人間的なもの』と『曙光』と『楽しげな学問』の最初の四巻を含む。第三期は、永遠回帰の思想を基礎として、『ツァラトゥストラ』で始まり、『見よ、この人なり』で終わる。これだけがニーチェ本来の哲学を含むものである。第一期からの訣別に対応して第二期から第三期への批判的な移行があり、それは後になって『アフォリズム』三四一と三四二、ならびに『楽しげな学問』のエピローグに言い表わされるが、『曙光』にもすでにそれが出ている。『楽しげな学問』の献詞と『曙光』の最後の疑問符とはすでに「永遠性」のモティーフを暗示しているが、このモティーフは『ツァラトゥストラ』を支配し、「名声と永遠」の詩の形で『見よ、この人なり』の締めくくりをつけることになるだけでなく、『権力意志』における時代批判をも哲学的に根拠づけている。

「それからつづく年々のための課題は、できるかぎり厳密に指定されていた。私の課題の肯定的な部分が解決された後で、その否定的な、否定を行なう半分の順番となった。すなわち従来の価値そのものの転換、大いなる戦争——決定の日の招致……

その本が『ツァラトゥストラ』の後につづくことを考量するならば、この本を成立せしめた食餌上の養生法がおそらく推測されるであろう。遠くを見ることをひどく強要されて甘やかされた目が、……ここではもっとも近いもの、時代、われわれを取りまくものを、鋭く見きわめることを強いられる。」[一〇]

これは『善悪の彼岸』の説明の言葉であるが、『善悪の彼岸』は「未来の哲学の前奏」として、『ツァラトゥストラ』と『権力意志』を結合する。

この時期分けは、他の更にいい分け方と入れ換えてもニーチェの体系の理解に何の損害も受けずにすむような、単なる外面的な図式化ではない。[一一] これはその十分な意味においてニーチェ自身によって確認される。その理論的実際的な重さは、これがニーチェの「知慧への道」——その道が二度見失われたのが二度の危機であった——における重要な段落を表わしているという点にある。

「知慧への道。道徳の克服のための指示。第一行程。何びとよりもよく尊敬し（聴取し、学習する）。尊敬すべき価値のあるものすべてを自分の中に集め、たがいに戦わせる。すべての重いものを担う。……共同生活の時代……

第二行程。もっとも固く結ばれているとき、尊敬する心を打ち砕く。自由な精神。独立。荒野の時代。尊敬されたすべてのものの批判（尊敬されないものの理想化）、顛倒された評価の試み。

第三行程。肯定的な姿勢のために、是認のために役立つか否かの大いなる決定。私の上にはもはやいかなる神も、いかなる人間もない！　どこへ手をつけるかを心得た創造者の本能。大きな責任と無垢。（何かに喜びをもつためには、一切を是認しなければならない。）自分に行動の権利を与える。（善悪の彼岸。かれは機械的な世界省察を引き受け、運命に屈服されたとは感じない。かれは運命である。かれは人類の運を手中にもっている。）

少数の人にだけ〔それはあてはまる〕。大抵の人は第二の行程ですでに破滅する……[一二]」

一八八六年の序文の材料の中でニーチェは自分の著作を同様にみずから分類し、「正午」の最後の哲学から見て、第二期の著作を、「曙光」と「午前」の哲学として理解した。[一三] それらはかれにとって、自由になった精神そのものがもう一度自分の外面的な自由から運命愛へ自分自身を解放するような類型の理解に至る通路である。それに反して『時代はずれの考察』はかれにとって単なる「約束」を意味するものであり、『人間的な、あまりに人間的なもの』以来私が自分の約束を果たすこと以外には何もしていないことを発見する人が、おそらく現われるであろう。」

『悲劇の誕生』の哲学的解釈は一八八六年の新しい『序文』と『偶像のたそがれ』と『見よ、この人なり』の中にようやく現われるが、その『悲劇の誕生』をのぞけば、ニーチェが知慧への道に初めて決定的に踏み出したのは意識的な「デカダンスにおける前進」で――それは、そこではもはや何物も真ではなく、一切が許されているという極端なニヒリズムの危機的な限界までつづく。[一四] 永遠回帰の哲学への移行は更に『ツァラトゥストラ』における第二の危機によって表現される。それは第二部から第三部への経過にあたる「もっとも静かな時」と「快癒」（第三部の後の方に「快癒者」という章がある）のあいだで行なわれる。『ツァラトゥストラ』から、その先のすべては、極端なニヒリズムの自己克服としての永遠回帰の哲学に、何の無理もなくあてはまる。『権力意志』に含まれている従来のすべての価値に対する批判、近代性の否定は、事物の永遠の循環に対する既得の肯定を前提とする。そして「道徳からの救済への道しるべ」としての「生成の無垢」そのものには、『ツァラトゥストラ』に含まれているかの救済によって、すでに道が示されている。それには一八八八年の『権力意志』への最後の綜合計画も対応する。それは初めの三巻に「反キリスト」、「自由精神」、「非道徳者」の名のもとにニヒリズムからの救済というニーチェの消極的な哲学を、そして最後の第四巻には「ディオニュソス」の名のもとに等しいものの永遠回帰への救済という積極的な哲学を、含んでいる。

同じ一人の人間の変化をこのように言い表わすときに大事なことは〔意味の〕挿入ではなくてニーチェ自身から引き出すこと〔すなわち解釈すること〕であることは、『ツァラトゥストラ』がいちじるしい個所で実証している。〔すなわち〕最初の説話がただちに、同一の精神の「三度の変化」を取り扱う。担いうる精神になった人間、他者を尊敬し、もっとも重いものに堪える人間は、最初の危機において、畏敬の精神を消費して自分自身を意欲する勇敢な精神になる。「ここでは精神は獅子になり、かれ自身のために自由を劫掠し、かれ自身の荒野において主人になろうとする。[一五]」かれは尊敬する信仰の外面的な「汝まさになすべし」を、自己自身の「我は欲す」に変化せしめる。しかし、「新しい価値を創造すること――それは獅子にもまだできない。」かれは「汝まさになすべし」という「義務」に向かい、「神」に向かって否と言うことにおいて、新しい価値への自由をみずからに創造しうるだけである。自由になった者は、不断の生成のコスモス的な無垢の中にふたたび単純に存在するためには、さらに〔ヘラクレイトス的な〕たわむれるコスモス[一六]の子にならなければならない。「我は欲す」からコスモスの子の「我は在り」[一七]へのこの最後の変化は、もっとも静かな時の第二の危機に行なわれる。これではじめて精神は「かれの自由の荒野」から、一切の存在するものの永遠に回帰する存在に対する神聖な肯定において、失われた世界をふたたび自分の世界として獲得する。

知慧に至る一つの道のこの二様の転回——敬虔な精神の「汝まさになすべし」から、自由になった精神の「我は欲す」へ、そして「我は欲す」から、そこに「我は在り」そして断えず回帰す、への転回——は、全体としてニーチェの哲学的体系を特徴づける。「我は欲す」への最初の決意は、従来のすべての拘束から、そしてニヒリズムへ、解放する。第二の決意、すなわち、自由の中から自己自身を企投しようとする決意は、存在の最高の天体から受けた霊感の裏面である。無への自由——獲得されたかれのその自由——から運命愛へ自己を解放する「二重の意志」は、無への決意をした現存在の極端なニヒリズムを裏返して、等しいものの永遠に必然的な回帰を必然的に意欲することになる。

消極的に自由になった精神が永遠回帰の教師となるこの道を表わすのは、三つの象徴的な姿である。自分の影に伴なわれた放浪者は、無の限界までの前進を具象化する。放浪者は、同じくまだ放浪中の超人的なツァラトゥストラに、その影として同伴する。そして最後にツァラトゥストラのかわりにディオニュソス神——ニーチェはけっきょく最初から自分がその最後の使徒と心得ていた——が現われる。現存在に対するディオニュソス的な姿勢——存在と時間の全体を決定的に肯定する姿勢——の中に、現存在に対する最後にして「最高の」姿勢が、優劣の彼岸ではなく善悪の彼岸において、獲得される[一八]。このディオニュソス的世界解釈に対応するのは、哲学者ディオニュソスそのものにおける「存在の最高のあり方」である。このようにして、ニーチェの教説の運命愛において、永遠に回帰する存在の自己肯定は、存在の全体に対する自身の現存在の永遠の肯定と結合する。

必然性の紋章！

存在の最高の天体！

それはいかなる希望によっても達せられず、
いかなる否定によっても汚されない。
存在の永遠の肯定。
永遠よ、私は永遠に汝の肯定である、汝を愛するがゆえに。

ニーチェの著作を二重の変化(「三度の」変化のうち最初の変化は、その出発点については、くわしくは叙述されない)に応じて時期分けをすることは、もし同時に、ニーチェがその道の最後に出発点へかえり、そのためかれの運動の全体が円周を逆に描いて結ばれ、最後になって最初の点に達する、ということが見られなかったなら、不十分に理解されるであろう。そのように円周を描いてこそ、かれの哲学はおよそ「体系」となるのである。「ただ帰るだけだ。最後には私のために帰郷する――私自身の自我が」と『ツァラトゥストラ』における放浪の締めくくりに書かれてある。『偶像のたそがれ』(「私が古人に負うているもの」)では、自己自身へのこの復帰が『悲劇の誕生』の問題の反復だと言われている。

「そして、これをもって私は、私がかつて出発したその個所にふたたびふれる――《悲劇の誕生》は私の最初の一切の価値顚倒だった。これをもって私は、私の意欲、私の能力が生じた元の地面にふたたび立つ――哲学者ディオニュソスの最後の使徒たる私、――永遠回帰の教師たる私は。」

永遠回帰の教説は『悲劇の誕生』をくりかえし、後に来る「一切の価値の顚倒」を可能にする。なぜならば、この顚倒は、その原理において、任意の個々の価値についていうのではなくて、問題になった「現存在の価値」そのものと、一般に、無への意志――ニヒリズムの意志――を、等しいものの永遠回帰の有(存在)の意欲に、転回することをさすのだからである。

第三章　ニーチェの哲学における統一性の基礎となる根本思想

一　「汝まさになすべし」から「我は欲す」への解放

ニーチェがはじめて自分を解放して自分自身になった第二期の著作を、人々はそれにつづく著作との関連において、それにつづく著作の中から把握することをせず、一般に「実証主義的」だと理解した。しかしそれらが実証主義的なのは、ニーチェ自身が十九世紀の科学的実証主義を哲学的に理解した意味——すなわち決定的なニヒリズムへの途上にある「幻滅させられたローマン主義」としての意味——においてだけである。[一] ニーチェ自身の実証主義は、まだ決定的ではないニヒリズムとして、宙に浮いている懐疑主義であり、吟味の途上の最初の試みである。ニーチェがこの「離郷」を決意したのは、ヴァーグネルおよびその聴衆「十九世紀のドイツ人」と訣別した後であった。それ以来かれは、狂気がかれをしてついに自分自身を信ぜしめるに至るまで、「自分の信用で」生き、そして考えた。

『人間的な、あまりに人間的なもの』への新しい序文は、ニーチェがバーゼル大学の教授の地位を投げ出したため外面的にも周囲の社会から外へ立たされることになったこの放浪の開始の哲学的な意味を、余すところなく解釈する。『人間的な、あまりに人間的なもの』はみずから「自由なる精神のための書」と称する。[二] この中ではじめて試験される自由は、まず消極的で、慣習的に受けつがれた一切の拘束から決定的に解放されることによって……から自分を自由にすることである。『人間的な、あまりに人間的なもの』は、最初の危機の記念碑として、一つの告別の、そして新しい目的へ向かう出発のドキュメントである。[三] その解放は、啓蒙主義の場合とちがって、教会の権威に対する戦いにおいて行なわれるのではない。それは、すでに始まっていた従来の一切の拘束の解消から起こる帰結を目ざすだけである。

「……近代の自由精神は、その祖先〔啓蒙主義〕とはちがって戦いの中から生まれたのではなく、むしろ解消の平和――その中へ古い拘束された世界のすべての精神的な勢力がはいって行ったのを近代の自由精神は見ている――の中から生まれたのである。歴史におけるこの最大の急転回が始まった後では、それ（近代の自由精神）のたましいは羨望ももたず、ほとんど欲求ももたずにいることができる。それは自分のため多くを、それ以上を、追求しない。それにとっては、人間と習慣と法律と、事物の慣習的な評価との上に自由に、怖れるところなく浮動しているのが、もっとも望ましい状態であって、それで十分なのである。それはこの状態の享受によろこんであずかる。それからそれ以上のことを要求する人には、それは唇に少しばかり嘲笑を浮かべ、好意をもって頭を振りながら、それの兄弟、自由な行為の人間の方を指さしてやる。行為の人間の《自由》にはもちろん特別な事情がある。……」[四]

自由精神は拘束されない精神だから「相対的な」概念である。

「人々が自由精神と呼ぶのは、その人の出生や環境や身分や職務をもとにして、あるいはその時代の支配的な見解をもとにしてその人から期待されるのと、違った考え方をするような人間である。それは例外であり、拘束された精神の方が普通なのだ。拘束された精神は自由精神を、その自由な原則が人目をひこうとする欲望から発しているか、あるいはその原則から自由な行為が、すなわち拘束された道徳とは一致しがたいような行為が推論されさえするものだとして、非難する。時にはまた、ある種の自由な原則は頭脳の過度の緊張や偏屈さから来ているのだ、と言う人もある。そんなふうに言うのは悪意にすぎず、それは自分の言うことを自分は信じもせず、ただそれで人を傷つけようとするのである。じじつ、自由精神の知性の鋭どさと善意の証明は、その顔にはっきりと書かれていて、拘束された精神にもそれは十分によく理解される。しかし自由精神の由来についての他の二つの見方は正直に言われたのである。じっさい多くの自由精神はそれぞれちがった仕方で成立するのである。[五]」

自由な精神は何ごとも習慣から信ずるということはなく、あらゆることについてその根拠をたずねる。「すべての国家および社会の秩序、すなわち身分、婚姻、教育、法律、これらすべてはその効力と持続を、これらのものに対する拘束された精神の信仰——つまり根拠の欠如、少なくとも根拠に関する質問の防止——の中にのみ有している。」自由な精神は、してみると、大地の上に立っているあらゆる精神と対照をなすものであるが、それは大地をなくして「浮動する二義性」[六]なのでかえって、吟味する精神でもある。自由な精神の十誡は次のとおりである——

「汝は諸民族を愛しも憎みもしてはいけない。
汝は政治を行なってはいけない。
汝は富者であっても乞食であってもいけない。
汝は有名で有力な人々を避けるべきである。
汝は汝自身の民族とはちがった民族から妻を選ぶべきである。

汝は汝の子供たちを汝の友人たちに教育してもらうべきである。

汝は教会のいかなる儀式にも服従してはいけない。

汝は違反を後悔せず、そのかわりもう一つの善行をなすべきである。

汝は、真実を言いうるためには、むしろ追放を選ぶべきである。

汝は汝に対して世界を、そして世界に対して汝を、意のままにふるまわせるべきである。[七]」


受けつがれた拘束からの解放は二つの段階において行なわれる。すなわち、それは第一に人々を慣習的な意見や価値の通用する普通の世界から遠ざけ、このように……から遠ざけることを元にして、「まぢかな事物」……への新しい特別な接近を可能にする。[八] ニーチェは、当時自分について起こったことを振り返ってみて、その解放の過程の第一段階を「自由な意志への意志」の突発として理解する。[九] しかし人間はまず、大抵の場合、自分自身の意志ではなく、他人の意志——自分自身に命令することを必要とするかわりに、自分が服従することのできる他人の意志——を欲する。自由な意志へのこの最初の、当座の意志は、やがて自分自身の主人として事物に対しても主人となるのだが、すでに「地上の主人たち」という後日の超人的な理念——かれらは自分自身に命令することができるのだから、神の代用になる——を予想せしめる。同様に「従来の一切の価値の顚倒」も自由な精神の中にすでにあらかじめ形づくられている。自由な精神は、もし事物を裏返しにすれば、それがどう見えるかを、こころみる。そして「軽視されているもの」——「現存在の従来否定されている側面」の方を好む。このように一般に通用しているものを裏返してみようとする性癖のため、それは周囲の世界への関係において孤立する。「孤独」は、「放浪者」以来、自己自身を意欲する生存の根本問題となる。[一〇]

「いつかは申しぶんのないまでに熟して甘くなるはずの《自由な精神》という類型をもった精神ならば、一つの大きな解放に自分の決定的な事件をもったことがあるということ、かれが以前にはそれだけに一層拘束された精神であったし、永久に自分の片隅と柱にしばりつけられているように見えたということを、人々は推測することができる。もっとも固くしばりつけるものは何か？……選りぬきの高尚な種類の人間にあっては、それは義務であろう。すなわち、青年に特有なような畏敬の念、古くから尊敬されて品位のあるすべてのものに対する畏れと遠慮、かれらが生長した大地・かれらを導いた手・かれらが崇拝することを習った神聖な場所に対する感謝——つまり、かれらの最高の瞬間そのものがかれらをもっとも固くしばりつけ、もっとも永く義務づけるであろう。このように拘束されている精神にとっては、大きな解放は地震のように突然やって来る。若いたましいはいちどきに揺り動かされ、引き離され、もぎ取られる——それは何が起こっているのか自分でも理解しない。衝動と衝迫が支配し、そのたましいの上に一つの命令のように君臨する。どんな犠牲をはらっても、どこかへ行ってしまおうとする意志と願望が目ざめる。未発見の世界に対する烈しい危険な好奇心が……その五感に燃えあがる。《ここで生きているよりは死ぬ方がいい》——とその命令的な声と誘惑は鳴りひびく。しかもその《ここで》とその《うちで》とは、そのたましいがそれまで愛していた一切なのだ！　それが愛していたものに対する突然の恐怖と猜疑、その《義務》と呼ばれていたものに対する軽蔑の電光、放浪と異郷と疎隔への物騒な、わがままな、火山のように衝きあげる希求……」[二]

しかしこの第一の試験的な自己解放はまだ精神の「成熟した自由」ではない。成熟した自由は、我欲でもあれば同時に自制でもあり、多くの相反する考え方への道を許すものである。自由になった精神は、その最初の試験的な試みが成功した後では、その試みによって生活する権利をもつ。かれは今や事物から自発的に遠ざかり、自発的にそれに近づいて生きる。なぜならば、拘束された精神は自分に関係のないことを気にかけるが、自由になった精神だと、自分に関係のあることを、もはや気にかけないからである。かれはその疎隔にもとづいて、「あたかも今になってようやく身ぢかなものに対してかれの目があいたかのように」、ふたたび生に近づく。かれは自分自身の徳性をも支配するようになり、およそ裏切られ(暴露され)うるあらゆる事物の高貴な裏切者(暴露者)として、それでいて罪の感情をいだかずに、あらゆる事物の中に遠近法的なものを認識する。

「ちょうど医者がその患者を今までとまったくちがった環境におき、患者が自分の《これまで》のすべて、自分の心配ごとや友人や手紙や義務や愚行や記憶の苛責から遠ざけられて、新しい栄養、新しい太陽、新しい未来へ両手と感覚をさしのべることを覚えるようにしてやるのと同じく、私は私自身を、一人で医者でもあり患者でもある者として、まだ試みられたことのない顚倒されたたましいの風土へ、殊に見知らぬ国、見知らぬものの中へ退去する放浪へ、ありとあらゆる未知のものに対する好奇心へ、強制した。……その結果、ながい遊歴、探索、変換が起こった。すべての固執、すべての鈍重な肯定と否定に対する憎悪、……生の最小限、すべての粗野な欲望からの解放、あらゆる種類の外的な不首尾のただ中における独立、……おそらくいくらかの無作法、……しかしそれにおとらず確かに……多くの静かさ、光、より純良な愚行、かくされた熱狂――これらすべてから最後に大きな精神的強化が生じた。」[二三]

すべての拘束から決然たるニヒリズムへのこの解放の中に、ニーチェは自分自身の体験と運命をもったのみならず、同時にヨーロッパ的精神の一般的な体験と運命を感じた。

「病気と快癒――じじつそれは快癒に終った――の歴史という私の体験は、単に私の個人的な経験だったはずがあろうか？　まさに私の《人間的な、あまりに人間的なもの》だけだったはずが？　私は今日ではその逆を信じたい。私の放浪日記は、時にはそんな風に見えたにしても、やはり私のためにだけ書かれたのではないという自信が、くりかえしくりかえし私に起こって来る。」

そしてかれが後に決然たるニヒリストたちが現われるのを予見した[13]のと同様に、古い拘束から抜け出して、自由になろうとする自由な精神たちがやって来ることも、すでに見ていた。——何のための自由か？　もっとも古い真理について新しい試みをしようとするための。[14]

このように精神の自由に達した者は、自分を放浪者として感じることしかできない。一人の「放浪者」——キリスト教の巡礼の世俗的な姿——が、同じく放浪者たるツァラトゥストラの前駆として、『人間的な、あまりに人間的なもの』第一部を結び、第二部第二篇の初めと終りで自分自身の影と対話をする。

「ほんのいくらかでも理性の自由に達した者は、地上において自分を放浪者としか感じることができない——最後の目標などというものは存在しないのだから、最後の目標に向かう旅行者として、とはいえないにしても。しかしかれは、この世において一体何が起こっているのか、注意をして目を開いていようとする。それゆえかれは自分の心を個々の事がらにあまり固く結びつけておくわけには行かない。かれ自身の中に何か放浪するものがあって、それが変化や無常について喜びを感じるのでなければならない。もちろんそのような人間には、疲れているのに、休息を与えてくれるはずの町の門が閉じられているような夜々も来るであろう。……しかしそのあとに代償として、他の地方の、他の日々の、歓喜にみちた朝が来る。すると……のちにかれが静かに午前のたましいの平衡のうちに木々の下を心のままに歩いていると、木々の梢と葉かげから、善い明るいものばかりがかれに向かって投げられる。山や森や寂寥の境にすみ、かれと同じく楽しげになったり物思わしげになったりする放浪者であり哲学者であるすべて自由な精神の人々の贈物である。早朝の秘密の中から生まれて、かれらは、十時と十二時の鐘の音のあいだの昼が、いかにしてあんなに清純な、くまなく照らされた、この世ならず晴れやかな顔をもちうるのかと、思いにふける。——かれらは午前の哲学を求めるのである。[一五]」

それはツァラトゥストラが永遠回帰を説く「大いなる正午」の前の哲学である。午前の哲学と正午の哲学との関連は放浪者と影の二度の対話でくりかえし暗示される。放浪者の自由な精神の懐疑は、みずからすでにかくされた「知慧への意志」をもっている。[一六]そしてちょうど、極端なニヒリズムの「深淵」が、永遠回帰という対抗思想もすでに言い現わされようとする時にようやく「ふたたび語る」のと同様に、影もまた放浪者に向かって、「これが自分自身に語る」のを聞いた時に、語るのである。光と影は、肯定と否定のように、あるいはもっとも高い有ともっとも低い無の高所と低所のように、一体を成す。[一七]そして正午に、すなわち認識の太陽が事物の上に垂直に立つがゆえに影が最短になるこの「最高の時」に、放浪者の自由な精神はすでに一種の「永遠」を見てとっている。

「正午に。——人生の活動的な、嵐にみちた朝を賦与された人のたましいは、人生の正午ごろには、幾月も幾年もつづくことのあるふしぎな休息欲におそわれる。かれの周りは静かになる。人声がだんだん遠くでひびいて来る。太陽はまうえからかれを照らす。かくされた森の牧場に大きな牧神《パーン》が眠っているのが見える。自然の万物が、永遠性の表情をおもてに浮かべて牧神とともに眠りにおちた——とかれには思われる。かれは何も欲しない。かれは何の気づかいもしない。かれの心臓は停止する。かれの目だけが生きている。それは目をさましたままの死である。そのとき人間は、かつて見たことのない多くのものを見る。そしてかれの目に見えるかぎり、すべては光の網に包まれ、いわばその中に埋められている。かれはそのとき自分を幸福に感じる。しかしそれは重い重い幸福である。[一八]」

しかし、無から快癒したツァラトゥストラ――「汝まさになすべし」から「我は欲す」への第一の解放の段階では永遠性の最初の一時的な出現にすぎなかったものを「正午」において完成する教説を有するツァラトゥストラ――の幸福も、「最後の破局を照らす夕陽」のように憂欝である。

初めはしかし、午前の哲学は現に在るすべてのものの影だけを示して光をも示してはいないように見える。特にそのために放浪者はかれの影と話しあい、最初の対話の終りで、かれらがあることについて「一致」したことを指摘しようとする。放浪者が、人々がこれまでかれの見解の中に影だけを認めた、と言うと、影はそれに答えて問の形で「光よりも影を多く？　そんなことはありうるのか？」と言う。じっさいにはその両者は、ニヒリズムの予言と、等しいものの永遠回帰の予言のように、一つのものである。両者はたがいに敵ではない。「かれらはむしろ愛情をもって手を取りあい、光が消えると影がその後から忍び寄る。」影と光は決然たるニヒリズムの無と永遠回帰の有のように手に手を取って行く。両者は合してヘラクレイトスの「二重世界」――そこでは影の主人ハデスと永遠の生命の主人ディオニュソスがすべての存在するものの同一の存在である――を形づくる。[一九] 放浪者と影の最後の談合のあいだに、いつのまにか夕方になり、「太陽が沈み」、影と同時に放浪者も消え失せている。[二〇]

この当座の「正午の哲学」はそれ自身の頂点を、信仰の「最小限」においてもっている。ニーチェ自身が、『放浪者』を書いていた時、自分の影になっていた。

「三十六歳のとき私は私の生命力の最低点に来ていた。――私はまだ生きてはいた。しかし自分の三歩前が見えなかった。当時――一八七九年だった――私はバーゼル大学の教授の職を辞し、その夏をサンクト・モーリッツで一つの影のように送り、私の一生のうちでももっとも太陽に乏しかった次の冬はナウムブルクで影として暮した。これは私のミニマムだった。《放浪者とその影》はそのあいだに成立した。疑いもなく、私

はそのころ影に精通していた。……」[二二]

この最高のミニマム——ニヒリズムの「深淵」から出た永遠の回帰の「絶頂」もその一つである——をあらわす哲学的表現は、『放浪者』[二三]の中ではピュロンと一老人との会話である。ピュロンが笑って語らないところに、まだ決定していないニヒリズムが表われている。

ピュロンは「最後の自己克服」と「無関心」のうちに、もはや言うことがないというので「ギリシャにとっての仏教徒」のように沈黙するが、[二三]のちにはこの沈黙のかわりに、変身したツァラトゥストラ、深淵を話題にした後で自分の哄笑を神聖なものと宣言するツァラトゥストラの解放された笑いがあらわれる。そして放浪者ピュロンの極端な懐疑は、かれ自身においてまだ決定していないニヒリズムなので、ニーチェの最初の解放の究局の結果は——かれはそれを認識論的な関係から「論理的世界否定」[二四]と呼ぶ——かれの試みの全体においては、やはり、最後の一つ前の意志の最後の一つ前の言葉であるにすぎない。かれは、ツァラトゥストラの姿で的もなく回帰する現存在へ自分自身を乗り越えて行く前に、「的のない」人間的放浪者として、知慧へのその途上で道を見失った。自己克服の途上でかれに先立つのは、ツァラトゥストラにとっては「必然性の紋章」、存在の最高の天体に変ずる「おそろしい」必然性[二五]である。「もう一本の小径もない！　周りは深淵と死の静寂！　お前がそれを欲したのだ！　お前の意志は小径を避けた！　さあ、放浪者、しっかりしろ！　さあ、冷静に明確に見ろ。危険を信じたら、お前は破滅だぞ。」[二六]こうした道のない状態は、実際に生ずる方策を予感して、次のように描写される——

「私は立ちどまる。私は突然疲れを感じる。前方は下り坂になっているらしい、電光のように急速に。周りは深淵だ——私はそこへ目をやりたくない。私のうしろには山々がそびえている。私はふるえながら何か支えをつかもうとする。どうしたことだ！　私の周りのすべてが急に岩と断崖になったのか？　ここは藪——

それが私が握ると砕けて、黄ばんだ葉とみすぼらしい根がさらさらと落ちて行く。ぞっとして、私は目を閉じる。——私はどこにいるのか？　私は緋色の夜を見つめる。それは私を引きつけ、私に目くばせする。一体私はどうなったのか？　どうして急に声が出なくなり、酔った不透明な感覚の重荷の下に埋もれでもしたように感じるのか？[二七]」

道を見失った放浪者は狂気の緋色の夜を見つめる。

無から「有へ」出る超人的な抜け道を見出したのは、ニーチェ自身ではなくて、ツァラトゥストラだけだった。[二八]ツァラトゥストラは、道もなく、自分の最後の偉大さを目ざして自己自身を乗り超える。頂上と深淵はかれにとって一つのものになり、これまでかれの最後の危険だったものが、かれにとって逃避になっている。この最後の危険への逃避は、ツァラトゥストラが「影にひとしく」地獄へ行くときに、すでに始まる（「大いなる事件について」）。それが行なわれる「最高の時」は、正午まえの最短の時と「正午にして永遠」なる永遠の瞬間とのあいだの真昼である。[二九]かつての放浪者はわずかに影としてツァラトゥストラに同伴するだけである。[三〇]そして前には放浪者がそうだったが、今はツァラトゥストラが、自分より長い脚をもっているらしくみえる自分の影に呼びかけられる。

「お前は誰か——とツァラトゥストラは烈しくきいた。——お前はここで何をしているのか。そして何のためにお前は私の影だというのか。私にはお前が気に入らない。

私がお気に入らなくて、ごめんなさい——と影は答えた。——そして私があなたのお気に入らないなら、よろしい……そんなら私はあなたとあなたの善い趣味をほめてあげる。私は一人の放浪者で、あなたのくびすの後からすでに多く歩いた。つねに途上にあって、目的もなければ故郷もない……

なに？　私はいつまでも途上にいなければならないのか。すべての風に吹きまくられ、おちつきなく、追い立てられて。地球よ、お前は私にとってまるすぎるものとなった。

私はもうどんな表面にもとまった。疲れた塵のように私は鏡の上でも窓ガラスの上でも眠りこんだ。すべてが私から取り、何ものも与えない。私は痩せほそる——私はほとんど影にひとしい。

あなたにはしかし、……私はもっともながく後について飛び、かつ歩いた。そして私があなたの前から身をかくしたとしても、私はやはり、あなたの最善の影だった。あなたが坐ったところには、私も坐った。

あなたとともに私はどんなに遠い、どんなに寒い世界をも歩きまわった。冬の屋根屋根の上や雪の上をも我からすすんで走りまわる幽霊のように。

あなたとともに私は、どんな禁制の中へも、どんなに厭わしい、どんなに遠いところへも行こうとした。そして私に何か徳があるとすれば、それは私がどんな禁制にも怖れをもたなかったことである。

あなたとともに私は、私の心が尊敬していたものを打ちこわし、すべての境界石と偶像を押し倒し、どんなに危険な願望をも追いかけた。——じっさい、私はあらゆる犯罪を越えて一度は駈け去った。

あなたとともに私は言葉と価値と大きな名前とに対する信仰を忘れた……

《何ごとも真ではない。すべてが許されている》と私は私に向かって言った……

……すべての善、すべての羞恥、そして善人へのすべての信仰が、私にとって、どこへ行ってしまったのか。ああ、私がかつてもっていたあの偽りの無垢、善人とその高貴な虚言の無垢は、どこへ行ったのか。

まったく私はあまりにもしばしば真実のくびすに接して追いかけた。すると真実は私の額を踏みつけた。時には私が嘘をついたつもりでいて、どうだ！　その時ようやく私は真実を射とめたのだ。

あまりにも多くのことが私に判明した。今や私には何物もかかわりがない……

私には何がまだ残っているか？　疲れた、あつかましい心情、おちつきのない意志……打ち砕かれた脊柱。

私の故郷を求めるこの探索……これが私の災厄だった。それが私を喰いつくす。どこにあるのか——私の故郷は。私はそれを問い、今もそれを探し、それを見いだせなかった。おお、永遠にどこにでもあり、永遠にどこにもなく、永遠にいたずらなものよ！」[三一]

かつての放浪者は、真実に同伴するこの影として生き残った。しかもツァラトゥストラの影として生きつづける。そして影のニヒリスティックな知慧がかれ（ツァラトゥストラ）自身の知慧の一部であることを知っているかれによって、影もまた「家路」を、等しいものの永遠回帰の「徒労」——そこでは永久に放浪をつづけることの無目標性が永遠に回転するというまったく別な無目標性に変ずる——に至る道を、見いだす。この変化は自由な精神にとって小さな変化とは言えない。——

「お前はわるい昼をもった。もっとわるい晩がお前に来ないように、気をつけるがいい。

お前のようなおちつきのない者には、牢獄もまたついには幸福なところに思われるであろう。囚われた犯罪者がどんなふうに眠るものか、お前は見たことがあるか。かれらは安らかに眠る。かれらは新たな安全を享受する。

お前は最後にまだ狭い信仰、堅い、きびしい妄想に捉えられないように、用心するがいい……

お前は目標を失った。ああ、お前はどのようにしてこの喪失を紛らわし諦めるだろうか。それと同時に——お前は道をも失ったのだ！」

残る問題は、ニーチェ自身が、無への自由からファートゥムへの愛に変化したとき、かれが「自由な精神の背教者」と呼んだものになってしまったのではないかということである。[三二] 影のニヒリスティックな真実がけっきょく肯定的になるのは、自由にとってはもはや何物も真実ではなくなったためにだけ許されていたすべてのことが、愛には許されているということ、正にそのことによってであろうか。

『偶像のたそがれ』では、最後に自由な精神は「もっとも広大な」精神と解釈される。それは現に在るすべてのものを肯定する「強さの寛容」をもっているから、自分自身にすべてを許す(いかなることをも敢えてする)ことができる精神である。それにとっては、弱さ以外には、禁じられていることが存在しない。それは、前には極端な不信頼の教師だったが、今では、「個別的なものだけが排斥せらるべきであり、存在の全体においてはしかしすべてが救済され肯定されるという信念の中に、全体のただ中に、信頼する喜ばしい宿命論をもって――かれはもう否定しない――」自由になった精神として、立っている。――「しかしかような信念はありとあらゆる信念のうち最高のものである。私はそれにディオニュソスの名を与えた。」隠された肯定はすべての否定性よりも強かった。そして「お前たち移住者よ、お前たちが大海へ出て行かなければならないとしても、お前たちにもそれを強制するのは――一つの信念なのだ！」[三三] 慣習的な理想はもちろん最初の解放の仕事によって永久に凍結した――ツァラトゥストラ－ディオニュソスもはや天才や聖者や英雄や詩人や信仰や確信などという大げさな言葉を信じない。[三四]――しかし真に自由になった精神は「無理想の理想」や「不信仰の信仰」の中にも留まらない。それは「論理的な世界否定」の最後の結果を、永遠に回帰する世界肯定の形而上学に変ずる。そして『人間的な、あまりに人間的なもの』がヴォルテールに献ぜられてあったり、ニーチェが最後にディオニュソス神の名でものを言ったりしても、こうした外見上の矛盾は、自由な精神性は最初から、強靱な「知慧への意志」をもって、「底にある、より深い、より情熱的な流れに抗して表面に身を保っていた」ということから説明がつく。[三五] しかし逆にディオニュソスもまだ「誘惑者たる神」であり、ツァラトゥストラは「懐疑家」であって、自由になった精神として、確信を利用するだけで、自分自身は確信に屈服することがない。

第一期の著作の実証主義的な外観は、底にあるニヒリズムをおおいかくしているが、同じくそのニヒリズムは「古典的」実証主義への逆の傾向をおおいかくしている。徹底的な懐疑主義は決然たるニヒリズムのための前提であるが、同じくそのニヒリズムはすべての存在するものの永遠の存在に対する決然たる肯定のための前提である。

「懐疑から救済されて。——A　他の人たちは一般的な道徳的懐疑の中から不機嫌に、弱々しく、嚙みくだかれ、むしばまれ、それどころか半ば喰い破られて出て来る。——私はしかし前よりも勇敢になり健康になって、ふたたび獲得した本能をもって出て来る。鋭どい風が吹き、海が荒れ、うちかつべき危険の小さくないところ、そんなところが私には気持がいい。私はしばしば虫のようにはたらいたり掘ったりしなければならなかったが、虫にはならなかった。——B　お前は懐疑家たることを、まさに止めたのだ！　お前は否定するから！——A　そして同時に私はふたたび然りと言うことを学んだ。[三六]」

この救済的な転回の途上で、ツァラトゥストラは、自由になった精神の最後の危険を見事に追放し、自分自身の解放に停滞していなかった。[三七]　しかしニーチェ自身は「二つの無の間に」に体を屈してもぐり込み、狂気の中に救済を見いだした。[三八]

二 「我は欲す」からコスモスの子の「我はあり」への解放

a 神の死とニヒリズムの予言

道徳的命令のすべての「汝まさになすべし」は、人間になすべきことを命じたキリスト教の神にもとづいて測られるのだから、神の死は同時に、人間において自分自身を意欲する意志の原理である。「自由の荒野」においては人間は、何も意欲しないよりは、むしろ無を意欲しようとする。じっさい、かれは「意欲する」かぎりにおいてのみ、――神なしに――「人間」である。神の死は、自己自身に委ねられ、自己自身に命令する人間、その極端な自由を最後に「死への自由」においてもつ人間、の復活を意味する。この自由の頂点では、しかし、無への意志は等しいものの永遠回帰の意欲に転回される。死せるキリスト教の神と無の前の人間と永遠回帰への意志、これがニーチェの体系を大体ひとつの運動――まず「汝まさになすべし」から「我は欲す」の誕生へ、ついですべての存在するものの自然的世界のただ中において永遠に回帰する現存在の「最初の運動」たる「我はあり」の再誕生への運動――として特徴づけるものである。三九

ニーチェが「神の死」をもって何を意味するかを理解するためには、ヘーゲルではまだそれがどう把握されていたかを、指摘しなければならない。ヘーゲルが哲学的思惟にとって信仰の観念が何を意味するかを理解しようとしたとき、ヘーゲルはキリスト教的宗教の絶対的真実性を、かれ自身による「キリスト教的ゲルマン的哲学」の完成に含めて考えた。ヘーゲルの精神の哲学は、キリスト教の精神に関する研究をもって始まるだけではなく、

また単に一つの特別な宗教哲学を含んでいるだけでもなく、それは初めから終りまで一つの哲学的神学である。第二のプロクロスと同じくヘーゲルは、世界と精神の一大転回において、キリスト教的ロゴスの歴史を終結したのである。[四〇]

ヘーゲルは、キリスト教的に変化したロゴスの西欧的哲学をまだギリシャ的概念の中に回想的に保存していたが、フォイエルバッハは、一八四〇年ごろに「変革の必要」を宣言し、はじめて「決定的に非キリスト教的な」哲学を要請した。かれにとってヘーゲル哲学は、形而上学の頂上における神学と哲学・宗教と無神論・キリスト教と異教・のあいまいな統一の中に、失われたキリスト教を哲学によって建てなおそうとする最後の大がかりな試みを意味する。[四一]ニーチェにとっても、ヘーゲルのあいまいなキリスト教保存は、「最後にわれわれの第六感、すなわち《歴史的感覚》の助けをかりてわれわれに現存在の神性を説得しようとしてかれがなした雄大な試みに相応して」、「誠実な無神論の最後の遷延」を意味する。[四二]しかしヘーゲルを「誠実な」無神論の偉大な遷延者と見ることが、ニーチェにとって可能だったのは、ニーチェが、フォイエルバッハの「敬虔な無神論」を原理的に乗り越えたもの、すなわち、すでに正当なものとなっている無神論の問題における一つの「危機と最高の決定」、を招きよせることを、自分自身の当座の課題と見なしていたからにほかならない。[四三]そしてニーチェは、自分がキリスト教の後の歴史の範囲内における「転回点」だと思っていたから、あいまいな近代性の問題性の中にも、古代とキリスト教の世界史的な統一――といってもヘーゲルのように宥和的にではなく、批判的に――を、ふたたび理解することができた。〔ニーチェの言うには〕もちろん今日では誰でも、キリスト教の歴史を回顧して「それがいつかは過ぎ去らなければならないものだということ」を見とおすことができる。しかしキリスト教において同時に古代もわれわれの時代まで出張って来ている。そしてキリスト教が消滅すれば、古代の理解も消滅する。われわれはキリスト教に有利な先入観にはもはや左右されないが、まだキリスト教を理解し、そしてキリスト教と古代が同一線上に立っているかぎり、キリスト教の中に古代をも理解するから、キリスト教を認識するには今は「最良の時」である。逆にギリシャ精神の批判は同時にキリスト教の批判を意味する。両者はその基礎を宗教的祭祀にもっていたからである。したがって哲学的文献学者の課題は「ギリシャ精神を、同時にキリスト教を、またわれわれの社会と政治の従来のもろもろの基礎を、取り返しのつかないものとして特徴づけること」である。じじつ、キリスト教は一方的に古代を克服したのではなくて、この世でみずからを主張しえんがために、古代によって克服されもしたのである。[四四] しかしわれわれ近代人は、古代的キリスト教が古代の自然的人間に対する戦いにおいて自然をなくした人間を生み出したとき人間の上にもたらした「機智に富む虚偽」のために苦しんでいる。われわれのいわゆる文化は、「支えがたい、ほとんどすでに消滅した状態と意見の上に」、神話にもとづいたギリシャの都市文化とローマカトリックの社会の残滓の上に、建てられているのだから、存続することができない。[四五]

そのようにしてヘーゲルからニーチェまでのあいだで、伝統の最後の保存への意志は、その「変更」[四六]への革命的傾向を経過して、支えがたいという意識にまで変遷した。そしてそれに対応するのはキリスト教に対する哲学の立場の特性的な変遷である。ヘーゲルの絶対的な精神の哲学は、それ自身まだ宗教哲学であり、フォイエルバッハはキリスト教的宗教の「本質」を人間の神的本質に還元し、ニーチェは、神は死んだ、今やわれわれは超人が生きることを欲しよう、と宣言した。すなわち、神の死は、自己自身を意欲する人間から、神の離脱とともに、人間の克服をも、要求する――すなわち「超人」を。しかし神が本当に死に、神に対する信仰が消え失せてしまったなら、人々が神の死をなおも思弁的に把握するか、あるいは単に人間学的に把握するかは、微々たる差違になる。「神の死」が人間にとって「死への自由」[四七]を意味することをはじめて認識したニーチェの「無神論」の地平では、ヘーゲルとフォイエルバッハは「教父」、「半僧」、「ヴェール作り《シュライエルマッヘル》」として接近する。[四八]ヘーゲルは『信仰と知識』の最後で、キリストにおいて死んだ神への信仰を「思弁的な受苦日」に変ずる。神の死[四九]はかれにとっては無の深淵であり、そこに一切の有が沈んで、生成の運動において新たに出現しようとする。

「一切の存在が沈んでいる無の深淵としての……その純粋な概念は、しかし以前には教養の中だけで歴史的であり、新しい時代の宗教がもとづく感情――神自身が死んでいるという感情（いわば単に経験的に表白されていた感情で、パスカルの表現をかりて言えば、自然は、人間のうちにも人間の外にも、いたるところに、一人の失われた神を記しているようなものである、となる）――としてあった無限の苦痛を、最高の理念の純然たる契機とし、しかし契機以上のものとしてではなく、言い表わさなければならない。かくして、いわば経験的な存在の放棄という道徳的な規定かあるいは形式的な捨象の概念かであったものに哲学的存在が与えられ、そのようにして哲学に絶対的自由の理念が、そして同時に絶対的苦痛あるいは思弁的な受苦日（これはもとは単に歴史的なものだった）が与えられなければならない。歴史的受苦日そのものはそれによってその無信仰の余すところなき真実と厳格さを取り戻す。――この厳格さの中からのみ……最高の総体性が、その厳粛さを完全に具えて、そのもっとも深い根底から、同時に一切を包括するものとして、しかもその姿のもっとも明朗な自由の中に、復活することができ、また復活しなければならないのである。[五〇]」

パスカルの「経験的な」文章のこうした哲学的な解釈に対応するのは、ニーチェにおける一つの判断で、それによると、パスカルは「キリスト教のもっとも示唆に富む犠牲[五一]」である。パスカルに対するこの違った立場には、「神の死」がヘーゲルとニーチェにとってそれぞれもっている反対の意味が反映している。ヘーゲルは、「無信仰」の「真実全体」からのキリスト教的信仰の起原の上に、かれのキリスト教的哲学の完成を打ち建て、ニーチェは、ギリシャ哲学の発端への復帰によって、「数千年にわたる虚偽」を克服せんとするかれの試みを、終末へ向かってすすむキリスト教の上に打ち建てる。ヘーゲルにとって、キリストにおける神の肉化は、人間的および神的本性のあいだに一度かぎり実現した宥和を意味し、ニーチェにとってそれは、人間が十字架にかけられ、その真の本性において打ちくだかれたことを意味する。[五二] ヘーゲルのキリスト教的信仰に対する哲学的批判は、その信仰の範囲内で動き、同じ絶対的内容の種々の「形式」の区別に限られている。ニーチェの批判は、キリスト教のすべての形式に関するもので、十字架にかけられた者とディオニュソスのきわめて鋭い対置をもって終っている。ヘーゲルの哲学とキリスト教の結合は、キリスト教の神が「精神」であって、精神においてのみ把握されることを前提とし、ニーチェは、ひとりの、キリスト教の神ではなく、多くの神々が存在することこそ神的なことである、と言う。

「《神は精神である》と言った者——それはこれまでこの地上で不信仰への最大の歩行と跳躍をなした者である。かような言葉は地上では容易に取返しがつかない。[五三]」

ディオニュソスがそうであったような、肉体を具えた神の再誕生によるのでないかぎり。キリスト教の精神的な神は、ヘーゲルがその死をキリスト教的信仰の終りにもう一度哲学的に把握するのであるが、ニーチェの意識からみると、それはキリスト教の没落史の経過中に自分自身を「歴史的に否定した。[五四]」「キリスト教も今はおしまいだ。」キリスト教について今もなお見られるものは、恐ろしい洪水の後でひいて行く水である。

「キリスト教的生活のあらゆる可能性、きわめて真剣なものからきわめて投げやりなものまで、この上なく無邪気な、何の余念もないものから、ひどく反省的なものまで、すべてが試みつくされた。今は何か新しいものを案出すべき時だ。さもなければ、人は昔ながらの循環におちいってしまう。その旋回がわれわれを数千年ものあいだ回転させた後だから、そこから抜け出すのは、もちろんむずかしい。キリスト教に対する憎悪、嘲笑、皮肉も使いふるされた。寒さのゆるんだとき氷の表面を見るように、どこもかしこも氷が破れ、汚れて、輝きがなく、水溜りがあって、危険だ。そこでまさしく必要なのは用心ぶかい、まったく適切な節制だけであると、私には思われる。私はそれを通して宗教を——たとい死滅に瀕した宗教であっても——尊重する。見込みのない重病人の場合のように、和らげ、おちつかせるのがわれわれの仕事だ。ただ下手な無思慮な藪医者(大抵は学者である)にだけは抗議をしなければならない。——キリスト教はもうまもなく危機的歴史のために、すなわち解剖のために、ほどよく熟するだろう。[五五]」

神として彷徨しているのは、その影にすぎない。注意すべきことには、神の死をはじめて告知し、さらにニヒリズムと永遠回帰をもすでに告知したのは、「楽しげな」学問の第三巻の初めにおいてである。

「仏陀が死んでから、なお数百年のあいだ人々は洞窟の中にかれの影を——おそるべき、身の毛もよだつような影を——示した。神は死んだ。しかし人間の性質が性質だから、おそらくなお数千年のあいだ神の影を示すような洞窟が存在するだろう。——そしてわれわれは……なおもその影を征服しなければならない。[五六]」

死せる神の、そして死にそこねた道徳の、影めいた生きつづけに対する戦いにおいて、ニーチェは、近代的人間の無信仰を、無神論の満足感からはじめて再び生命によびさまし、意識へもたらした。「最もみにくい人間」の行為を早計に述べ立てる「気ちがいじみた」人間について、ニーチェは大事件を告知せしめる。

「明るい午前に提灯をともして市場へ駆けて行き、《私は神を探している！　私は神を探している！》とたえず叫んでいたあの気ちがいじみた人間のことを、お前たちは聞いたことはないか。——ちょうどそこには、神を信じていない人たちがたくさん集まっていたから、かれは大変な笑いをひきおこした。それでは神はなくなったのか、と一人が言った。かれは子供のように迷子になったのか、と他の者が言った。それとも、かくれているのか。われわれを恐れているのか。船に乗って行ってしまったのか。移住したのか。――そのようにかれらはてんでに叫んだり笑ったりした。気ちがいじみた人間はかれらのまっただ中へとびこんで《……神はどこへ行ったのか、と叫んだ。私はお前たちに言う。かれを殺したのはわれわれだ――お前たちと私だ！　われわれみんながかれの下手人だ！　しかしわれわれはどんな風にしてそれをやったのか。どうしてわれわれは海を飲み干すことができたのか。誰がわれわれに水平線をすっかり拭きとるような海綿をくれたのか。われわれはこの地球をその太陽のくさりからはなしたとき、何をしたのか。今は地球はどこへ動いて行くのか。どこへわれわれは動いて行くのか。すべての太陽から離れて。われわれは絶えず墜落しているのではないのか。しかも後へ、前へ、横へ、四方八方へ。まだ上や下があるのか。われわれは際限のない無の中のようなところを迷っているのではないのか。からっぽの空間がわれわれに吹きつけて来るではないか。寒くなったではないか。間断なく夜が、更に多くの夜が来るではないか。午前にも提灯をともす必要があるではないか。神を埋めた墓掘人たちの騒ぎがまだ何も聞こえないか。神の腐敗のにおいがまだしないか。――神々だって腐敗する！　神は死んだ！　神は死んだままだ！　そして、われわれがかれを殺したのだ！……世界がこれまで所有していたもっとも神聖にして強大なもの、それがわれわれのナイフで血を流したのだ。……どの水でわれわれは身を浄めることができるだろうか。どんな贖いの祀りを、どんな聖劇を、考え出さなければならないだろうか。この行為の大きさはわれわれには大きすぎるのではないか。それにふさわしく見えるためにだけでも、われわれ自身が神々にならなければならないのではないか。これより大きな行為は今まで一度も存在しなかった――そしてわれわれの後に生まれる者は誰でも、この行為のために、これまでのすべての歴史よりも高い歴史に属するのだ。》――ここで気ちがいじみた人間は口をつぐみ、聴いている人々の顔をふたたび見た。人々もだまって、驚いてかれを眺めていた。ついにかれは提灯を地面に投げつけたので、それはばらばらにとんで、消えた。それからかれは言った——《私の来るのは早すぎた。まだ私の来る時ではなかった。この恐るべき事件はまだ途中を歩いている——まだ人間の耳にまで届いていないのだ。電光と雷鳴は時間を必要とする。天体の光は時間を必要とする。行為がなされてから見られたり聞かれたりするには、時間がかかるのだ。この行為はかれらには依然として、もっとも遠い星よりも遠いのだ。——それでもやはり、かれらがこれをしたのだ！》——その気ちがいじみた人間が、その日いろいろな教会へはいりこんで、その中で《神に永遠の平安《レクイエム》を》を歌い出したということは、今もなお人々の語り草になっている。外へ連れ出され、答弁を求められて、かれは依然として、《これらの教会は、神の墓穴、神の墓標でないとしたら、一体何なのか》と答えたという。[五七]」

大事件は、してみると、神の死とともに「海」と「太陽」が、すなわち最高の包括的なものが、それと同時に全「水平線」が消滅した、ということである。しかしツァラトゥストラのたましいも一つの新しい「海」であり、それに対応する永遠回帰の世界の中に予言者のニヒリズムが「溺れ死ぬ」ことになる。同じころの遺稿では、この事件のニヒリスティックな性格が明確に強調されている——

「最大の事件は、人間の感情に到達するのがきわめてむずかしい——たとえば、キリスト教の神が《死んでいる》こと、われわれの体験の中にはもはや天国的な善意と教育、神的な正義、概して内在的な道徳、が表わされなくなっているという事実。これが、ヨーロッパ人の感情に達するためにまだ数百年を必要とする恐るべき新事件の一つである。そしてそれがヨーロッパ人の感情に達したら、しばらくのあいだ、事物の中からすべての自重が抜けてしまったように見えるだろう。[五八]」

そして今や無常なものとなった現存在におけるその新しい「自重」が永遠回帰の思想であるということから、神の死とニヒリズムと等しいものの永遠回帰とのあいだの明瞭な連関が生じて来る。

しかし、神の死は、ニヒリズムの根源であるからかえって、哲学的な明朗さの動機にもなる。じじつ、それが最初にともなった暗さにもかかわらず、神の死が人間そのものを現存在への義務から免除して以来、いかなる「汝まさになすべし」も人間の意志の上に負わせられないという知らせをきくと、人々は重荷をおろした気持になることができる。そのことをふたたび論じているのは『楽しげな学問』第五巻(「われわれ怖れを知らぬ者」)の第一のアフォリズムである。

「近来の最大の事件——《神が死んだ》、キリスト教の神への信仰は信じるに足りないものとなった、という事件——は、すでにその最初の影をヨーロッパの上に投げかけはじめる。少なくとも、その目が、その目の中の猜疑がこの光景を見るのに十分の強さと鋭どさをもった少数の人々には、何か一つの太陽が没し、何か一つの古い深い信頼が疑惑に反転したように思われる。それらの人々には、われわれの古い世界が日に日に夕方めき、疑わしく、うとましく、《年より》になって行くように見えずにはいない。しかし大体において言いうることは、この事件そのものが余りに大きく、余りに遠く、多くの人々の理解力から余りにはずれているので、その知らせがすでに届いたとさえ称することもできない。いわんや、一体何ごとが起こったのか——そして、たとえばわれわれの全ヨーロッパ的道徳など、すべてがこの信仰の上に打ち建てられ、それに倚りかかり、その中へ生長していたのだから、その信仰が顚覆した今となっては、どんなことが起こらずにすまないか、ということを多数の人がすでに知っていようはずもない。今や差し迫っている断絶と破壊と没落と倒壊のこの長い連続と充満。何びとがこの驚ろくべき恐怖の論理を教えかつ予告する者、地上におそらくその類を見なかったほどの日蝕と暗黒化を予言する者たらんとせざるをえないほど、今日すでにそれを十分に察知したであろうか。……われわれ生まれながらの占卜者、今日と明日のあいだに立たされ、今日と明日との矛盾の中に張り渡されていわば山上で待ち受けているわれわれ、来るべき世紀の長子であり早生児であるわれわれ、やがてヨーロッパを包まずにはおかないその影を本来ならば今日すでに見ているべきだったわれわれ、そのわれわれさえ、この暗黒に関心もなく、なかんずくわれわれのための恐怖も心配もなく、その出現を漫然と待っているのは、一体どうしたことだろう。おそらくわれわれはまだあまりにもこの事件の直接の結果の中に立っているのだろうか。――そしてこれらの直接の結果、われわれにとっての結果は、誰でも期待しそうなこととは反対に、少しも悲しいものでもなければ陰欝にするものでもない。むしろ何とも言いようのない新しい光、幸福、緩和、慰安、鼓舞、曙光である。……じっさい、われわれ哲学者にして《自由なる精神》たる者は、《古い神が死んだ》という知らせを聞くと、新しい曙光に照らされる思いがする。われわれの胸はそのとき感謝を驚嘆と予感と期待にあふれる。――ついにわれわれに地平線がふたたび開かれて現われる。それが明るくないとしても、われわれの船はついにふたたび出帆できるのだ。どんな危険にも向かって出帆できるのだ。認識する者のどんな冒険もふたたび許されている。海は、われわれの海は、そこにふたたび打ち開けている。おそらくいまだかつてそんなに《開かれた海》は存在しなかったであろう。」

開かれた海への出港に地上において対応するのは、まだツァラトゥストラに同伴する影をもった放浪者の象徴である。ツァラトゥストラはとりもなおさず「神をなみする者」であり、その登場は神の死と同時である。じっさい、自己自身を乗り越えた超人的な人間は、キリスト教の神人[五九]がすでに死んでからでなければ、生きることができない。ツァラトゥストラの現われるのは大いなる正午の時、

「人間がその行路の半ば、動物と超人のあいだに立ち、日暮に向かうその道をかれの最高の希望として祝う時（じじつ、それは新しい朝への道なのだ）」

である。その時を『曙光』がすでに、正午以前に告知している。

「そのとき、没落する者は、自分が渡り行く者であることを、みずから祝福するであろう。そして認識の太陽は、かれには正午に位するであろう――」

すでに太陽が放浪者にとって正午以前の正午にしばらく位した後である。しかし死んだのは、ひとりキリスト教的道徳的神だけではない。すべての神々が死んだのだ。もちろん、死んだ神々も復活しないかどうかは、未解決の問題である。

「すべての神々は死んだ。今やわれわれは超人が生きることを欲する。――これをいつかは大いなる正午においてわれわれの最後の意志としよう。[六〇]」

人間の克服へのこの最後の意志がまずツァラトゥストラを誘って「神と神々」から引き離す。無から有を創造した神にかわって、未来への人間の超人的な意志――自分自身および自分のものとしての世界を創造する意志――が現われる。しかし、ツァラトゥストラが、超人と同じものになって、永遠回帰を教える大いなる正午は、二つの相反する可能性のあいだの「危険な中点」でもある。人間は「最低の人間」になり下がるか「超人」にまで上るかの、可能な上行か下行かの前に立っている。自己克服と自己満足とは、神を失った人間の一対の可能性である。人間の内部にあるこの両可能性の範囲内で、今や総じて人間の規定が動いている。じっさい、もし神が死んだとすれば、人間は神たることと動物たることとのあいだに置かれた中間物としての従来の位置を失うことになる。かれは、無の深淵の上に張り渡された一本の綱の上に置かれたように、また虚空の中へ投げ出されたように、自分自身の上に置かれる[六一](自分の足で立たされる)。かれの現存在は、〔『ツァラトゥストラ』の〕「序言」の綱渡師の生活のように、本質的に危険の中にあり、危険がかれの職業である。危険への「勇気」は、そこから振り返って見ると、「人間の前史全体」――すなわち、超人の運命愛における「超勇気」(不遜)以前の歴史――になる。しかしながら、神への怖れの消失からまず、そして大抵の場合、出て来るのは、およそ自分の現存在の意義をもはや問わず、凡庸の幸福をもとうとする不敬虔な最低の人間の可能性である。

> 「あゝ悲しい！　人間がその憧憬の矢をもはや人間のかなたに放たず、その弓の弦がブルンと鳴ることを忘れてしまっている時が来る。
>
> ……自分自身をもはや軽蔑することのできないもっとも軽蔑すべき人間の時が来る。
>
> 見よ！　私はお前たちに最低の人間を示そう。
>
> 《愛とは何か？　創造とは何か？　憧憬とは何か？　星とは何か？》――最低の人間はそうたずねて、目をしばたたく。
>
> 地球はそのとき小さくなっている。そしてその上を、すべてを矮小にする最低の人間が跳びはねる。その種属は地蚤《ちのみ》のように絶やしがたい。最低の人間はもっとも永生きする。
>
> 《われわれは幸福を考え出した。》――最低の人間はそう言って目をしばたたく。
>
> かれらは生活のきびしい地方を去った。人は温かさを必要とするからである。人はまだ隣人を愛し、隣人に体を擦りつける。温かさを必要とするからである。
>
> 病気になることと不信をいだくことは、かれらには罪悪と考えられている。人は用心ぶかく歩く。いまだに石や人間につまずく者は馬鹿者である！

時折すこしばかりの毒。それで快い夢が見られる。そして最後に、快い死のために、多くの毒。

人はまだはたらく。はたらくことは娯楽だからである。しかしその娯楽で体をそこねないように気をつかう。

人はもはや貧乏にも金持にもならない。どちらも余りにわずらわしい。誰がまだ支配しようとするか。誰がまだ服従しようとするか。どちらも余りにもわずらわしい。

牧者はなく畜群がある！　誰もが同じことを欲し、誰もが同じである。違った感じ方をする者は、すすんで気ちがい病院にはいる者である。

《かつてはすべての人々が誤っていた。》——もっとも上品な人々はそういって、目をしばたたく。

人は利口で、起こったことすべてを知っている。そこで人は限りなく嘲笑する。

人はまだ争う。しかしすぐに和解する。——そうでないと胃をこわす。

人は昼のための少しばかりの楽しみと夜のための少しばかりの楽しみをもつ。しかし人は健康を尊重する。

《われわれは幸福を考え出した。》——最低の人間はそういって、目をしばたたく。」


しかし無信仰になった現存在の全体の中では、最低の人間の型は支配的なカストと同様に必要である。そしてそのカストの上に、普通人の「対蹠人」として個々の超人——それをニーチェは最低の人間と「同時に」創造した——が必要である。

「一つの運動は絶対である——すなわち人類の水平化、大きな蟻塚等。

他の運動、私の運動——それは反対にすべての相反と懸隔の強化、平等の除去、超強力者の創造である。

前者は最低の人間を生み出し、私の運動は超人を生み出す。後者を前者の主人として把握することが、目標なのではまったくない。二種類の人間が並存すべきである――できるだけ分離して。一方はエピクロス的な神々のように、他方には構わずに[六二]。」

自己自身に満足する最低の人間とは反対に、自己自身を乗り越えた人間の前提は、「ましな」人間の中の「救いを求める叫び」である。じっさい従来の人間たることを克服せんとする意志は、まずましな人間の人道主義的な現在の人間に対する絶望を要求する。

そのような、もっとも深く絶望し、自己自身を軽蔑する人間、しかしそのためかえって軽蔑すべからざる人間が、「もっともみにくい」人間である。これは自己自身を軽蔑しうるが故に、ましな人間である[六三]。かれは神の殺害者である。神の死は、してみると、ましな醜悪な人間を超えて、上と下を、すなわち上は超人・下はもっとも軽蔑すべき最低の人間・という新たに成立した二つの可能性を指示する。最低の人間の人間らしさは人間たることからの離反である。

『ツァラトゥストラ』の序言は、ツァラトゥストラがその孤独の中でもう一人の孤独な人間、神が死んだことをまだ聞いていないキリスト教の聖者に会うことを述べている。のちにツァラトゥストラは、神が死んだことをすでに知っている一人の老人に会う（「退職」）。この老人は、主人が死んだために「役を退いた」「最後の法王」だと、かれに打ち明ける。かれは、自分もすでに祝福を与えた者として、かれの相手になる。ツァラトゥストラは、神のことについてはかれ自身よりも開化している最後の法王にたずねる――

「人は同情がかれ（神）を絞め殺したのだと言うが、それは本当か。――かれが人間が十字架にかかったのを見て、それに堪えられず、人間への愛がかれの地獄となり、ついにかれの死となった、と言うが。――

年とった法王はしかし答えず、おずおずと……横を向いていた。

かれを諦めるがいい、とツァラトゥストラは長い思案ののちに言った。……
かれを諦めるがいい。かれは行ってしまったのだ。そして、あなたがこの死者について善いことだけを言うのは、あなたの名誉にはなるが、かれが何者であったかということを、あなたは私と同様によく知っている。そしてかれが奇怪な道を歩んだ、ということを。」

ツァラトゥストラは、法皇がかれに物語ったように、神が単に老衰で死んだのか、そして人間に殺害されたのでもないか、を問題にする。会話の終りに法王は、最初にすでに言ったこと、すなわちツァラトゥストラが「神を信じないすべての者のうちもっとも敬虔な人間である」ということに、もう一度話をかえす。かれを無信仰に改宗させた別な神があったのにちがいない、と言う。

「あなたをしてもはや一人の神を信じさせなくするのは、あなたの敬虔そのものではないのか。そしてあなたのあまりにも大きな誠実が、この上あなたを善悪の彼岸までも連れて行ってしまうであろう。

それにしても、あなたには何が取っておかれたのか。あなたには、久遠の昔から祝福することに予定されていた目と手と口がある。人は手だけで祝福するのではない。

たとえあなたがどんなに無信仰な者になろうとしても、あなたの近くにいると私は神聖な抹香と芳香を感じる。それをかぐと私は嬉しくもなり悲しくもなる。

ツァラトゥストラよ、ただ一夜、私をあなたの客にして下さい。

今は地上であなたのところほど私にとって居心地のいいところはない。

アーメン！　そうしてあげよう、とツァラトゥストラはおおいに驚きながら言った。道は上へ通じ、そこにツァラトゥストラの洞窟がある。

尊敬すべき人よ、本当に、よろこんで、私はあなたをそこへ案内したいところだ。私はすべての敬虔な人間を愛するから。しかし、今は救いを求める叫び声が私を呼んでいるので、急いであなたと別れなければならない。」

救いを求める叫びは、死の風景の中で、もっともみにくい人間からひびいている。この死の谷間に生きているのは緑色のみにくい蛇だけだ。牧人たちはこの谷を「蛇の死」と呼んでいる。

「ツァラトゥストラは、しかし、黒い追想の中に沈んだ。かれには、自分がすでに一度この谷間に立ったことがあるように思われたからである。そして多くの重いものが、かれの感覚の上に置かれた。そこでかれはゆっくり歩き、次第に歩をゆるめ、ついに立ちどまった。」

というのは、ツァラトゥストラがもっともみにくい人間――その謎はかれだけが知っている――の救いを求める叫びの中で、自分自身に再会するということである。喘鳴する「あるもの」たるこの人間は、いかにも「名状しがたい」。そして「存在」一般や無の「深淵」と同じく、容易には「語り」出さない。[六四] かれが神の殺害者であるというかれの謎は、牧人と死の蛇の「謎」における永遠回帰についてのツァラトゥストラの幻覚（『ツァラトゥストラ』の「幻覚と謎について」章）を思い起こさせる。なぜならば、ツァラトゥストラが第二の「牧人」をもう一疋の「蛇」から解放することは、神の死から生ずる死病を克服することだからである。神から救済するというもっともみにくい人間の行為のモティーフ、神の現存在への「復讐」も、ツァラトゥストラの自己救済を思い起こさせる。じっさい、その自己救済は、人間の現存在に対してもはや反感から「復讐」するのではないような意志によって起こるのである。

もしもっともみにくい人間が神の殺害者になっていなかったとしたなら、かれは、ドストイェフスキーのキリーロフのように、[六五] 自分自身を滅ぼさなければならなかったであろう。もっともみにくい人間はみずから引き受けた罪をもって現存在にふたたび無罪(無垢)を取り返してやるのである。神の「汝まさになすべし」を従順に聴く人間は自己自身には命令しようとしないのだから、もっともみにくい人間は神と同時に「現存在に対する最大の異議」を取り除くことになる。

「かれは——死なければならなかった。かれは一切を見る目をもって見た。——かれは人間の深部と深淵、人間のすべての恥辱と醜悪を見た。

かれの同情は他の羞恥をも知らなかった。かれは私のどんなに汚い隅々にまでもはいこんだ。このもっとも好奇心に富む者、あつかましすぎる者、同情しすぎる者は、死なければならなかった。

かれはいつも私を見ていた。このような目撃者に私は復讐しようとした——さもなければ、私自身生きようとは思わなかった。

一切を見ていた神は、人間をも見ていた。その神は死ななければならなかった。人間は、かような目撃者が生きていることには、堪えられない。[六六]」

この行為はもっともみにくい人間に、ましな人間として、面目をほどこす。この行為は人間に今から羞恥を免れさせる。[六七]かれはふたたび自己自身を尊敬することができる。かれはもはや、あいまいな「隣人愛」において、自己自身を軽蔑する必要がない。

「それにしても人間は何と貧しく、……何とかくされた羞恥に充ちていることか！

人々は私に、人間が自己自身を愛する、と言う。あゝ、この自己愛は何と大きくあるにちがいないことか！　それはそれ自身に対して何と多くの軽蔑をもっていることか！

ここにいるこの人間も、自己を軽蔑すると同じく、自己を愛した。——かれは私から見ると、おおいに愛する者であり、またおおいに軽蔑する者である。
それより深く自己を軽蔑した人を、私はまだ見いだしていない。それもまた高みである。
あゝ、私が叫びをきいたあれがもしかするとましな人間だったろうか？
私はおおいなる軽蔑者たちを愛する。しかし人間は克服されなければならないものである。」

人間たることのこの克服は、最後に永遠回帰の意欲において行なわれる。つねにすでにあったことのある存在のつねに回帰する全体において、現存在そのものに対する、またあらわな実在の偶然に対する、最大の異議も除去されている。しかし、神の死による人間の現存在の解放が目ざすものは、まず等しいものの永遠回帰の肯定ではなくて、ニヒリズム、人間において初めは死への病気であり、それから死への自由となるニヒリズムである。

ニヒリズムと神の死のこの連関は、いろいろちがった段階によって整理せられる。そしてそれらの段階が一緒になって無の真実の有の真実への顚倒への前段階となる。神および神によって認可された道徳への信仰の歴史的下降は、必然的に、ヨーロッパ的ニヒリズムの「中間状態」に至る。そしてそれの不確定な表現が十九世紀の科学的実証主義とロマンティックなペシミズムなのである。無そのものが一時的に神になる。徹底的に完成されたニヒリズムは等しいものの永遠回帰というディオニュソス的哲学の「古典的」実証主義に逆転する。

『ツァラトゥストラ』において獲得された立場を基礎にして、ニーチェは『権力への意志』の序文においてヨーロッパ的ニヒリズムの由来を批判的に振り返って見る。

「私の物語るものは、次の二世紀の歴史である。私は、来るものを、もはや別の形では来ることのできないものを、ニヒリズムの出現を、叙述する。この歴史を、今はもう語ることができるのである。ここでは必然性そのものがはたらいているのだから。この未来はすでに百の徴候に示されている。この運命はいたるところに現われている。……われわれのヨーロッパ文化全体は、すでに久しく緊張の苛責をもって動いている。その苛責は大詰に向かうがごとく、十年ごとにその度を加える。おちつきなく、遮二無二、あわてふためいて、果てに向かって急ぐ流れのごとく、もはや物をも考えず、考えることに怖れをいだいて。ここで発言する者は、これまで逆に沈思することのほか何もしなかった者である。片わきに・外がわに・忍耐に・遅滞に・残留に自己の利益を見いだした本能からの哲学者かつ隠者として。未来のすべての迷路にすでに一度は迷いこんだことのある冒険者かつ試験者的精神として。これから来ることを物語る時には後を振り返ってみる予言する鳥の精神として。ニヒリズムをみずから自分の中にすでに終りまで生き抜き――それを自分のうしろに・自分の下に・自分の外にもっているヨーロッパの最初の完全なニヒリストとして。」

ニヒリズムの出現を振り返ってみてニーチェは、それの窮極の動因として、神によって認可されていたキリスト教的道徳的価値――われわれの現存在解釈と現存在評価の全体系を規定しているもろもろの価値――に対する信仰の喪失を認識する。伝来し、徐々に崩壊し、しかし依然として保存されていたもろもろの価値が無価値になったことから、「従来のすべての価値の顛倒」という結果が生じ、すでに始まっているニヒリズムに相対する。そのニヒリズムとは、今や一切が「無価値」にして「無意味」――と言っても従来のもろもろの最高の価値の値打によって測られたものである――であるということを意味する。「これらの価値の値打」を問題にし出すと同時に、現存在そのものおよび全体としての現存在に関する原則的にちがった種類の評価が可能になる。しかしもし人間が、かれが何をなすべきかをかれに言う規準的な価値の重さによってもはや義務づけられていないとすれば、さしあたり現存在からすべての自重が無くなるように見える。キリスト教的存在解釈の衰微のあとに必然性をもって現われなければならないものは、現存在そのものの価値の問題である。じっさい、何のためということがもはや存在せず、生存の意志が目標のないものだとすれば、その上およそ何のための現‐存在であろうか。[六八]このような現存在の価値の問題は一般に、デューリング[六九]、ハルトマンおよびショーペンハウエル、更にバーンゼン(Bahnsen) およびマインレンデル (Mainländer) によって哲学的に表現されるに至った近代的「ペシミズム」を特徴づけるもので、そのペシミズムのギリシャ精神に対する関係は[七〇]、ニーチェがその後『権力への意志』において展開する考察の第一のテーマである。

「精神の天文学者ならその日時を算出することができたくらいの確実さをもって期待されたこの問題を後にともなった事件、キリスト教的神への信仰の衰微、科学的無神論の勝利、それはすべての人種がおのおのその功績と名誉の分け前をもつべき全ヨーロッパ的事件である。逆に、無神論のこの勝利をもっとも長く、もっとも危険に遷延せしめたことは、まさにドイツ人に――ショーペンハウエルと同時代に生きたドイツ人たちに――帰すべきであろう。とりわけヘーゲルはそれの特別な遷延者であった。……ショーペンハウエルは、われわれドイツ人が有した最初の公然たる不屈の無神論者であった。かれのヘーゲルに対する敵意は、ここにその背景をもっている。現存在の無神性はかれには与えられた事実……論議の余地のないことであった。……その個所にかれの誠実さがそっくり存する。絶対的に正直な無神論は、まさにかれの問題設定の前提であり、ヨーロッパ的良心のついに辛うじて獲得した勝利であり、最後に神への信仰にふくまれた虚言を節する真実さを目ざす二千年にわたる訓育の重大な行為である。……自然を観ずるに、あたかもそれが神の善意と庇護の証しであるかのようにすること、歴史を神的理性の名目が立つように解釈すること、……自己の体験を、信心ぶかい人々が十分に永いあいだ解釈したように、あたかも一切が……たましいの救いのために考え出され定められてあるかのように解釈すること、そんなことはもう過ぎてしまった。それは良心では自己に反する。それは多少でも繊細な良心の人には不作法、不正直、嘘、女々しさ、弱さ、いくじなさ、だと考えられている。もし何かをもってと言うならば、この厳しさをもって、われわれはまさによきヨーロッパ人となり、ヨーロッパのもっとも永くもっとも勇敢な自己克服の相続者となる。われわれがそのようにしてキリスト教的解釈を突き退け、その《意味》を貨幣偽造のように有罪だと判決すると、今度はただちに……それでは現存在にはおよそ意味があるのか、という問がわれわれにかけられて来る。それがそっくりそのまま、しかもその深部までくまなく、ただ聞かれるためだけでも、二三世紀はかかりそうな問である。[七一]」

人間が何をなす「べき」かを人間に命じていたキリスト教的信仰の崩壊のあとに「残った」ものは、「われは欲す」だけである。[七二] 神を喪失した人間は自分自身に自分の意志を与えなければならない。

「私は神をもたない者、ツァラトゥストラである。どこに私は私の同類を見いだすだろうか。そして、自分自身に自分の意志を与え、すべての恭順を棄て去る者は、みな私の同類である。」

しかし信仰の残物と見えるこれが、実はそれの中核なのである。[七三] 信心ぶかい人間は自己自身でないものを〔ともかくも〕欲するのだから、意志はすでに信仰の「原理」である。「欲するか否か」を問題として有するヨーロッパ的ニヒリズムは、もちろんキリスト教的信仰の消失とともに浮んで来たが、キリスト教的信仰は古代後期そのものの中で意志の発病とともにすでに現われていた。自身の支配と意欲をもちこたえられない者は、何をなすべきかを自分に言ってくれそうな他の意志がすでに存在するのだという他者への信仰に手がかりと支えを求める。

「信仰は、意志の欠けているところで、常にもっとも多く欲求され、もっとも痛切に必要である。じっさい、意志は、命令の感情として、自主と力量の決定的な印である。すなわち、命令することを知らなければ知らないほど切実に、命令する者、厳しく命ずる者、神・君主・身分・医師・聴罪司祭・教義・党派意識を渇望する。二つの世界的宗教たる仏教とキリスト教がその成立の根拠と、殊にその急速な普及を、おそるべき意志の発病の中にもったのかも知れないということは、右の事情からおそらく読み取られるであろう。かくして事実は次のとおりだったのである。――すなわち両宗教は《汝まさになすべし》への欲求、狂気の沙汰となるまで積み上げられ、やけくそになって行くような欲求、を見いだした。両宗教は意志弛緩の時代における狂信の教師となり、それによって無数の人々に一つの支えを、意欲する新しい可能性を、意欲の楽しみを提供した。狂信はすなわち弱い者にもおぼつかない者にも与えうる唯一の《意志力》である。……人間は、自分が命令されなければならないのだという根本的な確信に達すると、《信心ぶかく》なる。逆に、一つの精神があらゆる信仰、あらゆる安心の願望に訣別を告げ、あるがままで軽い綱と可能性の上に体を保ち、絶壁の縁でもなお踊れるような練磨をしているところには、自己決定と喜びと力、意志の自由が考えられるであろう。そのような精神ならとびきりの自由な精神と言えよう。[七四]」

自由と言っても、しかし、無を意欲する自由でもあり、キリスト教的信仰が欲しえないような「ニヒリズムの行為」への自由でもある。[七五]元来それ自身、現存在への弱まった意志に対する「対重」だった「この信仰(キリスト教の)の代りに」、「われわれはわれわれの上に一つの強い意志――発見的な原理として、人がそれでどこまでやって行けるものかを見るために、さしあたりある幾つかの基本評価を固持する意志――を置く。……実際にはその《信仰》もすべてそれと異なるものではなかった。[七六]」

しかしながら、自己に対して自由になった意志が、およそ自分が自分自身の意志を承認しようとするのか否かを、まだ知らないあいだは、人間は問題的な「中間状態」にあり、ニヒリズムは二様の意味をもちうる。すなわち、ニヒリズムは空虚なものとなった現存在の意志弛緩の徴候でもありうるし、また意志強化と意欲された破壊の最初の表示でもありうる。デカダンスのすべての徴候と同じく、受動的な弱さか、能動的な強さのニヒリズムである。[七七]まだ決然としないこのニヒリズムのあいまいさは、「徹底的」ニヒリズムの二つの暫定的な形であるロマンティックな「ペシミズム」と科学的な「実証主義」を特徴づけている。ロマンティックなペシミズムに比べて科学的な実証主義は、すでに迷妄脱却の途上の一進歩で、無にまなざしを向けている。[七八]それは、新しい信仰がないから、まず不信仰を信仰する。それは、ローマン主義への一反撃として、一つの反動ではあるが、まだ固有の行動ではない。

ニヒリズムのあいまいさの象徴は、われわれがまだどうにか踏んで歩ける氷を破る暖風である。「氷はしかし――小橋を破壊する。……今は何もかも流れているのではないか。柵も小橋もすべて水中に落ちたのではないか。何びとがなお《善》と《悪》に身を支えるだろうか。禍なるかな、われわれ！　幸なるかな、われわれ！　暖風は吹く！」そしてツァラトゥストラ自身が「川岸の柵」である。「私につかまることのできる者は、つかまるがいい！　しかし私はお前たちの松葉杖ではない。」

この「幸」と「禍」のあいまいさ(二義性)は、とりも直さずわれわれの崩壊しつつある現在の二重の意義なのであるが、これは意志をもって、どちらかに決定しなければならない。

「あゝ、お前たちが中途半端な意欲をすべて棄て去り、怠惰でも行為でもいい、どちらかに決心してくれたら！

あゝ、お前たちが私の言葉を理解してくれたら！　《かまわず、欲することをするがいい。――しかしまず、欲することのできる者になることだ。[七九]》」

これであれ、あれであれ、また一切であれ無であれ、なそうとする純然たる「決断」そのもの、それは、すでに欲しはするが何を欲するのかまだ知らないニヒリズムの中間状態における意欲能力そのものの性格である。

それは決断の力によって、従来のすべての価値の顛倒に至る規定された道を進んで行く。その顛倒はまず「道徳」について行なわれる。道徳はもはや何の認可をももたず、したがってニヒリズムに終るのだから、人間の現存在を義務づけるものではなくなっている。[八〇] 道徳的世界解釈の没落は、キリスト教的ドグマが市民的道徳に崩壊したあとでは、「次に来る二世紀」のためにとっておかれた「最大のみもの」——完成されたニヒリズムのみが、全体の中における人間的現存在の新評価にもとづいて「新しい価値」をも必要なものにするのだから、もっとも問題的な、そしておそらくもっとも有望なみもの——である。単なる反動以上の運動によって、決然たるニヒリズムはヨーロッパ的ペシミズムと実証主義の中間状態を終結する。「価値の顛倒」は「いつかの将来にかの完全なニヒリズムと交代するような、しかしそのニヒリズムを前提とし……まったくそれに向かって、それの中からのみ来ることのできる」「反対運動」を表現する。[八一]

それにしてもこの決然たるニヒリズム——ともかくふたたび欲するのだから有望なものであるこのニヒリズム——は、何を欲するのか。それは一体本当に何かを欲するのか。それともその「何か」は無であるのか。

キリスト教的「自重」が通用していたあいだは、[八二] 人間は現存在の中におさえられていた。人々は、何のために、いかなる目的のためにおよそ存在するのかを、知っていると信じていた。現-存在の苦難は説明がついていたし、おそるべき空虚、「空間の恐怖」(horror vacui)は充たされて見え、「扉はすべての自殺的ニヒリズムの前に閉じられていた」。それらすべてはもちろん自然的な現存在と生活の第一諸前提に対する対抗意志(反感)を意味するが、それでもやはりそれは依然として一種の意志である。じじつ、「人間は何も欲しないよりは、むしろ無を欲しようとする」。「禁欲的理想」——それの「汝まさになすべし」が「われは欲す」を自由にしてやらなかったのだ

――によってかえって、「意志そのものは救われていた」。これが従来、「およそ人間は何のために？」という問に意味のある答を与えていた「唯一の意味」であった。[八三] しかし、人間の現存在にかかるこのキリスト教的自重が更にそこから消失して、人間が世界の全体において単にその場かぎりの無意味な偶然になるとすれば、何が起こるのだろうか。ついに人々は神そのものとあらゆる信仰を犠牲にして、自己自身に対する恐怖から「重さ、運命、無を崇拝し」なければならないのではなかったか。――それとも無意味な永遠回帰のファートゥムを？[八四]「無のために神を犠牲にすること――最後の恐怖のこの逆説的な秘儀は、今まさに現われて来る世代のために取り残されていた。われわれは皆すでにそれを幾らか知っている」。われわれというのは、もはや何ものからも限定も抑制も受けていない現存在をもち、支えるものもなく世界の無限の広さの中へ投げ出されているわれわれである。しかもその世界は同時に現存在の虚空である。じっさい「コペルニクス以来人間は中心からxの中へ廻転しているのだ。[八五]」

「今までどんな人間にも、われわれほど四方八方へ目を向けることを許されたことはない。どこもかしこも涯しなく見わたされる。だからわれわれはおそるべき広さの感覚――更にまたおそるべき虚空の感覚を有する点ですぐれている。そしてすべてのましな人間の独創性は、今世紀にあっては、この恐ろしい荒涼の感覚に打ち克つことに存する。この感覚の反対は熱狂(酩酊)である。……そこでこの時代は熱狂剤(麻酔薬)の考案においてもっとも発明の才に富んでいる。われわれはすべて、熱狂を、音楽として、個々の人間や事件に対する盲目的な、自分自身を盲目にするような心酔と崇拝として、知っている。われわれは悲劇的なものへの熱狂を知っている。それは、没落する者を眺めるときの、殊に没落するものがもっとも高貴なものである場合にそれを眺めるときの、残酷さである。われわれはもっとつましい種類の熱狂、前後を忘れてする仕事、道具となって、一つの学問や政党やお金をつくる党派に身を献げること、などを知っている。何かちょっとした馬鹿げた狂信、何かどんな小さな範囲内でもいいが免れようがなくて駈けずり廻ること、そんなことにもすでに人を熱狂さす力がある。虚空の感覚そのものをも快楽に感じさせるような、ある種の奇矯なつつましさも存在する。のみならず、あらゆる事物の永遠の空虚さに対する一種の喜び、無への信仰の神秘、この信仰への自己犠牲――も存在する。……われわれがわれわれのささやかな楽しみを記録し、いわば記帳する様と来たら、まるでわれわれが沢山の小さな楽しみを総計することで、あの空虚に対する対重、あの空虚の充塡が望まれるとでも考えているようだ。――われわれが総計する奸智でもってわれわれ自身を欺いている様と来たら[八六]！」

すると、人は運命や仕事や政治[八七]に酔うことにおいて、この「無の神秘」をもって、すでに現存在の空虚を充たしてしまっているかのように見えるかも知れない。人は神のかわりしばらく無を信仰するのである。

ニヒリズム[八八]――それの無の前にはすべてがどうでもよくなる――のこの神的な外観には、ニーチェもキェルケゴールと同様、屈服しなかった。二人とも時間的な無の中に自分自身を入れてはいたが、それをしながらも、永遠性の存在を、あるいは、それによって時間が克服される恒常なものを、欲していたのだった。永遠回帰の教説も、ニヒリズムのもっとも極端な形式、ならびにニヒリズムの自己克服として考えられている。その教説をもってはじめてニーチェは、神が死に人間が死への自由をえたという認識から、最後の結論を引き出すことになる。それによると、ニヒリズムはおおよその由来と未来によって、一つの体系的な中間位置を占めるが、その由来および未来とは、神の死でありディオニュソス的世界観の再誕生である。この両義性にもとづき、すべての「汝まさになすべし」の衰微と新しい意志の出現から、「途方にくれている」「近代性」の問題が、ニヒリズムにまとめられる。デカダンスの徴候学——ニーチェはそれの心理学的な名手である——は、近代性のいろいろな現われ方を区別するのに、もちろん直接に、上昇あるいは下降する「生」の尺度にしたがう。生そのものは、しかし、権力への普遍的な「意志」として理解される。そこで生の諸現象を強弱によって区別するニーチェの基本的区別は、生活にもとづいた意欲——ニヒリズムの中間状態にあって、まだ決然とはしないが決定を迫っている可能性をもつ意欲——の強弱に関係づけられている。

ニヒリズムのこの体系的な位置にしたがって、神は死んだという告知もまたすでに、一切は回帰するというまったく別な告知に関係づけられている。『ツァラトゥストラ』の中では無信仰と永遠回帰の意欲との関連は幾度か暗示され、未完成の『ツァラトゥストラ』続篇の草案では、はじめに死せる神に対する感謝と慰霊の祭りの構想があって、永遠回帰の教説で終っている。光の深淵、つねに等しく回帰する永遠性たる清澄な天の目、それが、人間がキリスト教的神のあつかましい目から解放されたのちに、打ち砕かれた教会の天井を通して神の墓場の中までのぞきこむ。

無のために神を犠牲に供することは、もちろん新たに出現しつつある世代の逆説的な秘儀である。しかし、十九世紀のペシミズムを善悪の彼岸においてニヒリズムの深部にまで入れて考え、かくしてそれを「半ばキリスト教的、半ばドイツ的な狭隘と単純から救済する」ことに、ながいあいだ骨折っていた者は、おそらく、

「正にそのことによって、実はそんなつもりはなかったのに、顛倒された理想に対して目が開いたであろう。もっとも高慢な、もっとも生き生きした、もっとも現世肯定的な人間の理想に対して。——その人間は、単にかつてあったもの、現にあるものと妥協し協調することを学んだのみならず、かつてあったまま、現にあるがままの状態が永遠にくりかえされることを欲し、自分自身にだけではなく脚本と演劇全体にも向かって

いな、演劇にだけではなく、実を言えば、その演劇を必要とし、また必要なものにする者に向かって、飽くことなくダカッポ（初めからのくりかえし）を叫ぶ。じっさい、かれは何度でも自分自身を必要とし――そして必要なものにする。……なに？　そしてこれが――circulus vitiosus deus(神という循環論証)ではないだろうか。[八九]」

ところがその演劇を必要なものにするのは、哲学する神ディオニュソスであり、ニーチェは、自分の意欲と思索の環がとじられたとき、自分がその役を演じた演技者だと思っていた。「ツァラトゥストラ自身はもちろん単に一老無神論者にすぎない。かれは古い神々も新しい神々も信じない。ツァラトゥストラは、自分は……になるだろうと言う。しかしツァラトゥストラはならない――人々はかれを正しく理解すべきだ。[九〇]」すなわち、ディオニュソスの出現がはじめてツァラトゥストラの不信仰に信仰することを教えるのだ、というように。ニーチェ自身――「かれの心中には宗教的な、すなわち神を作る本能が時おり時宜をえず活潑に」なった――に、神的なものが顕現したのは、

「月の世界からでも生活の中へ落ちて来たような、あの時間なき瞬間においてであった。その時人々は、自分がすでにどれだけ老いているのかも、まだどれだけ若いのかも、まったく知らなくなっている。……私は、多くの種類の神々が存在することを、疑わないだろう。……[九一]」

『ツァラトゥストラ』の「ろば祭」では最後に、神の殺害者には神の死について責があるのみならず、神が新しい姿でふたたび復活することにも責がある、と言われている。じじつ、神々にあっては死は「偏見」にすぎない。かれらは脱皮はするが、死にはしない。そして「どれだけの新しい神々がまだ可能であるか」は決してきめられない。もちろん既に二千年も過ぎ去っているのに――「ただ一人の新しい神もない。」退職した法王は新たに復活したディオニュソス神をろばの姿にして崇拝する。[九二]このろばはその隠されたディオニュソス的賢明さで、

決して否とは言わず、いつもI-A（ろばの鳴き声、ドイツ語の「ヤー」(諾)にきこえる）とだけ言う。ディオニュソスはぶどう酒の神なので、もっともみにくい人間はろばにぶどう酒を飲ませる。そして『ツァラトゥストラ』のすべての人物が神なるろばの周りに祭りらしく集まる。この神は昔から生殖力と快楽の象徴なのである。放浪者と影とニヒリズムの予言者とすべてのましな人間たちは、祝福するろばを崇拝する。かれらの無へのましな意志は、肯定するろばにおいて、自己自身を意欲する最高の種類の存在にまで救済されているからである。「無信仰な者のうちのもっとも敬虔な者」として、ツァラトゥストラはツァラトゥストラ-ディオニュソスになる。そしてその名においてニーチェは、「われ欲す」の英雄的原理から「われ在り」の神々にひとしい原理への最後の変化を成しとげる。その原理が神々にひとしいというのは、それによって、前には困難だったことが容易になるからである。「《軽やかに生きる神々》、それが世界に与えられた最高の装飾である。生きるのがどんなに困難であるかという感情において。[九三]」

b 「正午と永遠」または永遠回帰の予言

ニーチェはみずから永遠回帰を教える者と称している。そしてかれの固有のこの「教説」をかれは自分の「運命」と心得ていた。この教説の哲学的意義を問うのに対する答にとって決定的なのは、人がこれをどんな連関に置くかということである。およそそれの解釈がまじめに試みられた限りでは、それを「超人」あるいは「権力への意志」に関係づけることによって行なわれた――そのいずれかとその教説との一致を証明しようとしたにせよ、または不一致を証明しようとしたにせよ。[九四] 超人に関する教説は永遠回帰説のための前提である。なぜならば、自己自身を克服した人間だけが一切の存在するものの永遠回帰をも欲することができるからであり、また『権力への意志』の構想もそれなりにツァラトゥストラのその教説を前提とする。『権力への意志』の正に最後の草案が、[九五]

この作品にとっても永遠回帰の教説がニヒリズム――これはこれで神の死から発している――の問に対する究極の答としてとどまったであろうことを、証明している。自己自身を克服する人間によるニヒリズムの克服は、永遠回帰の予言のための前提であり、ニーチェの哲学は原理においてそれを乗り超えては行かない。超人への、そして永遠回帰への意志は、ニーチェの「最後の意志」であり、かれの実験の全体が体系的に総括される「最後の思想」である。

永遠回帰とニヒリズムとのこの本質的連関にもとづいて、ニーチェの教説は二つの顔をもっている。すなわちそれは「ニヒリズムの自己克服」であり、そのさい「克服する者」と「克服されるもの」とは一つのものである。[九六]ツァラトゥストラは「自己」を、すなわち自由になった無への意志を、従来の人間に対する嫌悪を、克服して、現に在る一切のものの全体における永遠に回帰する現存在を意欲するに至る。

永遠回帰の「予言」は、ニヒリズムのまったく別な予言と一つのものである。というのは、ツァラトゥストラの「二重の意志」、世界へのディオニュソス的な「二重の視線」、およびディオニュソス的な「二重の世界」そのものが、一つの意志、一つの視線、一つの世界であるようなものである。[九七]

しかし永遠回帰への意志が運動として二重のものになるのは、その意志が反キリスト教的近代性の先端において古代的世界観をくりかえしながら、無への前進を永遠に回帰する存在への後退に転回することによるのである。

(一)　無への意志の、永遠回帰の意欲への転回

「今や世界は笑い、灰色の幕は破れた。光と闇にとって婚礼の日がやって来た。」

ニーチェは自分の教説を「ニヒリズムのもっとも極端な形式」と呼び、また同時に、それの「自己克服」と呼

ぷ。その教説がまさに目的もなく回帰する現存在の無意味さを承認しようとするからである。「われわれはこの思想をそのもっとも恐ろしい形において考える。すなわち、意義も目的もなく、しかし避けようもなく回帰し、無へのフィナーレもない、あるがままの現存在、《永遠の回帰》。それはニヒリズムのもっとも極端な形式である。すなわち、永遠に無(《無意味なるもの》)![九八]」しかしそれは、ニヒリズムのもっとも極端な形式だから、すでにニヒリズムの「危機」でもあり、そしてニヒリズムはその完了の頂点において、永遠の回帰という転回された教説に反転する。[九九]

「転回された人々」は永遠の回帰を教える。[一〇〇] それに対する信仰は、キリスト教的信仰において古い自重を失ったあとの人間の現存在に「新しい自重」を与える。それは、キリスト教的信仰と同じく、無への意志に拮抗する「対重」である。「未来の救済する人間」は、それゆえ、神の征服者たるのみならず、無の征服者でもある。じっさい、この無はそれ自身、無信仰の結果を適確に表現するものでもある。

「未来のこの人間、われわれを従来の理想から救済し、その理想から生ぜずにいなかったものからも救済し、大いなる嫌悪から、無への意志から、ニヒリズムから救済するであろうこの人間、――意志をふたたび自由にし、大地にその目的を、人間にその希望を返してくれる正午と大いなる決定のこの鐘の音――この反キリスト者にして反ニヒリスト、神と無のこの征服者――かれはいつかは必ず来る。……[一〇一]」

大地の「目標」は、しかし、その旋回の「無目標性そのもの」であり、同じく、最後の変化の目標はあらゆる目標や目的からの自由、あらゆる顧慮からの自由である。『楽しげな学問』の最初のアフォリズムがすでにそれを指示している。そしてニーチェは第四巻の終りで、「最大の自重」の標題のもとに、はじめてその教説を暗示する。

「いつか、昼か夜かに、一人のデーモンがお前のもっとも孤独な寂寥の中へしのびよって、お前にこう言ったとしたら、どうだろう——《お前が現に生きており今まで生きて来たこの生活を、お前がもう一度、そしてなお数えきれないほど幾度も、生きなければならないだろう。そしてそこには何の新しいこともなく、お前の生活のどの苦しみもどの喜びも、どの思いもどの溜息も、すべての言いようもなく小さなことも大きなことも、しかもすべてが同じ順序で、お前にかえって来るにちがいない。——丁度この蜘蛛と、木の間がくれのこの月光も、そして丁度この瞬間と私自身も。存在の永遠の砂時計は何度でも立て直される——そして、それとともにお前も、塵の中の小さな塵よ！》——お前は身を投げ出して、歯ぎしりをし、そんな風に言ったデーモンを呪わないだろうか。それともお前は、かれに向かって《お前は神だ。私はそれ以上に神的なことを一度も聞いたことがない！》と答えるような驚くべき瞬間を、いつか体験しているだろうか。もしその思想がお前を征服したならば、それは、あるがままのお前を変化せしめ、おそらくお前を圧しつぶしてしまうだろう。ことごとに《お前はこれをもう一度、そしてなお数えきれないほど幾度も欲するか？》という問は、最大の自重としてお前の行動の上に載せられるだろう！　さもなければ、この最後の永遠の確認と確証のほか何物をももはや希求しまいとして、どのようにお前はお前自身ならびに生と和解することになるだろうか？」

それにつづくアフォリズムは“Incipit tragoedia”(悲劇は始まる)と題せられ、ツァラトゥストラを引合いに出す。『見よ、この人なり』においても同じく、極端な肯定が極端な否定から、もっとも高い軽率がもっとも深い憂鬱から生ずるという転回は、ツァラトゥストラの類型の基礎をなす「心理学的」問題と呼ばれている。[一〇二] 以前には重かったものが、ディオニュソス的な肯定によってすべて軽くなる。それは与えられた現-存在の重荷から解放するからである。しかしこの転回のためにはまず、すでに弘まっているいろいろの種類の「ペシミズム」を更に発展さすこと――「別様に」への欲望、半ば否定への、および単なる無への欲望――が必要である。[一〇三] それに反して徹底的なニヒリストは、[一〇四] 何ごとも現にあり・すでにあった・そしてまた再びあるだろうとは「違ったものとしてあらわれることを欲しまい」と試みる。

　ツァラトゥストラは一歩一歩と、より不幸になり、同時により幸福になる。そして最高の困窮(Not)がかれに達するとき、かれは最高の幸福――必然性(困窮の転換)(Not-wendigkeit)――をも獲得する。かれはついに「かれの深淵を愛する」ことを学ぶ。「頂上と深淵」はかれにとって一つのものとなる。じっさい、「最も高い山々はどこから来るのか？　と私はあるときたずねた。そのとき私は、それらが海中から来ることを学んだ。この証拠は山々の岩に、そしてその頂上の絶壁に書かれている。もっとも深いものの中からもっとも高いものは、その高さまで上って来なければならない。[一〇五]」ツァラトゥストラはこの道を最後の偉大さにまで歩む。この道にはどんな梯子もとどかず、人間そのものが自己自身を乗り超えて行くよりほかに、歩みようがない。そしてついにかれがかれの「もっとも深淵めいた」思想を拾い上げて、否定者から回転する生の代弁者となるとき、かれは「私の深淵は語る」と言う。すなわち、生の代弁と同時に、ニヒリズムも現存在において発言するに至る、ということである。それによってツァラトゥストラはかれの「最後の深部」を「裏返して明るみに出した」[一〇六]。このことはまた、ニヒリズムと永遠回帰が、肯定と否定のように、あるいは光と闇のように、たがいに制約しあう、ということを意味する。かれは最後の孤独へのこの最後の放浪をはじめる前に、今一度降って行く。――「かつて降ったよりも更に深く」、そしてついに、かれの「最後の危険」が「最後の逃げ場」になるような「もっとも黒い潮」の中までも。[一〇七]

　ツァラトゥストラの比喩において永遠回帰は転回されたニヒリズムであるが、それと同じく、ニーチェ自身の生存においても、自己永遠化の欲望は、倒錯したあり方で、自己破壊の試みと一つのものになる。それゆえ永遠化の意志はそれ自身二重の意味をもつ。すなわちそれは現存在に対する感謝から来ることもありうるし、また現存在に絶望する者の暴虐な、執念深い意志でもありうる。

「永遠化への意志は……二重の解釈を必要とする。それはまず感謝と愛から出ることがある。この起原の芸術はつねに神格化の芸術となるであろう。ルーベンスでおそらく熱狂的に、ハーフィスで陶然と嘲笑的に、ゲーテで明るく親切に、そしてすべての事物の上にホーマー的な光輝と光輪をひろげて。その意志はまた、もっとも個人的なもの、もっとも個別的なもの、もっとも狭いもの、自分の苦難の固有の特異質に、更に拘束的な法則と強制の極印を押そうとし、あらゆる事物に自分の姿、自分の苛責の姿を押しつけ、押し込み、灼きつけることによって、いわばあらゆる事物に復讐するような、重く悩める者、戦う者、責めさいなまれる者の暴虐な意志であることもある。後者は、ショーペンハウエルの意志の哲学であれ、ヴァーグネルの音楽であれ、もっとも意味深い形であらわれたローマン的なペシミズムである。――ローマン的なペシミズム、われわれの文化の運命における最後の大きな事件。（もう一つのまったく別なペシミズム、古典的なペシミズムが存在しうる、という予感と幻想は、私から剥離しえないもの、私の固有のもの、もっとも個人的なものとして、私に属する。……私はその未来のペシミズムを……ディオニュソス的ペシミズムと名づける。）」[一〇八]

ニーチェ－ツァラトゥストラは、かれのこの「発明」をもって――「幻影と謎」の決定的な章において――「苦難」と「同情」と「深淵にのぞむめまい」[一〇九]のみならず、死そのものをも打ち殺す。かれは高くかかげられた現存在の重荷に対する不満のうちに勇気を振い起こし、死病から快癒した後に、「死に向かって」、「これが生だったのか？　よろしい、もう一度！」そして幾度も幾度も、と言う。[一一〇] してみると、すべての現存在の永遠回帰への意志は、人間がそれによって「ニヒリズムの行為」たる自己破壊すなわち究極のものへの想念を克服するがゆえに、「ニヒリズムの自己克服」である。この深淵とこの深部とは永遠回帰を、ツァラトゥストラが無への意志を決定的に征服するための「深淵めいた思想」にする。そしてかれは、すでにかれの最後の深淵を裏返して明るみに出したのだから[一一]、今は下界にも光をもたらすことができる。[一二]とは言え、ニーチェ自身にとっては——「人間の言葉」で言えば——ツァラトゥストラの没落は、新しい朝への始まりを意味するのではなく、「最後の破局に注がれる夕日」[一三]、世界のすべての様相を「凍りついた断末魔の苦しみ」[一四]の中に硬直させる「メドゥーサの頭」(メドゥーサの頭髪は蛇からなっていて、それを見る者はたちまち硬直する)を意味する。

この関連にもとづくと、ニヒリズムを生ぜしめた神の死は、ニヒリズムの予言者にとってはもちろん「最大の危険」であり「きわめて恐ろしい出来事」ではあるが、ツァラトゥストラ自身の予言から言えば、「もっとも有望な」、「最大の勇気の原因」である。じっさい、無への勇気(Mut)において結局ニヒリズムはそれ自身を完成し克服して、超人(Über-mensch)の自負(Über-mut)となり、その中からニーチェは永遠回帰を教える。[一五]それから『権力への意志』ではこの転回は、はっきりと、ニーチェの哲学的思索の本来の運動として言い表わされる。

「私が体験しているような実験哲学は、原則的なニヒリズムのもろもろの可能性をさえ、試みとして先取りする。とは言っても、それが否定とか拒否とか拒否への意志を固執するというのではない。それはむしろその反対のものにまで突き進もうとする。——差引きも例外も選択もなく、あるがままの世界をディオニュソス的に肯定するところまで。——それは永遠の循環を、すなわち同一の事物を、結節の同一の論理と非論理を欲する。哲学者たる者の達しうる最高の状態、現存在に対してディオニュソス的態度をとること——それを表わす私の用語は *amor fati*(運命に対する愛)である。[一六]」

永遠回帰への意志をあらわすこの用語をもって、ニーチェは同時に、かれの「すべての価値の顚倒」の原理をも言い表わしているが、このすべての価値というのはまた、古代がその存在意志をわずらった時にキリスト教が古代に対して実行したかの最初の価値顚倒から生じたものである。「何も彼も解体するという、人を無力にしてしまう感情」に対して、ニーチェは永遠回帰の教説を持ち出した。じっさい、究極まで考えられたヨーロッパ的ニヒリズムのような「極端な地位」は、「手加減を加えた地位によってではなく、更めて極端な、しかし転回された地位によって、取って代わられる。」

ニヒリズムと回帰のこの本質的連関の問題は、ツァラトゥストラの比喩から、その問題性が一つ一つ証明される（本章㈡）。次いで（本章㈢）、無への意志から発した永遠回帰への意志が、ばらばらになるものを一つに打ち固めるということを明らかにする。じっさい、永遠回帰の思想は、自己自身を乗り越える人間的現存在の新らしい目的、自己永遠化への意志を教えるかと思えば、またその正反対、すなわち人間生活を含めた自然的世界の自己も目的もない自己回転、をも教える。宇宙的意味は人間学的意味に矛盾して、両者はたがいに反対意味となる。

㈡　ツァラトゥストラの比喩における永遠回帰

『ツァラトゥストラ』はニーチェの全作品の内部で文学的にも哲学的にも特別な位置を占める。[一七]と言っても、それは、『ツァラトゥストラ』が全作品からはみ出すからではなく、それが考え抜かれた比喩の一体系の形でニーチェの哲学全体を含んでいるからである。『権力への意志』の題名で出版された「すべての価値の顚倒」のためのノートの遺稿にも、原理的に新しいものは何も含まれていない。『ツァラトゥストラ』の根本思想――等しいものの永遠回帰――は、ニヒリズムを転回するのだから、すでにすべての価値の顚倒の原理である。『ツァラトゥストラ』は唯一独特の完成された作品――〔四部から成る〕各部はそれぞれ「十日間で出来た作品」――であり、同時に、未完成の『すべての価値の顚倒』（それの第一部が『反キリスト』であり、そこにはツァラトゥストラの「新しい票と古い票」、打ち壊された票と半分しか書かれていない票が比喩を抜きにして詳論されている）への必須の「入門」である。『ツァラトゥストラ』は、ニーチェ自身の証言によれば、かれが生き、はたらき、苦しんだすべてのことの弁明であり、かれの本質の姿――「私がいつか私の荷物をすっかり投げ出した途端にどんな姿になるか」[一八]――をもっとも明確に描いたかれの「遺書」である。ニーチェは、いつかは『ツァラトゥストラ』解釈のための「特別な講座」が創設されるかも知れないということを、可能なことだと考えていた。

「私は今や『ツァラトゥストラ』の歴史を物語る。この作品の根本着想、永遠回帰の思想、およそ達せられるかぎりの最高の肯定の方式――それは一八八一年八月に属する。それは《人間と時代から六〇〇〇フィートのかなたにて》と自署されて、一枚の紙に書きつけられていた。私はその日シルヴァプラーナ湖畔の森々を歩いていた。スルレイからほど遠からぬところにピラミッド型に積み上げた石塊のそばで私は立ち停った。そのときこの思想が私にやって来た。[一九]」

それに対応して、『ツァラトゥストラ』の最初の腹案が「正午と永遠」を全体の標題にしており、それが後の構想によると、『ツァラトゥストラ』第三部あるいは第四部のために保留されることになり、ついに『権力への意志』の最後の計画にはいって行くことになった。[二〇]「正午と永遠」の副題は大抵「新しい生き方の企投（設計）」となっている。この「企投」――すなわち、近代的「被投性」からの――によって、ニーチェは自分が死に至る病気から、自己を永遠にくりかえし意欲する生と「新しい死に方」とに「生まれかわった」ものと心得ていた。[二一]「認識の太陽はふたたび正午にかかっている。そして永遠性の蛇はその光の中で環になって横たわっている。」「この本で私は新しい《環》の中に踏みこんだ。――今から私はおそらくドイツでは狂人の中に数えられるだろう。」[一二二]『ツァラトゥストラ』はかれにとって自由精神の「実現」であり、[一二三]それに直接つづくもの、『善悪の彼岸』と『道徳の系譜』は、「あの本のもっとも重要な概念改新と価値改新が……いつかは出て来て、名ざされる一種の当座の字引」を意味する。しかし同じく『すべての価値の顚倒』の第一部『反キリスト』も、その序文で、『ツァラトゥストラ』を理解する人々に属する本と呼ばれ、『ツァラトゥストラ』そのものは、「難解な」作品で、[一二四]これを理解するためには「片足を生の彼岸において」立つことを必要とする。[一二五]と書かれている。「私の書いたものでこれ以上まじめなものも、これ以上明かるいものもない。私は、この色彩が――これは混合色である必要は一向にない――ますます私の《自然》色になることを、心から希望する。[一二六]」最後に『見よ、この人なり』では『ツァラトゥストラ』の意義が誇大な言葉でくりかえし指摘され、[一二七]『見よ、この人なり』にも「私が五年前にすでにツァラトゥストラの口を通して言わなかった」言葉はひと言も含まれていない、と書かれている。『見よ、この人なり』で『ツァラトゥストラ』を回顧して加えた評価に対応するのは、それが成立した当時の書簡にあらわれた多数の言葉である。――すなわち、『ツァラトゥストラ』は「第五福音書」であるとか、そこでは「恐るべき綜合」が問題になっているとか、かれはこれまで一度もこんな帆を張ってこんな海を走ったことがないとか、かれは『ツァラトゥストラ』をもって初めてかれの「主要思想」に、そしておそらくかれ自身にも、形式を与えた、[一二八]と書かれている。それに反して、『権力への意志』の標題のもとに発表されたいろいろ違った時期の覚え書に、この多数の断片を一つの作品に作り上げることができそうな形式を与えようとするのは、むだな骨折りであろう。

『ツァラトゥストラ』の、ニーチェ哲学全体における位置、永遠回帰の思想によって特記されるその位置に対応するのは、比喩による哲学的談話という特別な形式である。[一二九]わざとらしい比喩を用いて別なことを言うための単なる比喩的な言い方にならないためには、つまり単にいくらか似たような言い方にならないためには、比喩の説話は、それが言い表わすもの、すなわち存在と、同一でなければならない。

「象徴、比喩の不随意性はもっともふしぎなものである。人はもはや何が象徴か、何が比喩かについて、何の観念をももたなくなる。すべてがもっとも近い、もっとも正しい、もっとも単純な表現として示される。ツァラトゥストラのある言葉を思い出すならば、まったく、事柄そのものがやって来て、すすんで比喩になろうとするかのように思われる。（――《ここではすべての事物が甘えながらお前の説話にやって来て、お前にへつらう。それらはお前の背に乗って騎行しようと思うからである。お前はここではあらゆる比喩に乗ってあらゆる真理へと騎行する。ここではお前のためにすべての存在の言葉と言葉の箱がパッと開く。すべての存在がここでは言葉に成ろうとし、すべての生成がお前から話し方を習おうとする――》）。これが霊感についての私の経験である。[一三〇]」

しかし、現に在るすべてのものにおける存在そのものが言葉になろうとするならば、その時には、「もっとも日常的なもの」も「未曾有の事物」を語り、説話の比喩的性格は、ニーチェが「最高の種類の存在」に通暁せる者として、最高の存在と同一物になっている、ということにもとづいていることになるだろう。比喩の必然的な偶然における説話の神来の真実さは、神的存在に対するニーチェの関係の問題的な真実性を暗示する。最高の種類の存在たるディオニュソス神が、それを演じた俳優としてのニーチェの口から語るときにのみ、ニーチェの比喩の説話からも存在の真理が語られる。しかしニーチェがある神を演ずる役であったか――あるいは「かれ自身の理想を演ずる俳優[一三一]」であったかは、どうして決められるであろうか。ツァラトゥストラの説話には直接的に発見された詩的独創性のある比喩と相接して、いかにもわざとらしい転用や寓意やマンネリズムが含まれている。[一三二]そして「一つのものに作り上げる」比喩を語る力がかれを去り、かれが自分の教説を論理的に証明しようとすると、以前には最高の必然性と思われていたものが、たちまちふたたび「断片」となり「偶然」となる。永遠回帰の形而上学的比喩における統一性は、人間の側と世界の側の、二重の等式に分割される。しかし回帰説の問題点は、ある目的への人間的意志と世界の無目標の旋回とのあいだの、かような分裂の統一性である。

『ツァラトゥストラ』の根本着想、永遠回帰の思想においてまずどうしても目につくのは、ニーチェの手紙やノートが「かれの」思想の出現について報ずる時の、不安に震撼され意味ありげにさしひかえる様子である。[一三三]この思想は、最初は考えられるのではなくて、一種の忘我の「思想体験」であり、その重さや意義や効果が、やがていろいろな試みにおいて考量され展開され基礎づけられる。ニーチェは自分の「おおいなる健康」[一三四]――その健康は存在の充実から一切のものを弄ぶので、この戯れとともに「本来のまじめさ」が始まり、「本来の疑問符」がおかれ、「たましいの運命が転回する」に至る――が、その思想以来のものだとする。メービウス(Möbius)はその『病状記』において狂気の最初の徴候を『ツァラトゥストラ』成立の時期以来のものと記しているが、それはニーチェの自己解釈と外見上矛盾するにすぎない。永遠回帰の思想とともにかれは実際に「人間と時間の彼岸」で自己自身から抜け出して忘我の状態になっていたからである。

永遠回帰の思想はニヒリズムの「危機」である。それにおいて、人間がおよそまだ存在しようと欲するか否かが決定される。永遠回帰の思想がすべてを「進発」せしめる時間の特質を表わすために、「今こそ時だ」、すなわち「最高の時」だと、くりかえし言われる。この最高の時は、ニヒリズムの自己克服になる場合の回帰の思想と同じく、二様に解される。最高の時にひびくのは、現存在に絶望したすべてのましな人間と牧人の危急の叫びでもあれば、「おおいなる正午」[一三五]と夜半の「鐘の音」でもあり、この鐘の音は最高の完全性[一三六]の時期を示すものとして

「放浪者」においてすでにひびき始め、それから完成されたニヒリズムからの救済をもたらす。同じ二重の意味において、最高の時間のひと時が「もっとも静かなひと時」、すなわち静かな絶望の[137]、あるいは静かな浄福[138]の時でもある。おおいなる正午の決定的な、危機的な瞬間に——午前の哲学の、通りすぎる正午の後に——時間の静止が起こる。永遠に及ぶ一回的な決定の時間として、この瞬間は——永遠性を有する。[139]その限りにおいて「正午と永遠」は独得な時間であり、永遠回帰の思想のための常にくりかえされる標題である。「今こそ時だ」という発言による正午と永遠の告知は、「大きな出来事」の章ではじめて行なわれる。ツァラトゥストラの超人的な地獄行きのこの物語[140]において、『人間的な、あまりに人間的なもの』の中の「冥府行」という標題のアフォリズムがつづく。しかし、「下界の門」を通って大地の心臓部まで行くのは、さしあたりツァラトゥストラの「影」だけである。無が火山のように噴き出す深部として現われる暗い地球の心臓部で、ツァラトゥストラは火の犬と談合して、大地には皮膚があり、その皮膚には病気がある、その病気の一つが「人間」と呼ばれ——もう一つが「火の犬」と呼ばれるものである、と言う。この「秘密」の意味は次のとおりである。——すなわち、死に至る病気である人間という病気は、その起原であり中心である場所——「深部の犬」が咆えているところ——がその養分をいまだに余りにも「大地の表面」から取っている限りはまだ、おおいなる健康における快癒への途上にあるのではない。かような表面的な深部は、もはや何物をも意欲しないペシミズムであるのみならず、顚覆をよろこぶ政治的なオプティミズムでもあり、両者ともに大地に忠実でないものである。下界の犬は、「背後世界」[141]の代弁者に等しく、たかだか大地の「腹話術使い」である。

　真に大地の心臓部から話すのは、別な火の犬である。すなわち、存在の全体における深淵の深部と光の高所は——大地の表面における影と光もそうであるように——同じ一つの「光の深淵」なのだから[142]、光のない大地の心臓部は、生の夜の[一四三]目のように、実は明るい笑う黄金から出来ているのだということを、知っている者である。しかしなぜ、「正午の時間ごろに」、ツァラトゥストラの「影」である幽霊が、「今こそ時だ」、しかも「最高の」時だ、と叫んだのか。それが、単にさわがしいだけでなく真に「大きな出来事」の時間たる「最も静かなひと時」におけるニヒリズムの完了のため、同時にその克服のためでなかったら、何のための最高の時であろうか。その時に、人間という病気は真に「突発」し、同時にまたおおいなる健康において快癒するに至る。

次の章（「予言者」）では一人の「予言者」が人間であるという病気をニヒリズムとして説明する。それの不信仰の信仰は、すべては空虚だ、すべては等しい、現在の人間にとってはもはや何の未来も存在しない、と教える。

「われわれはもちろん取入れをした。しかしなぜすべての果実は腐敗して褐色なのか。最後の夜に邪悪な月から何が落ちて来たのか。

すべての仕事はむだだった。われわれの葡萄酒は毒になった。たたり目（それで見られると禍が起こると信じられている魔力のある目つき）がわれわれの畠と心臓を黄色に焦がしたのだ。

われわれは皆ひからびた。たとい火がわれわれの上に落ちても、われわれは灰のように飛び散るだろう。――それどころか、火そのものをもわれわれは疲れさすだろう。

すべての泉がわれわれには干あがっている。海も退いた。大地はすべて裂けようとする。しかし深部は呑みこもうとしない。

《あゝ、人が溺れることのできるような海は、まだどこかにあるのか》――そういうわれわれの歎きは、平らな沼地の上をひびいて行く。[一四四]」

ニヒリズムが溺れることのできる海とは、「それ自身の中で荒れ狂い漲り流れるもろもろの力」の海であり、同じく「海」――その中で人間の自己軽蔑が溺れるべき海――と呼ばれるツァラトゥストラのたましいが相応する等しいものの永遠回帰のディオニュソス的二重世界である。「何でも同じことだ、何をしても無益だ、この世は無意味だ、知識は人の首を絞める」、「いくら探してもむだである、幸福の島ももはや存在しないのだ」と言う人の予言が、あまりにもツァラトゥストラの心魂に徹するので、かれは悲しみのため三日のあいだ飲まず食わず、言葉も忘れているが――ついに、永遠回帰の逆のおとずれと一緒になって、深淵がふたたびかれに語るに至る。かれは深い眠りにおち、それから一つの夢を物語るが、それはかれの死に至る病気からの救済を前ぶれする謎めいた幻想である。

「私はすべての生を拒否した、という夢を見た。私はあそこの淋しい死の山郭の上で、夜と墓の番人になった。

あの上で私はかれ(死)の棺を見守っていた。かびくさい窖の中にはそのような勝利の印が一杯あった。ガラスの棺の中からは克服された生が私を眺めていた。

埃にまみれた永遠の時間のにおいを私は呼吸した。私のたましいはうっとうしく、埃だらけになって横たわっていた。じっさい、あんなところで自分のたましいに風を通すことのできた人があっただろうか。

真夜中の明かるさが常に私の周りにあった。孤独が私のそばにうずくまっていた。そして第三に、私のもっとも不快な友だち、のどをごろごろいわせている死の静けさが。

鍵を私はもっていた、あらゆる鍵のうちでもっともひどく錆ついた奴を。そして私は、それをもってあらゆる門のうちでもっともガタガタする門を開けるすべをわきまえていた。

門の翼が上げられる(扉が開かれる)たびに、その音は兇悪なしわがれ声のように長い廊下を走った。その鳥の叫びには可愛いげがなかった。それは呼び起こされるのがいやだったのだ。

しかし更に恐ろしく、胸を締めつけられるのは、ふたたび鳴りがやんで、周りが静かになり、私がその陰険な沈黙の中にひとり坐っている時であった。

私にはそんな具合だった。そして、私には分からないが、もし時間というものがまだ存在したとすれば、その時間はそんなふうに忍び歩いた。しかしついに、私に目を覚まさせることが起こった。[一四五]」


一陣のざわめく風が急に門を引きあけ、一つの黒い棺をほうりこんだ。棺は張り裂けて、恐ろしい哄笑のもとに無数の醜怪な顔を吐き出した。誰がこの山に自分の骨灰を運んだのであろうか。一人の弟子がツァラトゥストラの夢を解く。回転する生の代弁者として死の城郭の門をも引き開けるのは、かれ自身であると。


「今やもろもろの棺から小児の笑いが常に湧き出すであろう。今や一陣の強風が常に勝ち誇って死の疲労にやって来るであろう。あなた自身がわれわれにとってその目撃者であり予言者である。

まことに、かれら自身を、あなたの敵を、あなたは夢みたのだ。それはあなたのもっとも苦しい夢だった。

しかし、あなたがかれらによって目ざめ、あなた自身にかえったように、かれらはかれら自身によって目ざめ――そしてあなたのもとに来るべきである。[一四六]」


ツァラトゥストラは夢を解く人を見つめて、首を振る。それは、その弟子の解き方がまちがっていたことを意味するのだろうか。[一四七]それともツァラトゥストラはただ弟子の早すぎた知慧に驚くだけなのだろうか。それに対する答は、「誰が自分の骨灰を山に運ぶのか」というツァラトゥストラ自身の問から出て来る。ツァラトゥストラは放浪者として、かれ自身の骨灰、すなわちかれの最初の解放の燃焼のあとに残ったものを山に運び、小児への最後の変化の後に、今度は逆に自分の「火を平地へ」運ぼうとするのであった。[一四八]そしてそこで初めて背後世界じみた死の説教の幽霊は退いた。[一四九] ニヒリズムの自己克服によるこの救済以前には、ツァラトゥストラはまだ変化せず、ニヒリスティックな真理とディオニュソス的な真理のあいだに立っている。それゆえ死の棺の中から湧き出すものはまだ、目ざめてふたたび小児になった者の解放された笑いではなくて、小児の渋面の哄笑にすぎない。だから弟子の解釈はそれ自体としてはもちろんまちがってはいない。しかし死の城郭の夢の謎にはまだ永遠回帰の「幻想」がないのだから、その解釈は尚早なのである。ニヒリズムの予言者にはまだ、かれがその中で溺れることのできる海が示されなければならない。

次の章は「救済」、すなわち、存在するものの全体——それが世界である——における人間的現-存在の子供らしい無垢への救済、を取り扱う。ツァラトゥストラは、これまで人間たることにおける断片であり恐ろしい偶然であったものを、「一つのものに作り上げ」、「集めて担おう」とする。かれは、偶然そのものの中に必然性が支配しており、現存在そのものは目的のないものでもあり同時にそれ自身として罪のないものであるという認識によって、人間を偶然から、そして現存在という「罰」から、救済しようとする。[一五〇] しかしその救済は、永遠回帰とニヒリズムの予言たるツァラトゥストラの「幻想」の謎を解いてからでないと理解されない。それは『ツァラトゥストラ』第二部の結びになる「もっとも静かな時」で準備されている。このもっとも静かな時に、ツァラトゥストラの気が進まない一つの犠牲が、ツァラトゥストラから要求される。それはニーチェの果たされなかったゲッセマネである。

ツァラトゥストラはついに、「心ならずも従って」かれの最後の孤独の中へ「行く気になる」が、その孤独によってかれにはその先、存在の意味が解明される。ツァラトゥストラが死の城郭の中に夢みながら坐り、「時間というものがもしまだ存在したならば」その時間がかれのそばを無のように通りすぎたとき、それはすでに一種のもっとも静かな時だった。この時間の静止が姿をかえて今やふたたび現われる。

「昨日の夕方、私のもっとも静かな時——これが私も恐ろしい主人の名前である——が私に言った。

そこで、そのことが起こった。——お前たちの心が急に別れて行く私に対して硬化しないように、私はお前たちに何もかも言ってしまわなければならないのだ。

お前たちは眠りに入る者の恐怖を知っているか。

かれは、大地が退いて夢が始まることに、足指の先まで驚く。

次のことを私はお前たちに譬えとして言う。昨日、もっとも静かな時に、大地が私から退いた。夢が始まったのだ。

指針が動き、私の生命の時計が息をついた。——私は身の周りにこんな静かさを一度も聞いたことがない。それで私の心臓は驚いた。

その時、《お前はそれを知っているね？　ツァラトゥストラ》と、声もなく私に言うものがあった。

そして私はそのささやきに驚きのあまり叫び声を上げた。そして私の顔から血の気がひいた。しかし私は黙っていた。

その時また声のない声は私に言った——《ツァラトゥストラ、お前はそれを知っている。しかしお前はそれを語らないのだ！》

そして私はついに反抗する人間のように、《そうだ、私はそれを知っている。しかしそれを語ろうとしないのだ！》と答えた。

その時また声のない声は私に言った——《ツァラトゥストラよ、お前はそれを欲しないね？　それもまた真実なのか？　お前の反抗の中へ身を匿さないがいい！》

そして私は小児のように泣き、慄え、そして言った——《あゝ、私はすでにそれを欲した。しかしどうして私にはそれができるだろうか。それだけは私に免じてくれ！　それは私の力を超えている！》

するとふたたび声のない声は私に言った——《お前など問題ではないのだ、ツァラトゥストラ。お前の言葉を言って、砕けてしまえ！》

そして私は答えた——《あゝ、それは私の言葉だろうか。私は誰であろうか。私はよりふさわしい者を待っている。私はその者に当って砕けるだけの値打すらないのだ。[一五一]》」

ツァラトゥストラが「知ってはいる」が欲することのできないこととは、人は自分の現存在をみずから進んで破壊することができるものだということである。しかるにのちにかれは生に直面して、犠牲の中にかえって生が復帰することを知るに至る。[一五二]かれの本来の言葉は永遠回帰の意欲と一つになった死への自由[一五三]であるが、永遠回帰は、自己破壊の誘惑がすでに克服されてしまった後に、はじめて告知されうるものとなる。ツァラトゥストラは、もっとも静かな時——それはかれの誘惑である——に、かれは、必ず来ずにはすまないものの影として行くべきであり、そのようにして先頭に立つべきである、と励まされる。かれは長いあいだ熟考して、ついに「私は欲しない」と答える。すると無慈悲な哄笑が起こって、最後に「お前の果実は熟している。しかしお前はお前の果実にとってまだ熟していないのだ」という叫び声がした。[一五四]というのは、かれには、かれの真理と勝利のためには年を取りすぎて、適当な時に自由な決定によって死ねるくらいの自由さをもはやなくしてしまう危険が存する、ということである。[一五五]ツァラトゥストラは誘惑に抵抗しおえた後で、死んだように地面に横たわる。そして今一度かれの最後の孤独に帰らなければならない。じっさい、かれは、極端な孤独と来たるべき浄福とのこの「二重の静かさ」のおかげで、まだ「言うべき何か」と「与えるべき何か」をもっている。そこで当然の成行きとして『ツァラトゥストラ』第二部は終り、決定が熟するための中休みをおいて第三部が始まり、永遠回帰の予言がニヒリズムの予言と一つのものであると同じく、かれのもっとも深い深淵と一つのものたる最後の頂上へ向かうツァラトゥストラのもっとも静かにしてもっとも険しい放浪が行なわれる。

自由な精神が自分自身を最初の解放から、ふたたび生まれた存在の子供らしい無垢へ解放することによって、「放浪者」自身が「影」になるのであるが、その前に、ツァラトゥストラはかれの最後の放浪に出かける。さきにツァラトゥストラの影が真昼に幸福の島を去って大地の心臓部へ赴いたとは逆に、ツァラトゥストラは最後の放浪で、真夜中にその同じ島[一五六]を去り、もっとも高い山の絶頂へ行く。しかしこの放浪にも、たとえ自由になった精神たるツァラトゥストラのものであるとは言え、今はその時機がある。じじつ、それはけっきょく、重さの克服のための「非常手段」にすぎない。その重さとは現存在の荷物であり、登る者は高く担ってはいるが、投げ出しはしないものである[一五七]。もっとも静かな時[一五八]の孤独[一五九]とは別の物である偉大と孤独に向かうこの最後の道では、頂上と深淵がかれにとって一つのものとなる。この道は、ほんのいくらか通行しうるものにすぎない。じっさい、かれの背後では足そのものが道を掻き消したし、かれの頭上には「不可能」と書かれている。ツァラトゥストラは、いくらかでもまだ上に登り、かくして人間たることそれ自体、「人間」という病気と「現存在」という罰を克服せんがためには、自分自身を乗り越えなければならない。そのさい、かれの危険は、視線が谷底へ落ちて手が山頂へ伸ばされるような険しい道で起こる普通の目まいではなくて、視線は山頂へかけ上がり、手は谷底にささえられようとすることである[一六〇]。有と無へのこの「二重の意志」のため超‐人的放浪者ツァラトゥストラは目まいを感じ、ついに「人間と時間の彼岸において」「人間」という事実全体をはるか遠方から脚下に見おろす。しかしそのためにはツァラトゥストラはもう一度、現存在の重さによる苦難のもっとも黒い潮[一六一]の中へ降りて行き、存在の全体を見て取るために、自分自身を度外視することを学ばなければならない。

　ツァラトゥストラがあの真夜中のあくる朝、幸福の島を去る船の上で、大海の大胆な誘惑者たちに、かれの見た謎、かれの真理の試みを完結するもっとも孤独な「幻想」を、物語る。

「近ごろ私は死体の色をしたたそがれの中を、暗い気持で歩いた――暗い、つらい気持で、唇を固く結んで。私にとって一つの太陽が沈んだだけではなかった。石ころの中を反抗的にのぼって行く小径、雑草にも灌木にももう慰められない、意地わるな、淋しい小径が……私の足の反抗の下で軋んだ。

　物も言わず、あざけるような音を立てる砂利の上を歩きながら、すべっこい石を踏み砕きながら、私の足はむりやりに上方へ進んだ。

　上方へ。――私の足を……深淵の方へと引く霊、私の悪魔であり不倶戴天の仇である重さの霊に逆らって。

　上方へ。――半ば小びとで半ばもぐらのその霊が、自分も足なえであり人をも足なえにしながら、私の耳から……私の脳髄の中へ鉛を滴らしながら、私の上に坐っているにもかかわらず。

《おゝ、ツァラトゥストラ》とかれはあざけるように一音一音をささやく。――《お前、知慧の石よ！　お前はお前自身を高く投げた。――しかし投げられた石はすべて――かならず落ちて来る！

　おゝ、ツァラトゥストラ。お前、知慧の石よ、お前、投石機の石よ……お前はお前自身をそんなに高く投げた。――しかし投げられた石はすべて――かならず落ちて来る！

　お前自身になるべき、またお前自身に石を投げつけるべき刑を受けて、おゝツァラトゥストラ、お前は石をもちろん遠くへ投げた――しかしそれはお前の上にふたたび落ちて来る[一六二]！》」

　しかし人間はいかにしてその投げ出されてある状態から、みずからを超人的に設計（企投）することができるであろうか。それには「小びとよ。お前か、それでなければ私だ！」という勇気だけですでに十分であろうか。勇気は、「これが生だったのか。よし！　もう一度！」[一六三]と言って、苦難と同情と、死をさえ打ち殺すように、深淵に臨んだ時の目まいをも打ち殺す、と言われている。

死を否定することから、存在の全体における自分自身の現存在の無条件の肯定への、思想のこの決定的な転期において、以前の二者択一は転回され、ツァラトゥストラは今は小びとに向かって「私か、それでなければお前だ！」と言う。じじつ、かれの永遠回帰という深淵のような思想に、小びとは堪えることができないが、かれの現存在の荷物を小びとという形にして高く担っているツァラトゥストラは、堪えることができる。小びとはツァラトゥストラの肩から飛び下り、一つの石の上に腰かける。「ところが、われわれが停まったところに、ちょうど一つの門道があった。」永遠回帰の思想は門道の象徴にはじめて表示される。門道の上には、それが時間にして何であるかが書かれている。すなわち、そこで時間が完了に達するのだから、正午にして永遠であるところの「瞬間」である。ふたすじの時間の道が瞬間の門道で出会う。一方は終りなく無限に、そしてその限りにおいて「永遠に」時間において直線的に後方に走り、他方は同じく終りなく無限に、時間において前方に走る。門道のところで二つの道はたがいに「額を」衝き合わせる。

「しかし誰かがこの二つの道の一つを先へ――先へ先へと、どこまでも遠くへ行ったとすれば、小びとよ、お前はこれらの道はたがいに永久に矛盾すると信ずるか。」――すべてのまっすぐなものは嘘をつく、と小びとはあざけるようにつぶやいた。すべての真理は曲っている。時間そのものが一つの円周だ。

お前、重さの霊よ！　簡単に扱いすぎるな、と私は怒って答えた。[一六四]」

小びとがその真理を簡単に扱いすぎるのは、かれ自身が現存在の、克服された荷物ではなくて飛び下りた荷物にすぎないからであり、実際の困難は、永遠に回転する世界の幻想を人間の未来への目的を追求する意志と一致させることに存するからである。

「すべての事物のうち走ることのできるものは、すでに一度この路を走ったことがあるはずではないか。すべての事物のうち起こることのできることは、すでに一度起こり、なされ、走りすぎたことがあるはずではないか。

そしてすべてが既に在ったことがあるとすれば、お前小びとはこの瞬間をどう考えるか。この門道もすでに――存在したことがあるはずではないか。

そしてすべての事物は、この瞬間がすべての来たるべき事物をおのれの後に引いているように、かくして――おのれ自身をもなお引いているように、固く結ばれているのではないか。

じっさい、すべての事物のうち走ることのできるものは、この長い路をもかなたへ――まだ一度は走って出なければならないのだ。

そして月光の中を匍うこののろい蜘蛛、また月光そのもの、この間道で共にささやいている、永遠の事物についてささやいている私とお前――われわれはすべてすでに存在したことがあるはずではないか。

――そして再び帰って来て、あの他の路を、かなたへ、前へ、この長い戦慄すべき道を、われわれは走るはずではないか。――われわれは永遠に復帰するはずではないか。

そのように私は語った。しかもだんだん声を低めながら。じっさい、私は私自身の思想とその背後の思想が恐ろしかった。その時、突然、私は近くで一匹の犬が吠えるのを聞いた。」[一六五]

その犬の哀れむべき吠声にニーチェの幼年時代の体験が帰って来るが、それは人間の克服者ツァラトゥストラを呼んでいるましな人間たちの来たるべき危急の叫びを暗示するものである。それによって、前にも後に 一六六 もすでに述べられた問――「意欲」と「能力」の自由がけっきょく「不可不」の必然性と「運命愛」において合致するのではないかという問――に対する答は、しばらく遅らされる。

はじめ小びとと門道、蜘蛛とささやきは、いかにも荒涼とした月光の中に消え去った。「しかしそこに一人の人間が横たわっていた。」牧夫の姿をしていて、その口から一匹の黒い、重い蛇が垂れ下っている。ツァラトゥストラの手はそれを引っ張ったが、だめだった。そこでツァラトゥストラの中から嫌悪と憐憫が「咬みつけ、頭を咬み切れ！」と叫ぶ。牧夫は言われたとおりにした。もはや牧夫でもなく、もはや人間でもなく、変化したものとして、今まで人間が笑ったことがないほど笑った。そして治癒したツァラトゥストラも、変化したものとして笑う。門道と牧夫のこの二重の幻想の解釈は、ツァラトゥストラ自身がその死に至る病気から治癒することから出て来る。一六七 ツァラトゥストラの自己破壊への誘惑は、当代の社会に関連して、一人の牧夫の死の危険として表現される。牧夫が自分で自分を死に至る病気から治すことができないのは、かれが、からだをぐるぐる捲いている永遠の蛇で象徴される認識によって自分自身を乗り超える者――「自分」すなわち「人間」という病気を克服する者――とは違って、一人の「人間」であるからである。牧夫の幻想は、してみると、ツァラトゥストラが快癒者としてみずから経験するかの救済の「予見」である。ツァラトゥストラのその経験とは、かれがかれの深淵のような思想を呼び出すことによってかの円環――かれが前にすでに時間の次元と次元の交点としての門道の比喩で一瞬間出会ったことのある円環――の代弁者になることである。近代的人間が「途方にくれている」時に、ツァラトゥストラは、人間と時間の克服者として、無の中に終っている二つの終りなくまっすぐな道を結び合わせて存在の永遠の円周にすることによって、「二千年の虚偽からの逃げ道」を見いだす。この「神なる循環論証」を考えることは、「人体にとって」もちろん「目まいのする病気」である。[一六八]しかしそれも、「永遠の生動」[一六九]は生成するものと消滅するものをかえってそれ自体として是認する一種の等しいものの永遠回帰であるのに、[一七〇]キリスト教時代の人間は永遠ということを不滅ということと考えるからであるにすぎない。

ツァラトゥストラは、変化した牧人の笑いを聞くと、「どうして私はまだ生きることに堪えられるだろうか！　どうして私は今死ぬことに堪えられるだろうか！」と言う。すなわち、極端な死の危険から最高の生の意志へのかような最後の変化を前にした時である。それからかれは、澄んだ空と開けた海とともにふたたび孤独になろうとして、その島[一七一]——昼から夜へ、引き潮から満ち潮へのその変化において永遠回帰の一つの模像であるその島——を立ち去る。

放浪者の影、もっとも長い時間、そしてもっとも静かな時、それらすべてはかれに向かって、今こそ最高の時だ——すなわち、ニヒリズムの完成のための——と言う。前に死の城郭の門を押し開いてツァラトゥストラのところへ一つの棺を投げこんでよこした風が、今度は鍵穴から吹きこんで、「来い。扉は狡猾に跳ね開いて、行け、と言った」——すなわち、生の中へ——と言う。[一七二]そして今度は、過去が、死から生へ再生しようとして、みずからの墓を破る。[一七三]この最後の変化のための、今はしお時なのである。「しかし私には——聞こえなかった。そしてついに、私の深淵が動き、私の思想が私を咬んだ。」その前にツァラトゥストラは、まむしの姿をとったその思想にうなじを咬まれ、人間である牧人が、その思想のために喉をつまらせられまいとして、それの頭を嚙み切ったのである。これまでツァラトゥストラはかれの思想をただ現存在の荷物として高く担って来た。今かれは初めてそれを、すなわち現存在の無意味な徒然の時間(長い時間)の、まさにこの引き下ろそうとする思想——それの裏面が永遠回帰の長い時間である——を、呼び上げようとする。そのためかれは自分自身をなおも克服し、この最後の「不遜」に達しなければならない。[一七四] かれのおおいなる正午の決定的な時刻はまだ来ていない。[一七五] 不確かさの中にある当分の平和、「不本意の浄福」は、人間という病気を快癒にみちびく決定、自由に意欲されたその決定を、[一七六] なおも遅らせる。

深淵と頂上の一致は、「日の出前に」天の光の深淵として表現される。それは、山上に運ばれた灰の中から出たツァラトゥストラの「火」に対する「光」であり、ニヒリズムと回帰の「むだに」と「いざ」へのかれの二重の洞察に対する「姉妹の魂」である。「お前の高さの中に私を投げ入れること――それが私の深さである！　お前の純粋さの中に私を匿すこと――それが私の無垢である。」しかしそのためには、自分自身の意志が天の無垢と不遜と偶然の中へ飛んで行き、その天と同じくすべての事物の上に自分自身の天として、「円い屋根」として、「紺碧の円蓋」として、「永遠の確実さ」としてかかっていることができなければならないであろう。あまりにもしばしば自分自身を克服して来た[一七七]ツァラトゥストラが戦ったのは、現にあり、既にあった、そして再びあるであろうすべてのものに「然り、アーメン」と祝福を与えるべく両手を自由にせんがためであった。この自由をツァラトゥストラの最後の超人的な「太陽の意志」は欲する。しかし必ずしもすべてのものが「昼を前にして」物を言うことができるわけではないし、まだ日の出の後の、おおいなる正午の意味で昼間にはなっていない。――ツァラトゥストラは広々とした海の上で空を眺めながら人間を忘れた。そしてその間に人間に起こったことを見聞に加えようとする。人間は零落した最低の人間にますます近づく。しかしそれと同時に、自己自身を乗り超えた人間のおおいなる正午[一七八]の接近を告知する。まだツァラトゥストラは、「半ば書かれた」新しい法則の票の前に坐って、一つの意志――必然性を自由そのものとし、すべての時間を永遠の瞬間に対する幸福な侮辱とするような意志――による自分の救済を待っている。[一七九] 一隻の死の小舟がそこにいる。それに乗って人はおおいなる無の中へ

――「おそらく」またおおいなる正午のおおいなる有の中へも、移って行くことができる[一八〇]。ついにツァラトゥストラの「最後の意志」[一八一]は無から有への快癒に準備されている。かれはかれのもっとも深淵めいた思想を昼の光に呼び出し、それによって、回転する生――そこでは喜びと苦しみが同じものであるが、もちろん喜びだけが永遠に幾度でもくりかえされることを欲する――の代弁者になる。

かれの思想との接触は今になってもまだ接近と後退のあいだを動揺する。ツァラトゥストラはそれに手を与えた後で、「もっとも静かな時」の後のように、自分自身の快癒のために病気になって、死人と同じくばったりと倒れる。その後でツァラトゥストラは、ツァラトゥストラ‐ディオニュソスとして、別な草案では「シーザー」として、立っている。決定的な瞬間は永遠のものになっている。この瞬間かれが悟った認識は、ニヒリズムの真理としての永遠回帰についての認識である。両者の意味するところは、一切は無目的であり、一切は無意味である、ということである。かれの動物たちはかれに回帰の真理を告知する。

「一切は行き、一切は帰る。存在の環は永遠に回る。一切は死に、一切はふたたび花を開く。存在の年は永遠に走る。

一切は破れ、一切は新たにつぎ合わされる。存在の同じ家は永遠に建てられる。一切は別れ、一切はふたたび相まみえる。存在の環は永遠に自己に誠実である。

すべての瞬間に存在は始まる。すべての《ここ》の周りを、《かしこ》という球は転がる。

中心は到るところにある。永遠という小径は彎曲している[一八二]。」

ツァラトゥストラの動物たちは、かれ自身よりも早くから、かれが何者であるか、したがって何者にならなければならないかということ、つまりかれが永遠に新たになる生の永遠の回帰を説く者であることを、知っている。

それはかれら自身が自然的な、周期的な生物だからである。かれらは、かれらの本性に適合するこの思想に「よく堪える」。それに反してこの思想は人間にとっては初めは堪えがたいものである。[一八三] 動物が生まれながらにしてあるものに、人間は再生によってでなければ、自己自身の克服によってでなければ、なることができない。その再生、その自己克服によって、「賢者」と「動物」がたがいに近づき、すべての生けるものに対して責任を感ずる一つの新しい型が生じる。しかし人間は賢者のように完全でもなければ、動物のように健康でもないので、永遠の回帰を教えなければならないということは、ツァラトゥストラにとって、自分が癒されなければならない「最大の病気であり危険」である。その結果、それの最初の告知が、かれの動物たちによって、「快癒する者」について語る説話において、行なわれる。

しかしそれでツァラトゥストラは、よりよい別な生活というキリスト教的な意味での新しい生活ではなくて、「最大のことにおいても最小のことにおいても」まったく同一な生活をするために、生まれ変ったのである。じっさい、「小さな」人間も、永遠に回帰する。おおいなる正午の時間と、その時に行なわれる次のような告知も同様である――

「私は再びすべての事物の永遠の回帰を教える――
私は再びおおいなる地上の正午と人間の正午について発言する。私は再び人間に超人を告知する。
私は私の言葉を言った。私は私の言葉で砕ける。私の永遠の運命はそれを欲するのだ。――告知者として私は破滅する！
今や、没落して行く者が自己自身を祝福する時が来た。かくして――ツァラトゥストラの没落は終る。[一八四]」

その没落とは、かれが人間に超人を――自己自身の克服によって永遠の回帰を欲することのできる超人を――

教えんがため、かれの山から人間のところへ降った時に始まったものである。

今やかれは、いつか(未来)とかつてを言うごとくきょうを言うことができ、自分の輪舞をもってあらゆる「ここ」と「そこ」と「かしこ」を踊り超えることができる。一変したかれの精神は今や、嵐のごとく否《ナイン》を言い、打ち開けた天のごとく諾《ヤー》を言う。光のように静かに、かれは、否定する嵐を突いて進む。そして「日の出」が約束したものと「序説」がすでに予告するものは、正午と永遠において実現され完成されている。かれの憂欝は未来のディオニュソス的な歌の至福の中で休息する。そして最後の哲学的な晴やかさをもって今やかつての死の小舟は——ダイヤモンドのぶどう鋏をもって熟した実を切る神なるぶどう摘《つ》みディオニュソスの小舟、存在の海に喜んで揺られる小舟として[一八五]——静かな海洋にただよい出る。今になってはじめて一つの生の真理が、等しいものの永遠回帰を顧慮して、観ぜられる。「肯定と是認の歌」[一八六]、および二度くりかえされる「永遠性の歌」[一八七]が、その意味にふさわしく、『ツァラトゥストラ』の第三部と第四部を終結する。その先の内容は、その他の人間の救済を表現する。それは絶望し、自分自身を軽蔑する人間なので、「ましな」人間たちである。かれらはすべて、ろば祭り——ろばの千篇一律な「ヤー」が、存在の全体に対するディオニュソス的肯定《ヤー》を戯画化するろば祭り——において、変化する。しかしかれらはまだツァラトゥストラの弟子ではなく、当座のおおいなる嘔吐の、したがっておおいなる憧憬の人間にすぎず、神の選民という旧約的な概念に当てつけながら言われているように、「神の残滓」である。かれらはすべて、まだ自分自身には苦しんでいる。しかし根本から人間そのものに苦しんでいるのではない。ツァラトゥストラの説話の始めにある「精神の三変化」は、十分な時間がたてば等しいものが永遠に回帰するという教説をもって、反キリスト教的に完了される。ツァラトゥストラの教説は弱い者には「汝まさになすべし」を、強い者には「我は欲す」を与え、意欲からも解放された者にはそれは、これ以外には在りようがないということの必然性、存在の最高の星の単純な必然性に対する「肯定と是認」を返してやる。[一八八]「必然性の紋章」のもとに固有の現存在(自己の生存)の偶然は存在の全体の中に再び所を得る。それによってニーチェは――見かけたところ――「生の新たな可能性」を発見した。そのためにかれは、すでにまずソクラテス以前の哲学をくりかえし、最後に、反キリスト教的近代性の尖端に立って、古代的世界観を復活しようとしたのである。

しかし人は、キリスト教的現存在関係から発生した意志の自由をもって、単純なこれ以外に在りようがないということの必然性を――不可不の意欲(これは二重の意志として両者を否定する)によってでなければ――いかにして再び欲することができようか。自身に反して欲するこの二重の意志の中に、等しいものの永遠回帰の創造的意欲の全問題が[一八九]含まれている。この問題の解答は『ツァラトゥストラ』では「救済」の章が取り扱っている。

ニーチェの「最後の意志」が欲するものは、単に自己の運命だけではなくて、――「一つの運命の上に一つの運命として立つ[一九〇]」――ファートゥムとしての運命そのものである。人間的意志が――しかも神が人間にその「なすべき」ことを命じなくなって以来、人間が「意志」なのであるが――〔その人間的意志が〕「創造する」権力意志として自分自身の仕事をなすことに自己を制限するとしたならば、意志と自由の真の教えは、「意欲は解放する、じじつ、意欲は創造である」ということになるであろう。[一九一]しかし、いかなる人間的意欲も、新しい教説を正に否定するような一種の顧慮に結びついているのではないか。[一九二]それとも、何物へかの人間的創造意志は一種の自然的創造力――それは、あるがままのものであり、他に在りようがないのだから、たえずくりかえし、いかなる顧慮もなく、もともと戯れに(易々と)創造する――にひとしいのか。それとも、未来を創造する人間意志は自分で自分を創造的に「創造し直す」ことができるのか。創造はもちろん「苦難からのおおいなる救済であり、生の容易化」である。しかし、「創造者があるということ、そのこと自体のために苦悩と多くの変化が必要である。[一九三]」すなわち、戯れのうちに創造する小児――大人の意志にはまだ困難だったことをすべて容易なものとする小児――への、もっとも困難な、最後の変化が必要である。つまり、もし意志が単に解放者――可能の領域において未来を創造し、自分にふりかかることを自分に必要なことに創造し直す解放者――だとしたならば、意志の「必然性」とは単に「困窮の転換」[194]だということになり、自分から出て自分へ来る永遠の避けがたいファートゥムたる存在の最高の星に対して祝福する肯定でもあるとは言えなくなるであろう。[195]「存在の肯定」に対するこの特有な肯定――「存在するもの一切は、それ自体その肯定を語っている」――は、そのためにその意志が意欲するような何物かに対するある肯定的な意志という意味を有するのではなく、一種の「肯定と是認」の意味、おのずから存在するもの全体の中における自身の現存在の必然性の単純な、他者によってもはや制約されない確証――相互に制約しあう肯定と否定にとってはいかなる場合も到達されないような確証――正にその確証だけを「意欲」する「肯定と是認」の意味を有する。「これ以外に在りようがないこと」の単純な必然性は、すべての「何かのために必要である」〔という必然性〕を凌駕する。

それにしても、ツァラトゥストラのファートゥムへの仮借なき「太陽意志」[196]は、すべての事物に「この世の最古の高貴さ」[197]を返そうとして――「汝まさになすべし」から「我欲す」への最初の解放をもう一度変化せしめ、単にいわばまだ「欲する」だけのコスモスの子の創造的遊戯に創造し直すような、単に勇敢である以上の意欲の自由によってでないとしても――なんと天空の放恣や無垢や「偶然」の中へ飛んで行くことであろうか。

「創造者自身が新たに生まれるべき小児であることのためには、創造者は産婦にもなり、産婦の苦痛にもなろうと欲しなければならない。」[198]

しかし、自由になった精神の成人せる意志は、すでに在ったものに復ろうとも欲せず、別様にはもはやありえないとすれば、存在するもののただ中において、どうして小児の生存に再生することができるだろうか。「別様」と「否定」と「無」への欲望からの自己救済としての永遠回帰の意欲における時間的問題は、それゆえ、過ぎ去れるもの、一切の「在った」からの救済である。

ツァラトゥストラは、すべての過ぎ去れるものが、しかも二様の仕方で、委ねられ(放棄され)ているのを見る。ある人々はそれを、かれらの衰えた「今日」[一九九]の先駆をなす前兆にまで、強いて引きおろし、他の人々は、過去を祖父の時代までしか考えない。両者とも、過去から救済するものではない。

「すべての過ぎ去れるものがおのおのの種族の狂気、霊、恩寵に委ねられているのを、……それが来て、すでに在った一切のものを自分の橋に解釈し直すのを、私が見ることが、すべての過ぎ去れるものに対する私の同情である。

一人の偉大な暴君――慈悲と無慈悲をもってすべての過ぎ去れるものを強制し、それがかれの橋となり、前兆と伝令と鶏鳴になるまで強制した一人の狡猾な怪物――が来るかも知れない。

しかし第二の危険、私の第二の同情は次のことである。――賤民のうからは、その思惟が祖父にまでさかのぼる。しかし祖父と共に時間が尽きる。

このようにしてすべての過ぎ去れるものは委ねられ(放棄され)ている。じっさい、賤民が主人となり、すべての時間が浅い水の中で溺れることが、いつかは起こるかも知れない[二〇〇]。」

しかしすべての過ぎ去れるものは、それが単にすでに一度起こりきりになって、もはや欲せられないことである場合にも、放棄されたもの、救済されないものである。人間的現存在の事実は、それがみずからの「すでに常にそこに在ること」を存在するものの全体における無意味な偶然のように甘受しなければならないならば、「断片」として、「謎」としてとどまるであろう。「人間が詩人、謎を解く者、偶然の救済者でもないならば、どうして私は人間たることに堪えられようか。」その偶然とは現‐存在そのものである。なぜならば、それ(現存在)は常に、みずから欲する前に、すでに与えられていて、そこに在るからである。

「過ぎ去れる人々を救済し、すべての《それは在った》を《私はそのように欲した》に創造し直すこと――それこそ救済と私は呼びたい！

意志――それは解放し、喜びをもたらす者の名である。私の友らよ、私は君たちにそう教えた。しかし今は次のことも付け加えて学ぶがいい――意志そのものがまだ囚人であることを。

意欲は解放する。しかしこの解放者をもなお鎖につなぐものは、何と呼ばれるものなのか。

《それは在った》――意志の切歯ともっとも淋しい悲哀は、そう呼ばれる。なされてあることに対しては無力なので――それ(解放者たる意志)は、すべての過ぎ去れるものにとって悪しき傍観者である。

意志は意欲し返すことができない。それは時間と時間の欲望を打ち破ることができない。――そのことが意志のもっとも淋しい悲哀である。

意欲は解放する。意欲自身が自分の悲哀を振りすて、自分の牢獄を嘲笑するために、何を工夫するか。あゝ、すべての囚人は馬鹿になる！　囚われた意志もまた馬鹿げた仕方でみずからを救済する。時間は逆行しないということ、それがかれの痛憤である。《在ったこと》――それ(意志)が転がすことのできない石は、そう呼ばれる。

かくしてそれ(意志)は痛憤と不満から石を転がし、おのれと同じく憤怒と不満を感じない者に復讐する。このようにして解放者たる意志は、苦痛を与える者となった。そして、苦痛を受けうるすべてのものに対して、それ(意志)が戻すことができないことの復讐をする。

これが、いな、これのみが、復讐そのものであり、時間およびその《それは在った》に対する意志の反感である。」[二〇一]

ニーチェが道徳的な関係において「怨恨」として、また「道徳における奴隷の謀叛」として心理的に解明したことが、ここでは、現存在そのものに関して、すべての意欲に対するその原理的な意義において明白にされる。すでに起こった行為の「それは在った」に対する「意欲し返しえぬこと」に加える無力な復讐は、現存在から罪と罰を、「《現存在》という罰」を作る。復讐心の強い意志は罪を探し求める。すなわち、およそ常にすでに何かがそこに、そのように、別様にではなく、在るということに罪(責任)のあるものを探し求める。本質的に意志である人間のすべての意欲が、かれによって意欲もされず犯されも惹き起こされもしないことにおいて、踏み越えることのできない限界と、乗り越えることのできない躓きの石を有しているということを、意志が現存在に対して罰しつつ復讐するのは、見かけの上では正当である。復讐は、それ自身の「罪(責任)あるものと考えようとすること」を顧慮して、みずからを「罰」と名づける。しかし、何びとも——世界の第一原因としての意欲する神すらも——かれがおよそそこに、現に在るが如くに在るということに、責任(罪)がないのだということが、一旦決定的に認識されていたならば、現存在が復讐の精神によって失ったその本然の無垢(無罪)を、生ける存在の全体において、再び取りかえしていたであろう。罪と無罪の相反に対応するのは、復讐と「祝福」、または反感(敵意)と「運命愛」の相反である。復讐心の強い反感は、(『権力意志』の最後のアフォリズムに書いてあるような)自己自身を意欲する世界の、前進も逆行もする循環にほかならないかの輪環の「善意」に変化する。自己自身を制圧することにほかならない人間的意志の「格闘《リンゲン》」は、すべて存在するものの永遠の回帰たる、まったく別な「環《リング》」

の制圧のない祝福に変化する。しかし、格闘し制圧する意志が単に未来を好む意志であり、したがってそれ(意志)に関わりなくすでに在ったものすべてに対して反感を有する限り、意欲する現存在は何度でもみずからにとって罪および罰となる。現存在がみずからにとって「いつまでもくりかえし行為と罪」となるのは、ほかでもなく、それが自身の現存在の事実にみずから責任(罪)があるのではなく、存在する意志としてその責任(罪)を負おうと欲し、それでいてその責任(罪)を負うことができないからである。[二〇二] それゆえ意志は、自分にいつもすでにあてがわれている現存在の重荷に対する反感として、「石また石」を転がし、そして「みずからの精神の上に雲また雲を転がし、ついに狂気が《一切は消滅する、それゆえ一切は消滅するに値する》と説法するに至る。」すなわち、すでに事実となっている行為のすでに過ぎ去った時間に対する不満は、それを無常性にまで下落させる。――もっとも、ショーペンハウエルの形而上学におけるように、「意志がついに自分自身を救済し」、そして「意欲が不意欲になる」としたら別である。これに反して、ツァラトゥストラの創造的意志は、むなしく設計(企投)される現存在の重荷たる石に向かって言う――「しかし私がそのように欲したのだ」、そして永遠にくりかえしてそれを欲するのだ、と。しかし、かれはすでにいつかそのように言ったことがあるだろうか。そして、未来に向かう創造的意志が、自分と関わりなくすでにそこに在ることのためにも力をつくすということが、いつか起こるだろうか。そして、意欲しない代りに意欲し返す(さかのぼって意欲する)こと、苦痛を与える代りに喜びをもたらすことを、誰がかれに教えたのか。この問にツァラトゥストラは永遠回帰の教師として答える。じっさい、時間と存在の永遠に回帰する循環の意欲においては、そのように意欲する意志はみずからも直線的な運動から前方にも後方にも向かおうとする円となる。そしてその円の運動は、目標と目的をかかげる意欲の運動のように未来に向かって開いているのではなく、自分自身の中に閉じており、したがって、その円はすべての意欲されることにおいてもっぱら自分自身を、そして常に等しいものを、そして常に全体を欲する。かような円環――格闘しつつ制圧するのではなく、強制なしに自分自身を常にくりかえし欲する円環――の時間的全体に、「人間」という謎はその解答を見いだす。ツァラトゥストラはあれやこれやを教えるのではなく、必要な一事を教えるのである。しかし、「断片」であり「偶然」である人間にとって、全的なものになること、存在の必然的全体の中にはめこまれることより必要なことがありうるだろうか。ツァラトゥストラの求め、たどる道は、人間が困窮の転換によってすべての存在物の最高の必然性にみずからをはめこむべき道である。人間的意志とその恣意の、自然的存在の必然的全体へのこうした転向と帰還は、しかし、近代のヨーロッパ人にとっては――かれは地と「天の道」から解き放され自由になっていて、彼にとっては西欧的な[二〇二ノ二]知慧の何の疑問のない基礎が一つの問題となり、それの解決は意志の一転向を要求するものであるだけに――むずかしくなる。超人的なツァラトゥストラの未来を好む意志は、永遠の回帰を意欲することをえんがために、自分自身に向けられなければならない。この転倒した意志――自分が当然しなければならないことを、つねに意欲する意志――をニーチェは「運命愛」と名づける。時間と存在の全体がその中に結合して、依然として生成する存在のすでに一度在ったことのある未来となる。[二〇三]

　自分に何か他のもののようにあてがわれる一切のものから自分自身の運命を創造する創造的運命もまた、ファートゥムへの愛においてはじめて自己を完了する。[二〇四]じっさい、意志がどんな偶然をも自分の食物として歓び迎えんがため「自分の鍋で煮る」[二〇五]ということは、もちろん外来の偶然を自分の運命にはするが、しかしこれを直ちにファートゥムにするわけではない。「最高の力の獲得のため」正に永遠回帰のファートゥムを意欲する意志は[二〇六]、みずからの時間的(有限な)運命において永遠のファートゥムを歓び迎える。そしてその意志にあてがわれるものは、任意の個々の場合ではなくて、世界の全体への所属である。自身の現存在の与えられた運命は、それが存在する一切のものの宿命によろこんで自分をはめこむ時にはじめて、宿命の最高の意味において必然的なものになる。ツァラトゥストラの「たましい」は、その中にだけ、世界の最高の法則と本質が映されているがゆえに、一切の存在物の「最高の種類」なのである。それ（ツァラトゥストラの「たましい」）は

「もっとも長い梯子をもち、もっとも深くおりることのできるたましい、
自身の中でもっとも遠く走り、迷い、さまようことのできるもっとも広大なたましい、
よろこんで偶然の中に身を投げるもっとも必然的なたましい、
生成の中へ入ろうとする存在するたましい、意欲と希求の中へ入ろうとする所有するたましい、
もっとも遠い円をえがいて自分自身に追いつく、自分自身から逃げるたましい、
愚かさによってもっともこころよく励まされるもっとも賢明なたましい、
すべての事物がその流れと逆流と干潮と満潮をもつ場所となるもっとも自分自身を愛するたましい[二〇七]」

である。それは存在の肯定に対する永遠の肯定である[二〇八]——が「それはディオニュソス的なものの概念そのものであり」、そしてそれの公式は、運命への意志でもなければ、権力への意志では更になく、「運命愛」である。[二〇九]「愛する」という無条件の、もしくは宿命的な、必然性は、もはや意欲ではなくて、——意欲から判断して——何物をももはや意欲しない自発性であり、そこでは意欲そのものが止揚される。その点でニーチェは、生の最大の不安と動勢においては真の目標は常にやはり、意志が何物をももはや意欲しなくなるような状態であるというシェリングの認識と一致する。じっさい、意志が何かを意欲している限り、それは知らず知らずのあいだに、意欲されたものを、たえず自分自身の前に逃走しているかのように、追いかけていて、そのため、人間は自分の意欲によってかえって意欲されたものを破壊し、自分が本来自由であるのに、その自由に到達することができないことに

[二〇]なる。「まじりけのない純粋さ」――その象徴はシェリングにおいても「小児」であるが――は、もはや一つの意欲の目標にはなりえず、単に一つの生起、おのずから行なわれる一変化でしかない。

　無からの計画的な、意欲された存在の創造に対する信仰によってその無垢無罪をうばわれた現‐存在の偶然は、運命愛において「救済」される。なぜならば、ツァラトゥストラ‐ディオニュソスは、全体においてなければならないように在るものを、正に偶然の中に把握するからである。そしてニーチェが『見よ、この人なり』[二一]の中で、かれの生涯において――一見して単なる偶然によって――符合して起こったこと、すなわち、かれの誕生日とフリードリヒ・ヴィルヘルム四世の誕生日、かれの最初の探索とショーペンハウエルの発見、『ツァラトゥストラ』第一部の完成とヴァーグネルの死亡時刻、かれの諸著作への決定的な着想と一定の滞在地、そしてその他「もろもろの崇高な偶然」を、最高の必然性として叙述するとすれば、それはかれがここでも、「現‐存在」の偶然という謎がまだ最高の必然性の「外貌」をもたない限り、断片・謎・恐ろしい偶然であるものを、「一つに創作する」ことをやっているに外ならない。ところが、この必然性とは、存在するものの全体、もしくは「世界」が、「偶然の」ものであり、偶然の中にその「最古の高貴さ」をもっているということを、排除するものではなく、かえってそれを包含している。

　それにしても、意欲の救済に関するツァラトゥストラの説話が、意欲し返すことの可能性を決定的に問うにあたって驚いて中断されるのは、なぜか。そしてかれが弟子たちには、自分自身に話すのとちがった話し方をするのは、なぜか。かれの「もっとも静かなひと時」（第二巻の終り）の前までは、かれがそのように救われるのか、それとも別なように救われるのか、「現存在の特権」[二二]へと救われるのか、それともそれの「罰」から救われるのか、まだ決定していないからでもあろうか。「罰」から「特権」へ、「復讐」から「祝福」への価値顛倒は、単なる意欲の生来のニヒリズムが永遠回帰のファートゥムへの愛に転回されることに存する原則的な、包括的な価値顚倒を前提とする。もし、すべての事物が元来「永遠性の泉」[二一三]で、存在の最高の星の下で命名されているとすれば、天の明るい深淵では――その天は各事物の上にそれぞれの天としてかかっていて、その下では「目的」と「罪」、現存在の行先と出所が、目的から自由な全体の無罪(無垢)の中に蒸発してしまう[二一四]――善悪も単に「中間的な薄明」にすぎない。善悪とは一体真実であるか、それが現存在のあらわな性格に属するものであるか否かは、最初に、また最後に、存在の全性格によって決定される。

「善悪と称する古くからの妄想がある。これまでは、この妄想の車輪は予言者や占星者をめぐって回転していた。かつて人々は予言者や占星者を信じた。そしてそれゆえに人々は《すべては運命だ。汝はなすべきだ。なさなければならないのだから》と信じた。

それから人々は再びすべての予言者や占星者を信じなくなった。そしてそれゆえに人々は《すべては自由だ。汝はすることができる。欲するのだから》と信じた。

おゝ私の兄弟よ。星と未来のことは、これまでは、単に妄想されていただけで、知られていたのではない。そしてそれゆえに善悪のことは、これまでは、単に妄想されていただけで、知られていたのではない。[二一五]」

同じく、存在するものの全体に関する一種の「予言」たるニーチェ自身の教説は、一切を運命とする古い教説を信じないが、一切を自由とする新しい教説をも、それに劣らず信じない。なぜならば、在るものについての真の知識は、この意欲とかの不可不の、ならびに、偶然と必然の、本来の一致への洞察だからである。自由とはあるいは単に「ファートゥムの最高羃」にすぎないかも知れないということは、一八六二年の学校作文で、すでに考慮されていた。しかし、意欲しうるということへの近代的自由をもって、「どうしてもそうあって他にありようのないこと」との古い親密さを、もう一度意欲し直し、かくして、かつて星の中に書かれていたファートゥムの必然が、不可不の意欲[二六]によって、自身の運命に変じ、ついに「エゴーすなわちファートゥム」とか、「私自身がファートゥムであって、永遠の昔から現存在を規定している」[二七]とか、「私自身が永遠回帰の原因に属している」と言いうるということは、どうして可能であろうか。そのためには、新しい予言は、天の星々から読まれる[二八]予言と、自身の能力の自由の最後の成果たる無の真実との一致そのものでなければならないのではなかろうか。してみると、その予言が表白する全体とは、「天界の無」であるのか。[二九]そしてこの交錯に、二重の意志がその二重の真理に達する二様の道、すなわち、決意と霊感とを通る道も、対応するのではないか。自由の窮極の最後において意欲しないよりはむしろ無を意欲する意志決定と、存在の最高の星がかように決意したものにみずからを与える霊感、その二者が合して、ニーチェの二重の真理――それはニヒリズムの自己克服の教説であり、したがってニーチェの「没理の信条」(「没理なるが故に我は信ず」)である――への問題的な通路を形成する。

「すなわち、あらゆる論結のうちでもっとも危険なこの論結、真のロマン民族の人なら誰にとっても精神に対する罪悪と考えられるような、「没理なるが故に我は信ず」というこの論結よりも、深い印象をドイツ的なたましいに与えたものもなければ、その論結以上にドイツ的なたましいを「誘惑」したものも、昔から無かった。その論結とともにドイツ論理学ははじめてキリスト教的ドグマの歴史に現われる。しかし千年後の今日なお、現在のわれわれドイツ人は……ヘーゲルが当時ドイツ的精神を助けてヨーロッパに勝利を得しめるために用いた有名な現実的弁証法的原則――「矛盾が世界を動かす。すべての事物はそれ自身に矛盾している」――の背後に、いくらかの真理、真理の可能性、を嗅ぎつける。われわれは正に、論理学にはいってまでも、ペシミストである。……おそらくドイツ的ペシミズムはまだこれから最後の挙に出なければならないのであろうか。おそらく、それはもう一度、恐るべき方法で、その信条とその没理を相並べて立てなければならないのであろうか。[二〇]」

これらの文章がたとえ直接には道徳の自己克服にだけ関するものであっても、それらはやはり、すでに、道徳の本来の問題たるニヒリズムの自己克服を表わし、同時に、ニーチェが、今日――およそまだ考えられるとしても――結局ほかのことは考えられないと知っていたものを、表わしている。[二一]

矛盾の生産的な力に対する信仰は、しかし、ヘーゲルの形式的弁証法とシェリングの宇宙構造のみならず、ニーチェのニヒリズムの永遠回帰の意欲への転回をも、特徴づける。没理に対する同じ信仰が、キェルケゴールの死に至る病気からキリスト教的信仰への逆説的跳躍ならびに、極端な自己疎外の危機的な頂点があってはじめて自己自身の完全な再獲得への急転が起こりうるというマルクスの危機説の基礎になっている。それらはみな、反キリスト教的な態度はとっていても、罪悪と恩寵に関するパウロ的弁証法から養いを受けている。

(三) 永遠回帰の比喩に対する二重の等式

ツァラトゥストラの比喩的説話の形而上学的主張の基礎になっているのは、哲学者ニーチェと哲学者ディオニュソスとが、超人として等しいということである。しかし、十九世紀の徹底的な「試みる者」がギリシャの神の演ぜられた人物であるということが信じがたいことだとすれば、ニーチェの神的なマスクも、いずれは落ちる人間的仮面であり、「輪舞の先頭に」立つのは、「恐ろしい必然」であって、永遠のファートゥムではない。そうなると、その比喩はあらわな真実の無意識の表明ではなく、むしろそれは真理がむきだしになるのを被いかくすことになる。

ニヒリズムの自己克服として、多くの環から成る環という教説は、無への決意をした現存在と、自己自身を意欲する破壊と創造の世界との、二重の様相をもっている。自己自身において二重にされたこの世界をくりかえしくりかえし意欲することによって、人間の現存在は自己のニヒリズムから解放され、失われた自分の世界を再び獲得する。[二三] もっとも固有な困窮(Not)が「心然性」(Notwendigkeit)に転ずるのである。そこに含まれている問題性、「超克する者と超克されるもの」の問題性は、ニーチェが、かれの一つのものとして詩作された比喩を分析しようと試みるところに、明からさまに露出する。比喩への詩作力がかれを去るや否や、全体は、たがいに矛盾する二つの部分――分裂によってのみ結合されている二つの部分――に分解する。じっさい、無常なものとなった現存在の永遠化の傾向は、自然的世界の永遠の循環の円周の中へ入って行かない。ただ、中心をはずれた人間存在の時間的な意志が、存在のただ中を共に回転せんがために、コペルニクス以前の世界の天空に超人的に飛び入る場合だけは別である。

それゆえ永遠回帰の比喩は二重のものと等置されなければならない。すなわち、一面では、目標を失った人間の現存在が自己自身を超えて再び目標を得るための「倫理的自重」と、また他面では、もろもろの力から成る世界の無目標の並存における自然科学的「事実」と。したがってその教説は次のように表現される。すなわち、第一に、意欲する人間にとっての理想的な目標の確定として――そしてその場合、その教説は自己永遠化の意志によってキリスト教的な不死の信仰の代用となる――第二に、自然的世界の、それ以外にありようのない存在、意欲されない存在における物理学的事実の確認として――そしてその場合、その教説は近代物理学によって古代的宇宙論の代用となる――表現される。このように、無神論的宗教として、また物理学的形而上学として、二重に解釈されうるということは、その教説が大体、神を離れた人間のニヒリスチックな現存在と自然的エネルギーの実証主義的な現存とのあいだの、分裂の統一であることを示すものである。とは言えニーチェは、自然科学者にしては哲学好きのディレッタントであり、教祖にしては「権力への意志と病気の合の子」[二三三]である。

その比喩が二重の等式に分かれることにしたがって、すべての変化において「等しく強力な者」と「等しく至福な者」[二三四]のディオニュソス的な同一性は、世界から疎隔された現存のニヒリスチックな「すべてが等しい(何でも構わない)」と、人間から疎隔された世界の実証主義的な無関心とに、分解される。安定と目標を失った前者の現存在と、不可解な非感性的なものとなった後者の世界とは、すべての人間的意欲に対して無関心な宇宙的循環を行なう永遠回帰を意欲することにおいて、相会する。

人間学的等式

近代的人間とは、ニーチェがその特性を一般的に述べたところによると、自分の生活を設計すべき目標をもはやもっていないために「途方に暮れているもの」であるという。回帰説は、それゆえ、一つの「新しい生き方の設計」たらんとする。われわれは「幾千年を相続し浪費する者」であるが、未来への決まった意志もなければ、新しい目的も目標もない。われわれの価値と目的と目標はきわめて雑多な財産目録に由来していて、たがいに弱めあい取り消しあうものだから、従来のすべての価値設定は破棄されている。近代性は、諾をも否をももはやもっていないという病気、その勇気をもってどちらへ向かうべきであるかを知らないという病気をわずらっている。「一種の嵐がわれわれの空気の中にあった。自然が――われわれが自然なのだが――暗くなった。われわれには道がなかったからである。われわれの幸福の公式――一つの諾、一つの否、一本の直線、一つの目標[二三五]」、すなわち周期的に自身の中に戻って行く無目標の旋廻では決してない。かような「新しい目的」はおのずから与えられてあるのではなくて、いつでも、人間が自分自身にそれを一つ与える時にのみ、それは存在する。「すべての目標は破棄されている。人間は自分自身にそれを一つ与えなければならない。人間が一つもっているというのは、誤りであった。人間はそれらをすべて自分自身に与えたのである。しかし以前のすべての目標のための前提はすべて破棄されている。[二二六]」近代性のかような様相に対してニーチェは永遠回帰の「思想」を持ち出す。

「私の改革――ペシミズムの継続発展……

一、人格の増大する弱さと衰頽に対する私の反抗。私は一つの新しい中心を探した。

二、この努力の不可能なことを認識した。

三、次いで私は解体の軌道を更にすすんだ――そこに私は個々の人々のために新しい力の源泉を見いだした。われわれは破壊者でなければならないのだ。――私は、個々の存在がこれまでになかったように自己を完成しうるような解体の状態は普遍的現存在の個々の場合であり摸写であることを、認識した。普遍的な解体と不完成の麻痺的な感覚に対して、私は永遠回帰を持ち出した。[二二七]」

それ（永遠回帰）は人類に一つの目標を与えるはずである。その目標は現在の人間たることを乗り越えて行くが、彼岸の「背後世界」の中へではなく、それ自身の継続へとはいって行く。人間自体は自分自身を超えて高められなければならない。それは「超人」[二二八]の人間的な意味である。そこから、また、権力意志の「新しい価値設定」から、ニーチェは回帰説を教える。〔人間が自分自身を超えて高められると〕その時、人間は「地上の主人」となり、地位と権力によって整頓された新しい人間世界における未来の立法者となる。「誰が地上の主人であるべきか？　それが私の実践的哲学のリフレーンである。[二二九]」「十九世紀の深い不毛」をニーチェは、真に新しい「理想」をもたらした人間に自分がまだ会っていない、ということに見る。かれは当代をアレクサンドリア文化と比較する。それが滅んだのは、それが「あれほどの有用な発見にもかかわらず……この（地上の）世界とこの生活には窮極の重要さを与えることができなかった」からである。人間たることにおけるこの衰頽は「そのさい何かが出て来る」ように導かれなければならない。このことすべてから、永遠回帰の教説の、「無常」になった現存在の無目標になった意志における最高の「倫理的自重」としての、人間史的人間学的な意味が出て来る。それは近代性を「もっとも重いアクセント」をもって、すなわち、未来に対する責任をもって、特徴づけることになる。それだからと言って、しかし、現存在を「肯定的に転回された無責任」によって、現存在の無罪にまで、軽減することはない。宗教的信仰が減少して以来、「われわれはいかにして内面生活に重みを与えるか」が問うべきことになる。そして回帰説は、「重い」「訓育的な」思想として、人は各瞬間をくりかえしくりかえし意欲し返すことができるように生きなければならないという無上命令によって、人間の現存在を新たに重いものにするものだという。それは、人間をそのもろもろの情緒において新たに規定することによって、われわれの人間像に対して改革的であろうとする。そしてそれの典型がツァラトゥストラである。ツァラトゥストラは自分自身に命令する人間、高度に訓育された人間の最高の類型だからである。かれにおいて、「人間の高まり」のすでに素描されていた像が提示される。じじつ、自己自身を超えて高められた人間が既に一度——[230]古代とそのルネッサンス期に——[231]存在したことがある。近代世界においてはナポレオンとゲーテ[232]が、「人道的」人間たち以上に、そのようなものである。

それゆえ、衰微したキリスト教の「近代性」に対する対重としては、回帰思想は、歴史的に考えられた一思想であり、その狙いから言えば、ヨーロッパ的人間の未来に向けられている。それは、全ヨーロッパおよび一人一人の人々にとって、人は「最低の人間」に下って行くことを欲すべきか、それとも人間の超克を目ざして上って行くことを欲すべきかを、決定しなければならない時にあたって、現われる。回帰説は、神の死から生ずる隠されたニヒリズムを、解き放つ。回帰説によって、「汝の没落への意志は《意欲する》[二三三]か、または、ヨーロッパ的人間はおよそまだ存在しようと欲するか」という決着の前に立たされるのは、「万人であり、何びとでもない」、すなわちおのおのの個々の人間である。回帰説は、近代性の現存在における決定されないあいまいさを、そのような二者選一として、決定する。

したがってその教説は、単純な必然性をもってそのようにしか在りようがないような何事かに関する教説では、まったくない。それは、ニーチェの哲学の実験的な根本性格と一致して、新しい目的によって新しい地平を創造しようとする[二三四]「傾向」[二三五]をもって何事かを教えようとする。それは、もっとも強力な人間——自己自身において無への意志を超克したためにもっとも強力な人間である——の手中にある彫刻家の「ハンマー」である。そして、それが「ハンマーの哲学」として目ざすものは、この(地上の)現存在を、それが技術的な生存作業の中に発散して失せるのに対して、永遠化することである。それはこの有限の現存在を永遠の「意義」にまで高めようとする。「かの皇帝は万物の無常性をたえず心にとめていて、それらを重大に考えすぎず、それらの間に平然としてとどまろうとした。私には逆に、一切がそんなに無常でありうるためには、あまりにも価値がありすぎるように思われる。私はあらゆるもののために永遠性を求める。[二三六]」その教説は、それが人間にとって「意味し」うるものそれ自体である。じっさい、それが教えるものは、およそ理論的な真理ではなくて、実践的な要請である。「再び生きることを願わずにいられないように生きること、それが課題である」。回帰は、したがって、未来に迫っている事象でもなければ、同じものが何度も何度も帰って来ることでもなく、再生への意志、“Vita nuova”(新生)への意志である。じっさい、「われわれの課題は刻々とわれわれに近づいて来る」。そして人はこの現存在の永遠化を「志さ」なければならない。この生は汝の永遠の生たる「べきである」[二三七]。「われわれが、われわれの不滅性に堪えうること——

それが最高のことであろう」。この教説からさっそく起こる「作用」は、したがって、「不滅性の信仰の代用」[二三八]でなければならない。

永遠回帰の思想は、それが堪えられる場合には、生への善き意志を増大し、背後世界や無への逃避、ならびに、自分自身にとって何の疑問もなくなる人間の盲目的な世界化への従来おこなわれていた逃避の道をふさぐ。[二三九] それと共に、「絶対的懐疑」――それは「何ものも真実ではなく、すべてが許されている」ことを発見したものであり、それの普通の実践は放縦である――は超克されることになる。その懐疑に対抗して、人は、〔現存在に〕重みを与えることを、すなわち、すべてが常に同じ仕方で回帰することを願望し意欲することを、自分自身に要求しなければならない。

そこで、その教説全体は、なかんずく、人間的意志の一実験であり、そして、われわれの行動一切の永遠化の試みとしては、無神論的な一福音であるように思われる。「永遠性の摸像をわれわれの生に印しようではないか。この思想は、この生を無常なものとして軽んじて漠然たる他の生にあこがれることを教えるすべての宗教よりも、より多くのものを含んでいる。[二四〇]」これは、キリスト教的信仰の、うとましいものとなった「汝まさになすべし」を、「我は欲す」の自身の「汝まさになすべし」に変えるのだから、これは自家製の立法であり宗教である。

そこで永遠回帰の時間は、過去がこれから生じ未来がすでに在ったというような無目標の回転の「永遠の現在」ではなくて、過去の重荷から〔人間を〕解放し、未来への意志から生ずる（初版では「未来への意志によって過去の重荷から解放する」とよまれる）一つの目標の未来的な時間である。[二四一] すると、「永遠」は、等しいものの永遠の回帰という意味をもたず、永遠化への意志の意欲された目標となる。

人はニーチェの教説を、その教育的な性格にもとづいて、一つの――客観的な――回帰が存在する「かのような」意味において、一つの「作り話」として、主観主義的に理解することができた。[二四二] この性格は、しかし、それの人間学的な一面だけを表わしていて、それに属する世界《コスモス》的な裏面——これまで使用されたアフォリズムの範囲内ですでに人目を引いていた裏面——は表わしていない。「私の教説は、《再び生きることを望まずにはいられないように生きること、それが課題だ》と言う」とあるところにダッシがあるが、そのダッシは実は思想の割れ目を示すものであり、その後に「汝はいずれにしてもそうなる！」とつづいている。ニーチェは回帰思想に関して一八八四年三月十日オーフェルベックにあてて、力点はちがうが同じ意味で、次のように書いている。——「それ(回帰思想)が真であるか、あるいはむしろ、真であると信じられるならば、すべては変化し回転し、そしてすべての従来の価値は無価値にされている」と。しかし人は、その宿命の不変性によってあらゆる意欲と願望と信仰とを排除し過剰なものとするようなものを、いかにして信じ、願い、欲することができるだろうか。

「《しかし、もしすべてが必然であるならば、どうして私は私の行為を処理しうるであろうか？》 その思想かつ信仰は一つの自重であり、それが他のすべての重さと並んで、そしてそれら以上に、汝を圧する。汝は、食餌・場所・空気・社会が汝を変化せしめ、規定する、と言うのか？ ところが、汝の意見がより多くその作用をするのである。じっさい、汝をこの食餌・場所・空気・社会に規定するのは、汝の意見である。——汝が思想の中のその思想を同化する時、それは汝を変化せしめるだろう。汝が何をなそうとする時にも、《それは私が幾度でもくりかえしてしようとすることだろうか》と自問することが、最大の自重になる。」

同じ意味で次のように書かれている。——

「何かがくりかえされる(たとえば、年や週期的な病気や覚醒と睡眠等)という思想が、今までどのような作用をしたかを検討してみよう。循環反復が単に蓋然性か可能性であるとしても、はっきりした期待や感覚だけではなく、可能性の思想もまた、われわれを震撼し変革することがある。永遠の堕地獄の可能性が、どのような作用を及ぼしたか！」[二四三]

一つの可能性の単なる思想がすでに「作用を及ぼし」うるということは、しかし、実際の回帰(たとえば、昼と夜の、あるいは覚醒と睡眠の)と単に可能と考えられた回帰との区別を取り消すものではない。そして逆に、いずれにしても必ずすべてが回帰するということが確定しているとすれば、その時は、……かのごとく生きるという要求は、あらゆる理性的な意味を失うであろう。最後の審判のような、一回きりの未来の出来事の期待も、信者が、そのようなことが実際に起こるだろうということに確信がなかったとしたなら、人間を震撼も改革もしないであろう。ニーチェの教説は、しかし、それ自身に関しても、実践的道徳的要請と理論的確認との、正に上述のような一致しがたい二重の意味を含んでいる。すなわち、かれの教説は、一つの要求の意味で、また同時に、教えうる知識の意味で、すべてが、すなわち「犬狼星と蜘蛛とこの時刻における汝の数々の思いと、一切が再来するという汝のこの思想と」[二四四]が、そっくりそのまま回帰することを、教える。この第二の宇宙論的な意味によって、超-人間的教説の全体における基本的矛盾が生じて来る。じっさい、人間の生が砂時計のように何度でも顚倒され、人間の現存在が、その思想をも含めて、すべての存在するものの永遠回帰の大きな環の中の一つの環であるとすれば——自己自身を超えて意欲すること、ヨーロッパ的未来を意欲すること、およそ何ものかを「意欲する」ということが、それでもまだ何かの意味をもつだろうか、この矛盾は、ニーチェが倫理的命令としての意味と自然科学的理論としてのもう一つの意味とを展開させるに及んで、一層するどくきわだって来る。

エネルギー保存に関する自然科学上の命題は永遠回帰を要求する。[二四五] 宗教的神話的精神に対する科学的精神の勝利が、その中に表現されるのだという。[二四六] それは「ありとあらゆる仮説の中でもっとも科学的なもの」であり、次のような意味の「新しい世界観」である――

「世界は存立する。それは生成するものでも消滅するものでもない。あるいはむしろ、それは生成し消滅するが、しかしそれはいまだかつて生成し始めたことも消滅し終ったこともなく、――それは両者の中に保たれている。……それはそれ自身によって生きる。それの排泄物はそれの養分である。[二四七]」

それは、無限から、あるいは無限への、最後的に考えられた前進あるいは後退、の代りに、保存される力の一定量の、初めも終りもないがゆえに無目標な、循環、を主張する。世界には起原もなければ目標もない。じっさい、それは、いつか無から有を作り出したひとりの勝手な神の創造物なのではなく、あらゆる瞬間において同時に初めでもあり終りでもあり、同一物の不断の変化なのである。[二四八]

「したがってこの力の状態と変化と組合せと発展の数は、もちろん非常に大きく、実際上《測り知れない》ものであるが、しかしいずれにしてもやはり一定であって、無限なのではない。しかしながら、一切がその力を用いる時間は無限である。すなわち、力は永遠に等しく、永遠にはたらいている。――この瞬間までに、すでに一つの無限が経過したのだ。すなわち、ありとあらゆる発展がすでに存在したはずである。したがってこの瞬間の発展は一つの反復であり、これを生み出した発展も、これから生ずる発展もそうであり、これ以後も、これ以前も、どこまでもそうであるにちがいない。すべての力の全状態が常に回帰する限り、一切はすでに無限回存在したのである。[二四九]」

この無目標の回帰は、単に意味と目的の欠乏としてではなく、肯定的に理解されるべきである。

「あらゆる生起について目標を考え、世界について創造者たる神の導きを考える古い習慣は、しかし、非常に力強いので、思索者が、世界の無目標性をさえもまた故意のことと考えないようにするのは、骨の折れることである。すなわち世界が故意に一つの目標を回避し、一つの循環の中へおちこむことさえことさらに用心することを心得ているというこの着想には、誰でも、永遠の新しさの能力、すなわち有限で一定で不変に等しい大きさの力――《世界》がそうであるような――の能力、その形と状態の無限の新形成の奇蹟的性能、を世界に対して規定したいと思う人はみな、思いつくにちがいない。神にはもはやできないとしても、世界はやはり神的な創造力、無限の変化力を具えているはずだ。世界は、その旧来の形の一つに逆戻りするのを、意のままにみずから拒むはずだ。世界はみずからをいかなる反復からも守るべき意図のみならず手段をも有しているはずだ。世界は、目標や最終状態や反復を――また、かような許しがたく狂った考え方と願い方の結果は何であれ、それらすべてを――避けるべく、各瞬間にみずからの運動の一つ一つを統御するはずである。世界は何と言っても、何らかの点で、古い……無限の、無制限に創造的な神に等しいのだ――何と言っても何ものかにおいて《古い神はまだ生きているのだ》と信ずるのは、依然として古い宗教的な考え方と願い方であり、一種のあこがれであり、'deus sive natura'(神即自然)……という語に表わされるかのスピノーザのあこがれである。しかしそれならば、宗教的精神に対する科学的精神の、今日到達された優越、この決定的転向……がもっとも明確に定式化される命題と信仰はいかなるものか。それは、力としての世界は無制限と考えられてはいけない、じっさい、それはそのように考えられえないのだ――われわれはわれわれに、無限な力の概念を《力》という概念と一致しないものとして、禁ずる、ということではないか。してみると――世界には永遠の新しさの能力も欠けているのだ。」[二五〇]

この世界観は、しかし、「そのままに」ではないが、機械論的な世界観でもある——

「じっさい、もしそれがその通りだとしたなら、それは同一な場合場合の無限の回帰をではなくて、一つの最終状態を予想するであろう。世界はそれに到達してはいないのだから、その機械論はわれわれに不完全な、単に当座の仮説と見なされなければならない。[二五一]」

力の一定の大きさとして、力の中心の一定数として、そのように理解されたこの世界は、「その実在の大ばくちで」計算しうるある数の組合せを行なわなければならない。

「ある無限の時間がたてば、どんな可能な組合せにも、いつか一度は達しているであろう。それだけではない。無限回も達しているであろう。そして、おのおのの組合せとそれの次回の回帰との間には、およそまだ可能なすべての組合せが経過していなければならないであろうし、それらの組合せの一つ一つは同じ順序の組合せの全系列を制約するから、それでもって、絶対的に同一ないくつもの系列からなる一循環——すでに無限回もくりかえされ、その遊戯を無窮に行なって行く循環としての世界——が、証明されたことになるであろう。[二五二]」

世界のこの遊戯に人間は必然的に参加する。しかしそれは、かれがかれ自身において「我は欲す」から、生まれたばかりの小児の「我は在り」への、第三の変化をなしおえたからではなくて、人間の現存在もまた一切の存在物の永遠回帰の大きな環の中の一つの環にすぎないからである。

「人間よ。汝の全生涯は一つの砂時計のように幾度も幾度も顛倒され、幾度も幾度も流れ去るであろう——その間に、汝が生じたすべての条件が世界の循環において再び相集まるまで、大きな瞬間の時間。そしてそのとき汝はすべての苦痛とすべての快楽とすべての味方と敵とすべての期待と誤謬とすべての草の茎とすべての太陽のまなざしを、一切の事物の全連関を、再び見いだす。汝をその中の一粒とするこの環は、幾度も幾度も輝やく。そして人間生存一般のあの環の中に、はじめ一人の人間に、それから多くの人間に、それからすべての人間に、もっとも強力な思想、一切の事物の永遠回帰の思想が浮び上がるひと時が、常に存在する。――それはそのつど、人類にとって正午の時である。[二五三]」

この等しいものの永遠回帰――それはこの思想の出現をも含んでいる――は、意味多くも価値多くもなければ無意味でも無価値でもない。じっさい、それの価値は、各瞬間において「等価値」であり、言葉をかえて言えば、この生成は

「何の価値をももたない。じっさい、測る規準となるもの、《価値》という語をあてはめて意味をもつようなもの、が欠けているのだから。世界の総価値は評価できないものである。したがって哲学的ペシミズムは滑稽な物に属する。[二五四]」

永遠回帰は、生じたのではない「根元法則」である。すなわち、それは太初においてすでに存在の力の一定量とともに宇宙の中に置かれている。天体や四季のような週期的な循環と反復の自然現象、昼と夜や干潮と満潮の常にひとしく回帰する交替すらもすでに、数学的に把握されうる永遠回帰の法則の元来の本質を被っている。[二五五]

『権力への意志』の活気に充ちた最後のアフォリズムでは、けれども、物理学的な表現が、ツァラトゥストラの「たましい」の特性表示に適合するディオニュソス的な世界観の直観性によって、凌駕されている。

「そして諸君は、《世界》とは私にとって何であるかをも、知っているか。私はそれを諸君に私の鏡に映して見せるといいのか。この世界とは、法外に大きな力、始めも終りもなく、確乎として固定した大きさの力、それより大きくも小さくもならず、消費されることなく、ただ変化されるだけで、全体としては不変の大き

さで、支出も損失もないが同時に増大も収入もない家計、みずからの限界によるほか《何もの》によっても囲まれていない、もうろうとぼやけて行くものでも、浪費されたものでもなければ、無限に拡がるものでもなく、一定の力として、どこか《空虚な》空間にではなく一定の空間にはめこまれたものであり、むしろ到るところに力として、多くの力と力の波のたわむれとして一にして同時に多であり、ここでは積み重なり、同時にかしこでは減少し、それ自身荒れ狂いみなぎりあふれる力の海、永遠に変化し、永遠に逆行し、おそるべき長年月の回帰をもって、それのもつ多くの形態の干満をもって、もっとも単純な形態の中からもっとも多様な形態へ、もっとも静かなもの、もっとも硬直したもの、もっとも冷たいものの中からもっとも灼熱したもの、もっとも荒々しいもの、もっとも自家撞着したものへ踊り出し、それからまたも充満の中から単純なものへ、多くの矛盾のたわむれの中から調和の喜びへ帰り、その軌道と年月の同一性においてもなおみずからを肯定し、永遠に帰来しなければならないものとして、何の飽満も何の倦厭も何の疲労をも知らない生成として、みずからを祝福するもの——永遠の自己創造、永遠の自己破壊の私のこのディオニュソス的世界、二重の快楽のこの神秘の世界、私のこの《善悪の彼岸》、円の幸福の中に一つの目標が在るのでないとすれば目標のないこの世界、一つの環がみずからに対してよき意志をもっているのでないとすれば意志のないこの世界——諸君はこの世界を呼ぶ一つの名前を欲するか？　それのすべての謎を解く一つの解決を？　諸君のためにも一つの光を？　——諸君、もっともよく隠された者たち、もっとも強い者たち、もっとも大胆不敵な者たち、もっとも真夜中じみた者たちよ。——この世界は権力への意志である——そしてそのほかには何物でもない！　そして諸君自身もまたこの権力への意志である——そしてそのほかに何物でもない！」[二五六]

しかし、一定の時代の人間だけではなく、自然的な世界が、どうして、自己克服、自己凌駕への意志であるのか。じっさい、その根本性格が、――もし一つの環がみずからに対してよき意志を有するので「ないとすれば」、また、回転の幸福の中に一つの目標が在るので「ないとすれば」――意志も目標もなく必然的に現にあるがごとくにあることに存するのだから。権力と占取への、支配と自制への、克服と自己克服への、人間の意志は、結局は単にいわば自己自身を「意欲する」だけの宇宙的リズムのこの世界と、いかにして調和するか――人間と世界が分かれていない一つの「生」であって、その秘密はそれがみずからを常に新たに克服しなければならないということであるとすれば、話は別である。『ツァラトゥストラ』においてニーチェはそれをそのように言い表わす。そして共通な生に生きているすべてのものの自己克服の一つの仕方として、かれは、権力への意志――それはそれで、生きているすべてのものにおける命令と服従の意欲である――を理解する[二五七]。しかし疑問は、そのように理解された「生」が「知慧」と一つのものであるか、そして、知る者としてのツァラトゥストラは見捨てようと考える[二五八]が、かれがかれの「謎」の「幻影」を知ってからは、もはや見捨てようとはしなくなるあの生と同一のものであるか、ということである。生というものに関するこの一つの説話は、自己克服の「幾度も幾度も」と自己のない回帰の「幾度も幾度も」がもつ完全に違った意味を、被うのではないか。じっさい、意欲するものたる人間において自己を「みずから」克服しなければならない生と、自然的世界において自然の単純な必然性をもっておのずからいつまでも再来する生とが、いかにして同一の生でありうるであろうか。あるいは、くりかえされた自己克服は元来人間の現存在におけるそれであり、自然必然的回帰は世界の存在におけるそれであるのか[二五九]。じじつ、生は自己を「常にみずから克服しなければならない」ということは、生が人間的なものとして無への意志を自身の中にもっている限りにおいてのみ、理解されるべきであり、そしてニーチェが『ツァラトゥストラ』の中でその克服のために見いだした超人的な解決は、永遠回帰への意志ではあるが、永遠回帰そのものではない。人間の生と世界の生における時間的な「幾度も幾度も」と永遠の「幾度も幾度も」の違った意味も、ニヒリズムと回帰のこの問題的な連関に基づいてのみ理解されるべきである。みずからを常に新たに克服しなければならなかったのは、そして、そこからみずからのために生を全体として解釈したのは、生ではなくて、ニーチェのもっとも固有な生存なのである。「私の著作は私の克服だけを語っている。[二六〇]」「私のもっとも強い属性は自己克服である。しかし私にはじっさいそれがもっとも必要なのだ――私はいつも深淵に接していた。[二六一]」

この深淵の頂点たる永遠回帰の教説における問題点は、しかし、この葛藤の統一である。それ(葛藤)はその教説の人間学的表現方法にも宇宙論的表現方法にも同様に現われる。一方においては、それは、自身の意志の「汝まさになすべし」が「汝はいずれにしてもそうなる」に対して矛盾するという点に表現されたし、他方においては、永遠回帰のディオニュソス的世界は一つの「権力意志」であるべきであって、そのほかには何物でもないという点に現われて来る。

クラーゲス(Klages)[二六二]は、ニーチェのコスモス的生のリズミカルに動く世界をわがものとなし、「形象の世界」に対して精神的な権力意志の無力を正にニーチェについて証明しようとするのであるが、かれは『権力への意志』の最後のアフォリズムがその後件(後文章)によって二つの部分に分裂することを指摘した。この分裂にクラーゲスが「ぞっとするような脱線」しか見ることができないのは、かれ自身が現存在のコスモス的な一面の真理だけを承認しようとするからである。しかしここに、ニーチェの二重の意志を精神的な権力意志と「受動的な不可不」とに分割することによっても、ニーチェの全哲学を単なる「権力としての意志」に還元すること(ボイムレル)によっても、解決を見いださない一つの問題点が実際に存在するということは、ニーチェ自身が、問題になっているアフォリズムの結末を二つの違った形で作っているという事情から出て来る。

第二稿（本文に発表されたもの）

「……一つの環がみずからに対してよき意志をもっているのでないとすれば、——諸君はこの世界を呼ぶ一つの名前を欲するか？ それのすべての謎を解く一つの解決を？ 諸君のためにも一つの光を？——諸君、もっともよく隠された者たち、もっとも強い者たち、もっとも大胆不敵な者たち、もっとも真夜中じみた者たちよ、——この世界は権力への意志である——そしてそのほかに何物でもない！ そして諸君自身もまたこの権力への意志である——そしてそのほかに何物でもない。[二六三]

第一稿（付録に伝えられているもの）

「……一つの環が自身の古い軌道を、常にみずからの周りを、そしてみずからの周りのみを廻転するよき意志をもっているのでないとすれば、——私のこの世界、それを何びとが、みずから失明を願うことなくして観るほど、明晳であるか。この鏡におのれのたましいを映してみるほど強いか。おのれの鏡をディオニュソスの鏡に。おのれ自身の解答をディオニュソスの謎に。そしてそれができるほどの者ならば、更に多くのことをなさずにいられるであろうか。《環の中の環》におのれ自身を嫁がせることを。自身の回帰の誓をもって。永遠の自己祝福、自己肯定の環をもって。《更にもう一度意欲すること》への意志をもって。かつて存在したことのあるすべての事物を意欲し戻すために。いつか存在しなければならないすべてに向かって出て行こうと意欲するために。そこで諸君は、私にとって世界とは何であるかを知っているか。そして、私がこの世界を——欲するならば、私が何を欲するかを。[二六四]」

第一稿では、永遠回帰の意欲の問題点が、世界の状態と自己の態度との相互の映し合いという比喩において、世界の自己意欲が自己をいつまでもくりかえし意欲することとして、永遠回帰ということから考えられ、そして人間的意志が前方にも後方にも意欲するものとして、同じく円を描いて運動するということで、外見上の解決を見いだしているが、第二稿においては、宿命を意欲することの疑わしさが、人間においてと世界においてと単純に同一なはずだという「権力意志」の唐突な成句をもって、話し出されるよりは、むしろ被われている。けっきょく、「権力意志」としての生の標語めいた表現は、生の全体的性格としての常に回帰する循環を、まったく表わさず、ニーチェがその中で十九世紀におけるすべての事物の一つの性質を考察した一回きりの歴史的局面を表明している。権力意志の意味における永遠回帰の意欲の疑わしさは、更に、ニーチェがその教説の基礎づけのためにディオニュソス的に観ぜられた世界を自然科学的に証明しようとし[二六五]、そして人間の意欲を倫理的に要求されたものとして把握するところで、明らかになる。

ニーチェはその教説の自然科学的な基礎づけのためにデューリング(Dühring)、マイエル(R. Mayer)、ボスコヴィッチ(Boscovich)と、そしておそらくヘルムホルツ(Helmholtz)とも関係し[二六六]、ヴィーンかパリの大学で物理学と数学の研究を追加しようという計画を思案した。科学的な基礎づけのためのこの努力は、何も変った横道ではなく、ニーチェが何物かを教えようとしたことの必然の帰結である。他人に伝えられる哲学的教説は、忘我的な幻想や構想に単に言及するだけでは満足せられない。それはその幻影の謎を解明し解決して、幻想を熟考しつつ基礎づけることを試みなければならない。永遠回帰を物理的世界の時間的構造として自然科学的に基礎づけようとする試みは、それを倫理的要請として展開しようとするもう一つの試みに劣らず、まじめにとるべきである。両者とも、世界の状態と自己の態度の外見上の統一が二つの側面――その二面をそれが結合するはずなのだが――に向かって大きく口をあけていることを、示している。永遠回帰の教説は、ひとしく本質的に、無神論的な宗教代用物でもあれば、「物理学的形而上学」でもある[二六七]。両者を統一したものとして、それは、近代的人間の常

規を逸した現存在を世界の自然的全体の中へ結び戻そうとする試みである。[二六八]

(四) 二重の等式の分裂における問題的な統一

回帰説の叙述における矛盾は、その組織的な解明の目的のために、「我は欲す」へ解放された人間、したがって無へ解放された人間の、世界に対する関係における原理的な分裂に、収斂される。ニーチェが権力意志のコスモス的な説明によって存在の全体における失われた統一と秩序を建て直そうとすることは、近代的人間の神および世界との離反の間接的な証明である。存在するものが全体として外面と内面と背後の世界へ分割されることから、最近三世紀間の哲学的努力の本質的な衝動が発している。デカルトの神への疑いと、人間(考えるもの)と世界(拡がれるもの)の区別以来、ヘーゲルによる自在と他在からそれの媒介まで、そしてそこからニーチェの世界の「再婚約」の試みまで、哲学はもっぱら失われた世界の再獲得の試みである。ニーチェの等しいものの永遠回帰の教説が、デカルトとともに始まるキリスト教的な実在解釈の解消の後に、近代性の絶頂において建て直そうとするものは、世界のソクラテス以前的な見方である。二千年の年月を超えて哲学しようとするこの試みにもかかわらず、かれはかれの世紀の実証主義にもニヒリズムにも結びついたままでいた。そのさい、近代の物理学的な世界のいつも等しい力の量の分かれてはいても互いに対応する諸領域を、近代的実存のニヒリスティックなエネルギーとある新しい深みにおいて結合し、これを、解き放たれた自由のぎりぎりの縁で、回転する世界の常に等しい法則に、再び結び戻そうとする努力はむだであった。この実験は、圧縮された比喩では成功するように見えるが、一方、思想的な対決においては、一つのものに作られた全体が再びその二要素に崩れてしまう。しかし両者は何と言っても一つの意欲された全体の部分なので、二つの解釈のおのおのの系列——人間の側と世界の側

——に、そのつど、他の系列が顔を出す。すなわち、等しいものの機械的な回帰にはニーチェ自身の生存の、決して「神的」とは言えない圏が射しこんで来るし、ニーチェの抜け道のない生存は、あたかもかれの孤立したエゴーが自然的世界の常に等しい構造の欠くべからざる条件に属するかのように、ファートゥムの中に企投される。ニーチェは最後に、『権力への意志』で「真実と仮象」の標題のもとに、現象する世界の真の認識に関して、世界に対する人間の問題的な地位を論じているが、しかし、問題設定の原理的な出発においては、「道徳外の意味における真実と虚構」に関するかれの最初の草案以上に出ていない。

「無数の太陽系としてきらきらとぶちまけられた宇宙のどこか遠い片隅に、かつて一つの天体があり、その上で利口な動物が認識を発明した。それは《世界歴史》のもっとも高慢な、もっとも虚偽の瞬間であったが、何と言っても一瞬にすぎなかった。自然が数度呼吸をした後には、その天体は凝固し、その利口な動物たちは死ななければならなかった。——そんなふうに誰かが一つの寓話を考え出せるかも知れないが、しかしそれでも、人間の知性が自然の内部では、どんなに憐れむべき、どんなに定かならぬ、どんなにはかない、どんなに無駄な、どんなに任意なものに見えるかを、十分に説明したことにはならないだろう。それ(人間の知性)がなかった永遠が存在したのだ。それ(同上)が再び終ってしまうと、何事も起こらなかったことになるだろう。じっさい、かの知性にとっては、人間の生涯以上に達するような使命は存在しないのだ。」[二六九]

自然的世界は「それ自身で」(即自的に)在り、人間はその中に単に「自身のために」(向自的に)在り、そして、全体における真理は、世界の中へ投げ出された人間の洞察には、根本的にいつわりであるように見える。「この状勢で真理への本能が一体全体どこから来るのか」、理解しがたいことである。人間は自分の「意識の部屋」の中に閉じこめられ、同時に自然的世界の中へ投げ出されて、生きている。しかしそれ(自然)への通路を開くべき「鍵を自然は投げすてた」。そして「意識の部屋の中から割目を通して、外を、下を、一度見てみることができるだろうかと思い」、それから、人間がいわば「夢」の中で「一匹の虎の背」にぶら下っているのだと感づく「宿命的な好奇心こそ哀れなものだ。」人間が普遍妥当の、因襲的な、そして生命を保持する諸真理——それらは実は錯覚であり、人はそれらが錯覚だということを知らずにいる——を、すなわち、世界の比喩的な表明における存在の真の言表に対する極度の反対物を、確定するのは、人間が、人間にとっていつわりの上述の真理を補充するために世界を整えるのである。

ニーチェは、この分裂から真理の問題点にとって生ずる難点を次のように表わしている。——禁じられた真理は許された虚構によって包みかくされ、そして、禁じられた虚構は、許された真理がその領分とするところに現われる。禁じられた真理を承認しようとする個人は、自分自身を犠牲にするか——さもなければ世界を犠牲にしなければならない。『ツァラトゥストラ』を書いていたころの一つの草案には、そんなに尖鋭化されてはいないが、次のように書かれている——

「われわれはしばらく盲目であることを必要とし、いくつかの信仰箇条と誤謬は触れずにおかなければならない——それらがわれわれを生の中に保持する限り。われわれは、事が生に関する限り、真理と誤謬について良心をなくさなければならない——正に、われわれが生をそれから再び真理への奉仕に……使用せんがために。これがわれわれの干満であり、われわれの収縮と伸展のエネルギーである。[二七〇]」

誤謬、すなわち、真理への人間的な意志に内在する真理隠蔽の衝動は、認識者自身の生をもってのみ、実際に破棄されることができる。なぜならば、存在の「究極の」開顕は〔誤謬の〕「同化」に堪えないからである。そこで一八七〇・七一年の『エンペードクレス』断片[二七一]にすでに、エンペードクレスが知識の全段階を通じて駆り立てられたあげく、最後の段階を自分自身に逆らって立て、狂気となり、火口の中に消え失せる前に、再生の真理を告知する、と書かれている。ニーチェも、真理に対する自分の懐疑の同化に堪えられず、認識論的ニヒリズムの中から一つの出口——真理への意志と回避しがたい虚構とのあいだの不調和を解決するはずの出口——を探し求めた。かれは最後に、一切の事物の本性を解明する鍵を見出したと信じた。ツァラトゥストラが予言することは、一切の在るものの一致、ツァラトゥストラのたましい並びにそのディオニュソス的な世界をひとしく規定する存在の最高の一様式[二七二]における一致、である。しかし、人間がもし、真に世界の全体の中に入れられてあり、すべての自然必然的な存在と同種のものであるとしたなら、何ゆえに「存在の肯定《ヤー》」への同意に堪ええないのであろうか。ニーチェが「生」における自身の「知慧」に堪えられず、[二七三]真夜中ごろ、第一と第十二の「存在の鐘の音」のあいだに、生の方がそのすべての知慧よりも彼にとって好ましくなった時、そのため却って生をすてることを考えた、ということ——そのことは、自然的な生は知れる人間の現存在においては分裂している故に人間を宇宙に対して矛盾するものだとするニーチェの最初の構想の真なることを証している。ニーチェの最後の構想も同様である。単に「構想」としてすでにニーチェの世界は、人間に「人間たることを止める」[二七四]ことを教えるような「おそるべき沈黙」をもつものではなかった古代のコスモスから、測り知られぬほど遠く距たっている。

「道徳外の」意味、すなわち、コスモス的な意味、における真理と虚構の難点と一致して、『権力への意志』の後期の一草案は、ニヒリズム——それの自己克服が永遠回帰である——を、次のような二者選一によって言い表わしている——

「われわれが尊敬する世界と、われわれが生き、われわれ自身である世界との、対立が次第にぼやけて来る。残るのは、われわれの尊敬を廃棄するか、われわれ自身を廃棄するかである。後者はニヒリズムである。[二七五]」

われわれ自身である世界とわれわれが尊重する世界とのあいだのこのぼやけて来る対立の最後を、ニーチェは『偶像のたそがれ』の中で、かの「真の」世界とこの「見かけの」世界との対立[二七六]はツァラトゥストラの教説と共に終ったという信念において、「きわめて永かった誤謬の最後」という公式に表わした。

「いかにして《真の世界》がついに寓話となったか。一つの誤謬の歴史。

一、賢明な人・敬虔な人・有徳の人には到達されうる真の世界、――かれはそれの中に生きている。かれはそれである。(理念の最古の形式……《私、プラトン、は真理である》という文章の書き直し。)

二、今は到達せられないが、賢明な人・敬虔な人・有徳な人にとって(《懺悔をする罪びとにとって》)約束されている真の世界。(理念の進歩――それはより繊細な、より油断のならない、より把捉しがたいものになる……キリスト教的になる……)

三、到達せられない・証明されない・約束のできない、しかし考えられるものとしてすでに一つの慰め・義務・命令である真の世界。(要するに昔ながらの太陽だが、霧と懐疑を通して見られる。理念は崇高に、蒼白に、北欧的に、ケーニヒスベルク的になった。)

四、真の世界は――到達されえないのか? ともかく到達されていない。そして到達されていないものだから、知られてもいない。したがって慰めにも救いにもならず、義務づけるものでもない。知られていないものがわれわれに何の義務を負わせることができるだろうか?……(白んだ朝。理性の最初のあくび。実証主義の鶏鳴。)

五、《真の》世界――もはや何の役にも立たない、もはや義務づけさえしない一つの理念――一つの……余計なものとなった理念、したがって論駁された理念、それを廃棄しようではないか! (明るい昼間、……良識と明朗さの復帰、プラトンの赤面、すべての自由精神の跳梁。)

六、真の世界をわれわれは廃棄した。どんな世界が後に残ったか？　見かけの世界ではないだろうか？……とんでもない！　真の世界と共に見かけの世界をもわれわれは廃棄したのだ！（真昼、影のもっとも短い瞬間、きわめて永かった誤謬の最後、人類の頂点、INCIPIT ZARATHUSTRA.〈ツァラトゥストラ始まる〉）」

真の世界および見かけの世界のこの廃棄にもとづいて、今やわれわれ自身を廃棄することは、もはや必要ではない！　しかしそこから、形而上学的な背後世界の衰亡史におけるニーチェ自身の哲学的位置にとって、何が生ずるか。それは明らかに、ツァラトゥストラの最後の知慧は、それにとって寓話となった世界の最後に再びそれ（世界）の始まりの前に立っている、じじつ、ツァラトゥストラの比喩が真実であり「人間の真昼」が同時に「大地の真昼」であるとすれば、かれ自身がまた世界であるからだ、ということである。[二七七] 最後の節でわずかに暗示されただけの続篇は、詳述されたら、次のようになったにちがいない。――私、ニーチェ－ツァラトゥストラは世界の真理である、じじつ、私がはじめて、きわめて永かった誤謬の全歴史をとびこえて、プラトン以前の世界を再発見したのである。私は、永遠に回帰するこの世界、私にとってもはや疎外されていない世界、一つで私のエゴーでありファートゥムであるこの世界以外にはまったく何物をも意欲しない。じじつ私は、おのれ自身を意欲する世界の大きな環の中の一つの環として、永遠にくりかえして私自身を意欲する。[二七八]

世界の大きな環の中の一つの「環」としての人間という語は、ニーチェ自身の思想的説明の試みにおいてすでにばらばらに崩れたものを、一つのものに作り上げる。互いにかけはなれたところにあるいくつかのスケッチでは、人間と世界の関係の未解決の問題性が、更に明瞭になる。あるスケッチによると、[二七九] 世界の「主体性」は人間化されたものではなくて、「世界から考えられた」ものである。人間はその最高のものと最低のものにおいて自然的世界の本質に属しているが、われわれは世界に至る通路をただわれわれ自身を通じてのみ有している。この人間的通路は、けれども、世界を人間化せず、世界に対するわれわれ自身の態度が世界化されることに対して眼を開いてくれる。そのわれわれ自身の態度はつねに世界を形成し創造する性質のものであるが、それは「創造することは世界自体の手離しえない恒常な属性に属する」[280]からである。別な言い方をするならば、「われわれは神の夢に出て来る人物で、神がどんな夢を見るかを言いあてる」となるが――この比喩と同じ意味の「われわれが事物を見るのは、われわれの遠近法によるのではない。しかしそれは、われわれの性質によるある存在の――より大きなある存在の――遠近法である。それ（その存在）の有する形象をわれわれはのぞきこむのである。[281]」という文章がある。人間を世界の本質から理解するこの世界中心の見方――その世界はそれ自身すでに創造的なのだから、いかなる神をも必要としない――と矛盾して、別なところでは逆に、哲学者は世界の真理を求めるのではなくて、それの「人間への変容」、「人間としての世界」を求めるのだ、とある。[282] この視線転回は宇宙的エゴーから人間化された世界を作るが、それに対応するのは、ツァラトゥストラの天と地と世界を「かれの」天、「かれの」地、「かれの」世界として強調し――あたかも世界が人間の創造的意志に属するのであって、人間がその意欲能力をふくめて世界に属するのではないかのようにいう――ことである。「人間としての」世界という思想は、ぎりぎりの最後まで考えられ、『ツァラトゥストラ』の時期の覚え書に次のように書かれてある。――「われわれは人間的なものをもって自然を滲透し、それを神的な見せかけから救い出そうと思う。われわれは、人間を超越して夢みるために、われわれの必要とするものを、それ（自然）の中から取ろうと思う。――嵐や山脈や大海よりも偉大な何ものかが――しかし人間の子として！――まだ生ずべきである。[283]」自然の世界に対する本源的かつ自然的関係にとって、コスモスの自然的諸力を反キリスト教的な「人間の子」――それは権力と自己超克への自分の意志を世界の全体の中へ移して、世界に対して自己を主張しようとする――によって凌駕しようとする右のような意欲より疎隔されたものがありうるだろうか。この疎隔から生ずるのが、ツァラトゥストラの「嵐のように否《ナイン》を言い、うちひらけた大空が諾《ヤー》を言うように諾《ヤー》を言おう」とするあこがれ、二十二歳のニーチェがゲルスドルフ(C. von Gersdorff)にあてたある手紙(一八六六年四月七日付)がすでに表明しているような、自然への憧憬であり逃亡である。大空の世界はしかし諾も否も言わない。それは人間に沈黙の言葉でしか語らない。

　古い自然的な世界の再婚約というニーチェの極端な試みは、挫折の宣告を受けていた。それは、その試みが十九世紀には、コペルニクス以後の世界を手段にして近代性の先端においてでなければ、企てられえなかったからである。世界の全体における地球の偏心とともに、そのことによってかえって不断に広まり遠ざかって行く世界を支配し解釈しようとする人間的意志の過度の緊張が生ずる。そして、自然的に秩序づけられ、「無」によってのみ「囲まれて」いた古い世界とはもはや一致しがたいような新しい発見が日に日にもたらされるとすれば、人間はどうして、なおも大地に「近く、忠実に、信頼し」[二八四]つづけ、天界の「紺碧の鐘」(蒼穹)の下で「永遠の安全さ」の中にいるものと信じることができようか。人間が事実上「精神の航空者」[二八五]となり「地球の支配者」となって以来、人間の人間性喪失と、可視的世界の物理的世界構造(それはもちろん数学的には考察しうるが、その中で生活することはできない)への無節制な超脱が行なわれている。ニーチェも未試験のものの中へ発見旅行を行なうにさいして、「この強大な欲望はわれわれをどこへ拉し去るのか」という不安な問を自分自身に発し、『曙光』は、最後に――『ツァラトゥストラ』の風景の中で――一つの「至福の島」を発見しようとして「無限性に打ち上げて難破する」のが自分の宿命でもあるのだろうか、という疑問で結ばれている。[二八六] その〔至福の〕島だけがまだあの古い地中海的な世界――これを発見するためには、かの新コロンブスは「十分に単純でも静かでもな」かった[二八七]

――を代表している。

永遠回帰の比喩の二重の表現における分裂は、「正午」の象徴に圧縮されている。「正午と永遠」は、世界が完全なものとして示される時間の静止を表わすのみならず、また、そしてなかんずく、一定の時期の人間が、かれが将来もなお自分自身を意欲するか否かを決断すべき分かれめの「中間」を表わす。正午とは、太陽が――認識の太陽も――もっとも高い位置にある時間であり、同時にまた、極端な困窮と危険の意味における「最高の時」でもある。人が正午の比喩を一旦言葉どおりに取って篤と考えてみると早速その比喩がおちいるその矛盾を取り除くことは、どんなに融通自在な「対応」の弁証法をもってしても不可能である。

『ツァラトゥストラ』の序説は、第一の説話が一つの「発端」にして同時に「みずからの中から回転する車輪」と呼んでいるかの最後の「変化」の前提のもとに始まる。しかし、「最初の運動」がいかなる決定からも起こるものではなくて、始めも終りもない一つの回転――その中ではすでに一切が永遠に決定されているような回転――であるとするならば、どのようにして一つの発端が始まりうるというのであろうか。自家撞着を含んだこの運動形式の担い手は「小児」であり、その創造的な「活動」は一種の「遊戯」である。ツァラトゥストラの心がついに変化しおえてからは、かれは小児になったのだから、「覚醒者」である。変化して目覚めた者として、かれは曙光の時に太陽の前に歩み出て、「汝、おおいなる天体よ！　汝がもし照らすべき者をもたなかったなら、汝の幸福は何であろうか！」と言う。太陽へのこの子供らしからぬ呼びかけは、『ツァラトゥストラ』全体の最後の説話の冒頭で、ツァラトゥストラが今やみずから「旭日のごとく灼熱し強力」になってかれの洞窟の中から出て来るところで、くりかえされる。かれの意志も「仮借なき太陽の意志」と呼ばれる。なぜならば、自分自身を克服し超越する人間の必然的な意志は、夕刻における太陽とひとしく、翌朝の新たな始まりのためにみずからの下降を欲するからである。太陽が最も高い位置にある時に必ず再来して、最高の遍在の時となる正午は、ツァラトゥストラの最後の言葉の中で未来のものの「しるし」として、「かれの朝」として、呼び出される。この子供らしい超人ツァラトゥストラは、かのおおいなる天体からその過剰を取り上げて、その代りにその天体を祝福する。しかしそれから数行さきで、かれは逆に、かれが人々に贈ろうとする自分自身の過剰に関して、[288] 太陽にむかって「それでは私を祝福せよ！」と語る。ここでは誰が誰を祝福するのか。そしてその過剰は元来誰に属するのか。明らかに両者に、すなわち天界の永遠の原型たる太陽と、超人ならびに「おおいなる」正午の教師として正午ごろに永遠の回帰を欲するツァラトゥストラとの両者にである。ツァラトゥストラは、「存在の最高の天体」たる太陽をみずから祝福しえんがために、太陽から祝福されることをもちろん必要とする。しかしこの相互的関係は、何と言っても、みずから太陽にひとしいと思うツァラトゥストラ、祝福を分かち与えるツァラトゥストラにおいて始まる。

　あるいは、ツァラトゥストラの贈与意欲、その意志と過剰は、正午に自然神パンにおいて現われる自然のままの生命の、かのいわゆる自己意欲と自己贈与の反照にすぎないのか。あるいは、「地球の正午」と「人間の正午」[289]、天界と超人、正午の太陽と太陽の意志、天の光とツァラトゥストラの火という言葉どおりの対応は、単に仮構の比喩、すなわち「詩人の詐取」にすぎないのか。ツァラトゥストラの比喩的説話を注意して読む者は、人間的な意欲として未来に思いをはせる自身の意欲の要求が世界の投げやりな協和に対して徹頭徹尾優位を占めているという印象を、拒むことはできないであろう。ニーチェ－ツァラトゥストラは、自分が世界を失ったことを、もちろん知っている。しかしかれは、かれがそれを「かれの」世界として創造し、一切のそれ自体のものを一つの「私自身のもの」に作り直すことによってのみ、世界を再び獲得することができる。[290] この自己意志の圏内からニーチューツァラトゥストラは稀な瞬間に一時的に抜け出すにすぎない。ゲーテは、人間の目がそれ自身すでに太陽的なものでなかったなら太陽を見ることはできないだろう、と考えたが、ツァラトゥストラにとっては、太陽とは、もしそれが照らすべき人々をもたなかったなら自分の「幸福」も無にひとしいと思うような一種の目である。

　正午は、それが初めて話題にのぼるところでは、単に似た響きによって大いなるパンの時刻なのであって、そのさしせまった意味から言えば、「死によって」囲まれた生の、分かれ目の「中間」である。[二九一]もちろん放浪者には、大いなるパンが隠された林中の草地で眠っており、自然の万物が永遠性の表情をおもてに浮かべているのが見える。しかし——それはかれにただそう「思われる」だけなのだ。もちろんかれはこの永遠の瞬間に何物をも欲しないし、かれの欲求し休息を求める心は静止してはいるが、それは、かれが完全な世界の自然的な息吹きを感取するからではなくて、かれに「死が油断のない目で」さわるからである。かれは自分が幸福だと感じる。しかしそれは「重い」幸福である。かれの幸福は総体的な生への潜入と休息の自然的な果実ではなくて、自己を完全には決して忘れきることのできない生存——それの目はパンのまひる時にもなお睡眠中のように閉じられず、目ざめて開かれているような生存——の「休息欲」のいつわりの結果である。一つの目標に向かう途上にある影めいた放浪者は、自然の全生命に一瞬たりとも生きたままでは無条件で身を委ねることができない。パンの時刻を元来特徴づけている[二九二]気分、何の動きもない静けさと焼きつける正午の灼熱と死にひとしい眠りと神的ならびに悪魔的な諸力の包囲とによって規定されているその気分は、油断のない目をした死と「光の網」の中にあみこまれた感じの支配している気分に、変化する。ニーチェの正午の描写は、それゆえ、つねに両義的である。すなわち、パン的な気分は、正午の時刻は「決定」の時であるというまったく非異教的な、非自然的な観念にたえず交叉され妨害される。「魔法にでもかかったように、昔ながらの言葉と形象が、まったく新しいもの、まったく別なものになってしまった——まるで白昼ベンガルの火（一種の信号花火）がつけられたようだ。一切が灰色になる。一切が没落と死の前にあるように見える。熱と色彩が消え失せる。終末の影が地上をはいまわる。不安がわれわれの心臓に忍び入る。[二九三]」

『ツァラトゥストラ』では、「放浪者とその影」の中で暗示された問題性が更に明らかになる。『新約聖書』の用語の終末論的な荘重さは古代的回想を顚倒する。初めてくわしく「正午」に言及するのは、第一部の最後の説話の末段である。新約聖書的なおとずれは、ニーチェの「第五福音書」においては、個々の点にいたるまでパロディーの形で現われている。[二九四]師とその弟子たちの訣別が語られる。訣別には再来の約束がなければならない。ツァラトゥストラが三たびその弟子たちのもとにあるとすれば、それは「大いなる」正午の祝祭の時——終末論的な出来事である。パンの時刻には何事がおのずから幾度でもくりかえして起こるかが明らかになるのに、反キリスト者ツァラトゥストラの正午とともに、まったく新しい最終決定的な事が始まる。正午とは、神々と悪魔たちが世界の植物的ならびに動物的生活の中にみずからを啓示する時間ではなくて、歩んで通るべき道の中間である。正午とは、動物と超人——すべての神々がすでに死んでしまった時に初めて登場する超人——とのあいだの「軌道の中間」である。正午に啓示されるものは、自然神パンの世界ではなくて、人間の自己救済への「最高の期待」であり「最後の意志」である。ツァラトゥストラは、向こうへ渡って行く者になるために、最後の目標への移行において、下降し自分自身を祝福しなければならない。このしきりに言われる「降って行く」ことと「向こうへ渡って行く」ことは、世界が完全になり時間が静止するような、そのような正午の経験と、きわめて深いところで矛盾する。一つの危機の頂点として分かれ目の中間になる正午の告知は、一つの課題の未来の中から規定される来たるべきものの期待のうちに行なわれる。来たるべきおおいなる正午において、人間が最低の人間へと下って行こうとするか、あるいは超人へと上って行こうとするかが、決定されることになる。ニーチェの正午と永遠回帰の叙述において、はからずも一つの変化が行なわれる。すなわち、元来いくどでもくりかえして来るものが一度だけ永遠に決定的たるべきものになるのである。同様に、「瞬間」も永遠であるのは、瞬間の中に常住のものが示されるからではなくて、瞬間が決定的な瞬間として、未来にあるであろうものを前もって規定するからである。

聖書的な終末論の言語は、「矮小にする徳」と「通過」の説話の最後をも規定する。ツァラトゥストラの正午は、個々の生存が自然の総体的生に戻って沈む正午よりは、予言者や使徒たちの審判の日にひとしい。「古代人の目で見ると、《おおいなる正午》は極端な冒瀆である」というシュレヒタ(K. Schlechta)の言は非常に正しい。『ツァラトゥストラはこう言った』の大いなる正午は超人の時刻であり、永遠回帰は超人の教説である。このように正午の経験を超人の教説と超人の永遠回帰意欲に結びつけることによって、正午の自然的な意義は「新らしいあした」への移行に解消し、元来異教的に敬虔だったものは、一種の反キリスト教的な意味を受け取り、それが不合理にも今度は古い回帰思想そのものをも規定する。ツァラトゥストラは、この太陽とこの大地とともに、再び来るのだが——新しい、あるいは、よりよい生にではなくて、そっくり同じ生に帰るのである。[二九五] 分かれ目の中間は常に起こるのではなくて、「未来への意志」が生ずる「そのつどに」再び起こるのだと、『ツァラトゥストラ』のための備忘遺稿に書いてある。回帰するものは、すなわち、常に新たに意欲されるべき決定、人間の未来の本質にかかわる決定である。ツァラトゥストラは「まったく正午への意志」であり、かれの天界と大地と大地の正午に関する説話は、かれの関心が直接に自然的世界にあるのでなくて今日の人間たることを克服するにあるのだということを、欺きおおせない。朗かなおとずれをもたらす者としてもかれは、最後に、そして最後に、一つの危機に思いをはせる批判者としてとどまる。『ツァラトゥストラはこう言った』の「世界」は、いかなる説得力も欠けた「踊り」と「笑い」をもつ一人の救済者的人物の影の世界である。ただツァラトゥストラの放浪にだけ、ニーチェの人間的な現実が対応する。

『道徳の系譜』の第二論文の最後から二番目のアフォリズムでは、正午の問題的な意味が更に鋭どく表現される。「おおいなる正午」はここでは直ちに、キリスト教的な理想とそのニヒリスティックな諸結果から救済すべき「未来の人間」による「おおいなる決定」と同一のものである。[二九六] 救済者たる未来の人間は反キリスト者かつ反ニヒリストとして、人間の住みかたる大地にその「目標」を、そして人間にその「最高の期待」を返し与えるはずである。計画された『ツァラトゥストラ』の標題「正午と永遠」は、ここでは「新しい生き方の設計」という副題から規定される。すなわち、正午には常住のもの、永遠のものが啓示されるのではなくて、永遠回帰を意欲しうるのに十分の強さをもつ新しい生き方が正午に決定されるのである。ツァラトゥストラは、してみると、二様の教え方をする。救済者たる未来の人間としては一つの新しい生存様式を告知し、等しいものの永遠回帰の教師としては「人間と時間の彼岸で」世界の総体的な生の最高の法則を教える。しかし正午は、一種の分かれ目の中間として、常住するものの常に回帰する時間ではなくて、従来の歴史が未来の歴史から分離する決定の時刻である。永遠回帰の教説は、自然的世界の一解釈であり、同時に「歴史の転向点」でなければならない。

『時代はずれの考察』中のヴァーグネル論について『見よ、この人なり』に後で書いた自己解釈の中で、正午の思想は明確に世界‐歴史的に解釈され、未来へ移されている。ヴァーグネルのライヴァルかつ相続者としてニーチェは、「バイロイトの思想」を、いつか自分の弟子たちが祝祭のために集まるであろう「おおいなる正午」の思想に変じたつもりである。同じくかれは『曙光』を回顧して、「人類の最高の自己省察の瞬間、人類が回想し展望するおおいなる正午を準備すること」を、自分の課題だと呼んでいる。準備されるべき世界史的な課題たる正午は、しかし、後をも前をも見ず瞑想し観照する人間に、つねに等しい完全さを保っている自然的な世界が与えられるような、そのような正午と同一のものではありえない。『ツァラトゥストラ』における「観者」(予言者)と「意欲者」とは見かけの上で同一人であるにすぎない。『見よ、この人なり』の著者が二箇に——ニーチェ以前のものとニーチェ以後のものに——粉砕しようとする[二九七]「世界」は、その内部では世界史が消滅しそうなものになるような遍在的な自然的な世界ではなくて、人間史的な当代の世界であり、それの時間は太陽の回帰によってではなくキリストにおける神の啓示という一度限りの出来事によって測られるが、それの代りに今やニーチェの反キリスト的な紀元が『見よ、この人なり』に始まって現われるのである。

最後の第四部の中ほどの特に「正午」と題されたツァラトゥストラの説話で、一度だけ、[二九八]「異常な陶酔」の説得的な調子が、ツァラトゥストラの灰色であると同時に過度に照明された風景の中に流れこむ。そして、人間がもう何ごとも欲せず、「かれのたましいが手足を伸ばし」て静かになって沈黙の声を聴きとるほどになると、世界は再び、太古からのように、「目標のない時間」の中で、聞こえて来るようになる。ここではパンの正午は、それによって未来の人間が反キリスト教的に従来の人間から分離するという厄介な決定の分かれ目の中間ではなくて、人間の現存在がかかわりあう正午の生起そのものである。

しかし、ここでもツァラトゥストラの「たましい」は何のために、かれ自身に逆らって、すなわち、依然として意欲し、午睡を中断して、「目覚め通し」、静止する代りに歩きつづけようとするかれの「自我」に逆らって、言うのか。そして何のために正午は正午の深淵や夜半でもあるのか[二九九]。最高の中間のこの二重の表示は、完全な正午の時刻にも、目標を失った現存在のニヒリズムの深淵がみずからを克服しようとする危機的な時間が共存することを指示するのではないか。もちろんパンのコスモス的な時刻も深淵めいたものであり、無気味な諸力に脅やかされてはいるが、神話的な正午の深淵めいたところは、ニーチェが困窮と孤独――それを分かちあう唯一の伴侶としてかれはツァラトゥストラを創造した――からの救済の時、その最高の時たるかれの「生の正午」に、かれが感じるあの底なしの深淵ではない[三〇〇]。ツァラトゥストラが超人と同時に永遠回帰を教える正午の体験は、ニーチェを、等しく絶望的な生の永遠回帰の希求にみちびかず、それはかれをして死による救済をあこがれしめる。正午の太陽はツァラトゥストラ自身の生の中心を、心臓を、刺す。そしてかれは、そのような幸福の後では――自分の心臓が破れることを願う。この「幸福」がどんなにいかがわしいものであるかは魔法使いの詩に洩らされている。その魔法使いの「最後の」幸福はやはり、未知の刑吏たる神に心臓を刺されるとき心臓が破れるということにあるのである。正午の時刻のあがなわれた明朗さは、そこから死の「もっとも内密な前味」であることが明らかになる。太陽の上昇が多くの意味をもった下降を暗示すると同じく、太陽の最高の位置の時刻の外見上完全な正午も、「太陽が沈む」時にはじめて完成される。同名の詩において、正午の説話の「異常な陶酔」も、その最後の説明を見出す。

1

もう永く渇することはないのだ、
　灼き焦がされた心臓よ！
約束が今にも実現されそうだ、

見知らぬ幾つもの口から私に吹きかけられる、
——すばらしい涼しさが来る……
私の太陽は私の頭上に、正午に位していた。
ようこそ来られた、
突然の風たちよ、
涼しい午後の精たちよ！
微風はよそよそしく清らかに漂よう。
夜が私に向かって
誘惑者のながし目を
送るのではないか？……
しっかりせよ、私の勇敢な心臓よ！
何故と、たずねるな——

2

私の生の日よ！
太陽は沈む。
滑らかな潮はすでに

金色になっている。
温かく岩は息づく。
　幸福がその上で
正午の眠りを眠ったのだろうか？
　緑の光の中に
褐色の深淵はなおも幸福を吹き送る。

私の生の日よ！
次第に夕方になる！
すでにお前の目は
　半ば光を失う。
すでにお前の露の
　涙のしずくが湧き出る。
すでに白い大海の上を静かに
お前の愛の緋色、
お前の最後のたゆとう至福が走って行く……

3

明朗さ、金色の明朗さよ、来い！
　お前、死の
もっとも内密な、もっとも甘美な前味よ！
――私は私の道を早く走りすぎたのか？
足が疲れた今となってようやく、
　お前のまなざしが、なお私に追いつく、
　お前の幸福が、なお私に追いつく。

まわりにはただ戯れと波。
　かつて重かったものは
青い忘却の中に沈み――
私の小舟は今はものうく浮かんでいる。
嵐と航海――それを忘れてしまったのだ！
　願望と期待は溺れ死に、
　たましいと海が滑らかに横たわっている。

第七の孤独！
私は快い確かさをこんなに切実に、

太陽のまなざしをこんなに温かく
　感じたことは一度もなかった。
──私の山頂の氷はまだ灼熱しているのではないか？
　銀色に軽く、一疋の魚となって、
　　今や私の小舟は泳ぎ出る……

今、その生涯の日が終りに来た夕方になって初めてニーチェは、ツァラトゥストラに──聖書の天地創造の物語をしのばせて──第七日の「夕方」として現われたもの(それがかれ自身にも不可解なことに「まさに正午に」現われたのは、かれはどんな明るい時刻にもすでに夜につつまれていたからである)それを「第七の孤独」として経験した。正午に関してしばしばくりかえされた不安な問、「一体私に何が起こるのか」という問は、落日とともに、解決し救済する狂気への移行によって答えられる。それだけが、「最後の意志」でも「最高の自己省察」でもなく、ただそれだけが、ニーチェを、自分がヨーロッパ、いな、「人類」の運命を決定することができ、そして決定しなければならないのだという妄想から、解放したのである。

第四章　近代性の尖端における古代の反キリスト教的反復

「古い起原を悟るに至った者は……最後に未来の源泉を、そして新しい起原を探究するであろう。」

ニーチェの予言が単なる「詩人の詐取」であり、それの起原が個人的体験以上の何物でもないとしたなら、それは内なる体系だった叙述も西洋哲学の全体における歴史的な一地位をもたなかったであろう。この地位は『見よ、この人なり』の結びの「人々は私を理解したろうか？　十字架にかけられた者に対抗するディオニュソス」という文句によって、簡単に、そして明瞭すぎるくらい明瞭に、あらわされる。しかしニーチェがキリストに対抗するのは、苦難を免れようとするからではなくて、苦難を別な、ディオニュソス的な仕方で欲するからである。ディオニュソス－ザグレウス（Zagreus はディオニュソスの添名）の弟子としてのみかれは、反対の仕方で苦難と死の克服を欲するキリストの敵対者である。一切の価値の顚倒もまた、この意味において理解されなければならない。『権力への意志』の草案の結びにもなっているツァラトゥストラの永遠回帰の教説は、キリスト教的な神の死から極端な結論を引き出すものだから、すでに従来の一切の、キリスト教的な価値の顚倒である。それを顧慮してニーチェは『見よ、この人なり』では自分がヨーロッパの運命だと心得ている。

「私は自分の運命を知っている。地上にかつて存在したことのないような危機、もっとも深い良心の衝突、これまで信仰され要求され神聖視されていた一切のものに逆らって喚び出された決定への回想が……いつかは私の名前に結びつけられるであろう。私は人間ではない。私はダイナマイトだ。——そして、それにもかかわらず私の中には教祖らしきものが微塵もない。……私は《信者》を欲しない。私が思うに、私は私自身を信ずるためにはあまりにも意地わるだ。私は決して大衆に話しかけることはない。……私は人々が他日私を聖別することに恐ろしい不安をもっている。……私は聖者たることを欲しない。むしろ道化になりたい。……そして、それにもかかわらず、否むしろ、それであるから——じっさい、これまで聖者より偽りなものはなかった——私の口からは真理が語られる。——しかし私の真理は恐るべきものだ。じっさい、人々はこれまで虚構を真理と名づけていた。——一切の価値の顚倒、それが人類の最高の自己省察の行為、私の中で肉となり精神となっているその行為を表わす私の方式である。私の運命は、私が最初のまともな人間でなければならないことを、私が自分が幾千年来の偽りに対立しているのを知ることを、欲する。……私は、初めて虚構を虚構と感じたことによって、初めて真理を発見した。……私は、かつて抗言されたことがないほど、抗言する。そして、それにもかかわらず私は否定する精神の反対者だ。……私以後ようやく希望がふたたび存在する。それにもかかわらず私は必然的に禍の人間でもある。じっさい、真理が幾千年来の虚構と戦争を始めるならば、われわれは……今まで一度も夢みられたこともないような震撼を、地震の痙攣をもつであろう。政治の概念はその時まったく精神の戦争と化し、古い社会の権力組織はすべて空中に爆破されている。——それらはすべて虚構にもとづいているものだ。これまで地上に存在したことのないような戦争が行なわれるであろう。私以後ようやく地上にはおおいなる政治が存在する。[二]」

ニーチェの口からどのような真理が語られるか、ここでは詳しく述べられない。それのもっとも近い名は、残された無であり、われわれの従来の道徳全体——神のないそれのキリスト教的性格はもはや何の是認をもえられない——の最高の価値の無価値である。しかしながら、さしあたりキリスト教的道徳の「反自然」たることの「発見」は、たましいの未開地の積極的な発見ではなく、従来の一切の評価が破滅する「真の破局」である。

「それを解明する者は不可抗力であり、運命である。——その者は人類の歴史を二箇に分ける。人々はかれの前に生き、人々はかれの後に生きる。……真理の稲妻はまさしく、従来もっとも高く位していたものに中たった。そこで何が破壊されたかを理解する者は、自分がおよそまだ何かを手中に持っているのかと、見やるかも知れない。これまで《真理》と称していた一切は、……もっとも攪乱的な形式の虚構として認識されている。……道徳を発見する者は、人々が信じている価値、あるいは信じていた価値のすべてが無価値なることをも共に発見したのである。かれはもっとも尊敬された型、聖なるものとさえきめられた型の人間に、もはや尊敬すべき何物をも認めない。かれはそれをもっとも禍なる種類の不具者と見る。禍だというのは、かれらは人心を惑わしたからである。……生への対立概念として考え出された《神》の概念——それにおいて……生に対する不倶戴天の敵意が恐るべき統一を与えられる。[三]」

しかし、それまで信じられていた一切に対抗するニーチェの決定が、従来のヨーロッパの人類の歴史を二箇に破砕する爆薬であるとすれば、かれはかれの後に来る歴史を先取して、「幾千年のかなたに達する声をもって」、かれの前に存在した歴史のうしろへ手を伸ばすのである。[四]それ故にかれは『偶像のたそがれ』において明確に自分の教説を、自分が「古人に負うているもの」[五]に帰すべきものとしている。その教説と同時にかれは古代の「悲劇的志操」を反復しているが、それを哲学的パトスへ「置換」し更新することが、すでに『悲劇の誕生』と『ギリシャ人の悲劇的時代の哲学』の主題であった。このような古い世界への後退によってニーチェは、近代的人間——それは「出ることも入ることも知らず途方にくれているもののすべて、」すなわち、無価値になったキリスト教から抜け出すことも、もっとも古い存在の新しい世界へはいることもできない近代人——に対立して、「幾千年来の迷路から」の抜け道を見いだしたものと信じた。「生の新しい可能性」——それに初めて言及するのはソクラテス以前の哲学の研究である——は、私には、永遠回帰の教説と共に、新しい生き方の構想として、ついに真に可能なものと証明されたように思われる。この点からニーチェは後に自分を先駆者として理解している。

「……百年先へ視線を投げて、二千年の反自然に対する私の暗殺計画が……成功すると仮定しよう。生のかの新党派が……かの生の過剰を地上において再び可能にし、そこからディオニュソス的状態も再び生ぜずにはいない。私は悲劇的時代を約束する。人類がもっとも苛酷な、しかももっとも必然的な戦争の意識を、それに苦しむことなしに、経験しおえているならば、生に対する肯定における最高の芸術、悲劇が再生するであろう。[六]」

古代の復興は、しかしながら、ニーチェがヴァーグネルと結びつけ、またヴァーグネルから引き離した近代性の尖端において行なわれる。

「そして、現代の思想のもっとも高いもっとも危険な頂上によじ上り、そこから見まわしたわれわれ、そこから見下ろしたわれわれ、精神の冒険家たるわれわれは、かえってそこ〔古代〕に帰るのではないか？　われわれは正にその点で——ギリシャ人ではないか？[七]」

この動向、キリスト教の成立以前にまで立ち帰ることによってキリスト教を超えたところまで及ぶ動向の、歴史的な意味の理解のために、ニーチェは『見よ、この人なり』の中で『時代はずれの考察』中の「ヴァーグネル論」のある個所を指示している。それは他のどんな個所にもまして、かれの将来の教説の世界史的な意味を前もって説明するものである。

「ギリシャ人以来の文化の発展の歴史は、人が実際に経て来た本来の道を顧慮するならば、十分に短いものである。……世界のギリシャ化ならびに、それを可能にするために、ギリシャ的なものの東邦化――アレキサンダー大王のこの二重の課題――は、依然として最後の大事件である。異国の文化がおよそ移されうるものであるか否かという古くからの問題は、依然として近代人も骨を折る問題である。かの二つの因子のリズミカルな相互作用は、今日までの歴史の歩みを特に規定したものである。そこで例えば、人間によって極端に徹底的に考え抜かれ取り扱われた東邦的古代の一片としてキリスト教が現われる。……これまで十分に東邦化されている地上は、再びギリシャ化をあこがれる。……そこで今度は、寄せ集め結びつけ、どんなに離れた糸にも手が届いて、織物が吹き散らされるのを防ぐもっとも強大な力をもつ一連の反アレキサンダーが必要となった。アレキサンダーがしたように、ギリシャ文化というゴルディアスの結び目を解いてその端が世界のあらゆる方角へひらひら飛んで行くようにすることではなく、それが解けていた後で結ぶこと――今はそれが課題である。ヴァーグネルにおいて私は一人のかような反アレキサンダーを認識する。かれは、離れ離れで弱く緊りのなかったものを、呪縛し連結する。かれは、医学用語が許されるならば、収斂する力をもっている。その限りでは、かれはまったく偉大な文化上の権力者に属する。かれはもろもろの芸術、もろもろの宗教、種々の民族史を支配する。そして、それでいて、……単に運び集めて整頓するだけの精神とは相反するものである。じっさい、かれは集めたものをまとめ上げ、それにたましいを吹きこむ人であり、世界を単純化する人である。[八]」

そのような単純化された世界は一つの環――ニーベルンゲンだけではなく、永遠回帰の環でもある。[九] この世界‐史的な環の全体において、人間という「断片」は補なわれる――すでに在ったものへ帰ろうとすることで、これから在りうるものへ出て行こうとする意志によって。この意志においてニーチェは自分がドイツ哲学の根本意図と一致していることを知っていた。

「ドイツ哲学は全体として……これまで存在したもっとも徹底的な種類のロマン主義と郷愁、かつて在った最良のものへの希求である。人はもうどこへ行っても故郷に在る気がしない。人は最後に、どうにかして故郷に在る気持になりうるところへ帰ることを願う。そこで一人で故郷に在る気になってみたいからである。そしてそれがギリシャ的世界だ！　しかし正にそこへ行く橋がすべて壊れている――概念の虹を除いては！　そしてそれら(概念の虹)は到るところへ――ギリシャ人のたましいにとって存在したすべての故郷と《祖国》へ――通じている。もちろん、これらの橋の上を歩むためには、非常に上品で非常に軽く非常に細くなければならない！　しかしこの霊的なこと、いな、ほとんど幽霊的なことへの意志の中に、すでに何という幸福があることか！　それによって人は《圧迫と衝撃》から、自然科学の機械的な無作法から、《近代的理念》の市場的喧騒から、何と遠ざかることか！　人々は教父を通してギリシャ人へ、北国から出て南国へ、形式から抜けて形態へ、帰ろうと欲する。人は古代の終りを、キリスト教を、まだ古代への通路のように、古い世界そのもののかなりの部分のように、古代的概念と古代的価値判断のきらめくモザイクのように享受する。スコラ的抽象概念のロココ、アラベスク、渦巻模様――これらは北欧の百姓や俗衆の現実よりは依然としてましである。つまりそれより上品で細いのだ。ヨーロッパの北部において精神上の趣味の支配者となり、偉大な《非精神的人間》ルッテルを首領とした農民戦争と暴民一揆に対する、依然としていくらか高い精神性の抗議である。この点でドイツ哲学は一片の反宗教改革であり、更にルネッサンスでさえあり、少なくともルネッサンスへの意志であり、古代の発見、古代哲学の、なかんずくすべてのギリシャ神殿のうちでもっともよく埋没していたソクラテス以前の哲学の発掘の継続への意志である！　おそらく数世紀後の人々は、すべてのドイツ哲学の真の価値は、古代の地盤を一歩一歩と再獲得したことに存すると判断し、断ち切られたように見えていたきずな、これまで最高の性質をもった型の《人間》たるギリシャ人と結ぶきずなを、新たに結び直したというドイツ人のより高い要求に比べると、《独創性》への要求などはすべてこせこせした滑稽なものにひびくと、判断するにちがいない。われわれは今日、ギリシャ精神が……考え出した世界解釈のすべての原理的形式に再び接近する。——われわれは日ましによりギリシャ的になる。初めは、当然のことながら、概念と評価において、いわばギリシャ好みの亡霊として、しかしいつかは、望むらくは、更にわれわれの肉体をもって！　ここにドイツ的本質に対する私の期待が存する（そして以前から存していた）[一〇]。」

しかしギリシャ好みの亡霊と言えば、ニーチェの形而上学もそうである。それはかれにあっては肉体的基礎をもっていないからである。それゆえ古代を取り返そうとするかれの試みの失敗がもっとも明瞭に示されるのは、かれ自身がディオニュソス的秘儀の決して「仮説的」ではなかった背景に言及し、それの基礎が性的な生殖意志——それによって生が肉体をもって回帰する——にあるものとして引き合いに出す個所である。

「ギリシャ人はこの秘儀をもってみずからに何を保証したのか。永遠の生、生の永遠回帰、過去において約束され神聖にされた未来、死と変化を超えて生に対する勝ち誇れる肯定《ヤー》、生殖による、性の秘儀による全体的な生の継続としての真の生。それゆえギリシャ人にとって性的象徴は、尊敬すべき象徴そのものであり、古代的敬神全体の中で真の深い意味である。生殖の行為、妊娠、出産における個々の事柄はすべて、もっとも高い、もっとも荘厳な感情を呼び覚ました。秘教においては苦痛は神聖なものとされている。《妊婦の陣痛》は苦痛一般を神聖にする。——すべての生成と生長、すべての未来を保証するものは苦痛を前提とする。……創造の永遠の喜びが存在せんがため、生への意志がみずからを永遠に肯定せんがため、《妊婦の苦しみ》

も永遠に存在しなければならない。ディオニュソスという語はこれらすべてのことを意味する。私はこのギリシャ的象徴、ディオニュソス祭の象徴よりも高いいかなる象徴をも知らない。そこでは生のもっとも深い本能、生の未来への本能、生の永遠性への本能——生への道そのもの、生殖が、神聖な道として——宗教的に感じられている。……生に対する怨みを基礎にもつキリスト教が初めて、性を不純なものと考えた。キリスト教は生の起原に、生の前提に、汚物を投げつけた……」[二]

「この」生の永遠回帰のための自然的基礎は、ニーチェの哲学にも、かれ自身の非肉体的な生存にも、ひどく欠けている。その生存は「自然の自己弁明および神聖化された形式」とはおよそ違ったものであった。[二三]

しかし、ゲーテやヴィンケルマンのギリシャ人の秘密に対する関係さえ「許されていないもの、ほとんど不遜なもの」をもっていたとすれば、ギリシャ的な「現世肯定と実在の神聖化」を再び肉体化するためには何がなされるか。ニーチェの答は次のとおりである——

「待つことと用意をすること。新しい泉が湧き出すのを待つこと。孤独の中にいて見知らぬ顔と声に接する用意をすること。この時代の大市の塵埃と喧騒から自分のたましいをますます清らかに洗うこと。一切のキリスト教的なものを……克服して、それを振りすてる——じっさい、キリスト教の教えはディオニュソス的な教えの反対の教説である——のみならず、自分自身の中に南国を再発見して、南国の明るい、輝かしい、霊妙な空を頭上に拡げること。南国的な健康とたましいの隠された力強さを再び獲得すること。一歩一歩と、より広大に、より超国民的に、よりヨーロッパ的に、より超ヨーロッパ的に、より東邦的になり、最後によりギリシャ的になること——じじつ、ギリシャ的なものはすべての東邦的なものの最初の大きな結合と綜合であり、そのためかえってヨーロッパ的たましいの始まり、われわれの《新しい世界》の発見であった。——

このようなもろもろの命令の下に生きている者にとっていつか何事が起こるかは、何びとが知っていよう。
おそらく正に——新しい日が！」[一三]

ニーチェの教説が欲するこの「新しい世界」、したがって完全に新しい世界なのではなくて、古い世界の更新であるこの世界、については、『ツァラトゥストラ』の「日の出前」の曙光である『曙光』の最後のアフォリズムがすでに謎めいた仕方で取り扱っている。

「それではわれわれは一体どこへ行こうとするのか。われわれはそれでは海をこえて行こうとするのか。われわれにとってどんな喜びよりも大事と思われるこの強い欲望は、われわれをどこへ引き寄せるのか。一体なぜ、ところもあろうに、これまで人類のすべての太陽が沈んだその方向へ。おそらく人々はわれわれについていつか、われわれもまた西に舵をとってインドに達するつもりだったが——無限性に打ち上げて難破するのがわれわれの運命だったのだと、取沙汰することであろう。……それとも？——」[一四]

しかし、ニーチェが達しようと試みるのは——かれがこの試みの不可能なことで破滅する必要がないか否かは不確かだが——どうして一つのインドであるのか。ニーチェが『見よ、この人なり』の中で『曙光』を、否定的な言葉が一つも出て来ない本、神的な瞬間を永遠化する最初の肯定的な本だと書いていることは、仏教という「ニヒリスティックな宗教」の国を暗示することと矛盾するのではないか。そして何ゆえここでもかれはその本の「インド的」な題銘、「まだ輝いたことのない多くの曙光が存在する」を指摘するのか。そして何ゆえかれはもう一度「どこにそれの作者があの新しい朝を、……それと共に再び昼が——……新しい日々の世界がそっくり！——始まるあの新しい朝を、求めるのか」という問を出すのか。

その答は、長い思想の鎖としてばらばらのアフォリズムの形で離れ離れになっているものを一緒にまとめて見ることによって、与えられる。最初の解明を与えるのは『曙光』のもう一つのアフォリズムである。それは"In hoc signo vinces"(この印において汝は勝つであろう)という標題をもっていて、それでもってキリスト教的な意味を裏返して、救済者たる神が死んだという印のもとに来たるべき者は勝つであろう、ということを言うつもりである。それを顧慮すると、仏陀は「自己救済」の宗教を説く者と理解される。しかし――

「ヨーロッパはまだ文化のこの段階からどんなに遠いことか！ 最後に、神々や祭司や救済者たちの権力が支えにしているすべての習慣や風習も破棄されてしまい、したがって古い意味の道徳が絶滅したとしたら、その時には来るのだ――そうだ、その時には何が来るのか？[一五]」

まず現存在への義務における純然たる無。仏教とキリスト教は、意志の発病の時代の二つの大きな「ニヒリスティックな運動」として、同類である[一六]。しかし――

「人はキリスト教をどんなに弾劾しても弾劾しきれない。なぜならば、それは、おそらく進行中だった大きなニヒリズムの運動、浄化する力をもったその運動の価値を、不死の私人の思想によって、同じく復活への希望によって、つまりいずれにせよニヒリズムの行為すなわち自殺を妨げることによって、下落せしめたからである[一七]。」

ヨーロッパにおけるこの浄化運動をひきおこすことが、キリスト教の衰微から生じたニヒリズムをインド的なニヒリズムに比すべき仕方で最後まで考えるニーチェの教説の意図である。じじつ、キリスト教は――

「今になってようやく、それが本来の使命を果たしうる文化状態に、――それが属している水準に――それが純粋に発揮されうる水準に、ほぼ到達したのである[一八]。」

十九世紀のヨーロッパのペシミズムはようやくその発端であり、

「それがかつてインドにおいてもっていたような、その中に無が反映しているような、あの恐るべき、あこがれに充ちた目のすわりを、それはまだもっていない。そこにはまだあまりに多くの《作られたもの》があって《生じたもの》がなく、あまりに多くの学者と詩人のペシミズムがある。……」[一九]
永遠回帰の教説は、ニヒリズムのもっとも極端な形式として「仏教のヨーロッパ的形式」[二〇]である。なぜならば、それにおいては知識と意欲のエネルギーが現存在の「目的」を否定するからである。

「やりそこねた者たちがもう何の慰めももたないということ、かれらが破壊されようとして破壊しているということ、かれらが道徳から解き放たれて、もう《身を委ねる》べき何の根拠ももたないということ――かれらが反対の原理の地盤に立ち、強力な者たちをかれらの刑吏たるべく強制することによって、かれらとしても権力を欲するということ――そうしたことの徴候としてのニヒリズム。これが仏教のヨーロッパ的な形式、すべての現存在がその《意味》を失った後での無-為である。[二一]」

この無-為は、しかし、存在するもの全体に対する新しい肯定の前提でもある。そしてそれを可能にするためには、人間は再び「よりギリシャ的」にならなければならない。「じっさい、ギリシャ的なものは、すべての東邦的なものの……最初の大きな結合であった。そしてそのためかえって、ヨーロッパ的なたましいの始まりであり、われわれの《新しい世界》の発見であった。[二二]」それゆえにニーチェは、再び始められた古い世界の発見の継続こそ「新しいコロンブスの仕事」[二三]だ、と言いうるのである。

それによってなぜニーチェが、太陽が沈む「西方」に向かって舵を取り、その進路の結果、東方において、それが「ヨーロッパ的な仏教」[二四]の無の中から再び永遠の存在として新たに現われて来る「インド」に到達しようとするのかという謎が解ける。

この来たるべき日――それは同時にすでに存在した始まりでもある――に対するニーチェの希望は、ブルクハルトへ宛てた最後の狂気の手紙の中にまで光を差しこませている。その中でかれはもう一度古い世界に対して「たえまなく」感謝するのであるが、人間は、すべてが根本から変ってしまったことをよく知っていて、その古い世界に対して「十分に単純でも静かでも」なかったのだ、という。

「あらゆる事物の照明と色彩は変ってしまった！　われわれはもはや、昔の人間がもっとも身近かでもっとも頻繁なもの――たとえば昼と覚醒――をどのように感じていたかを、十分に理解しえない。古人が夢を信じていたことによって、目覚めた生活は〔今日のそれとは〕別の光をもっていたのだ。そして、死ならびにその意義の反射をもった生全体も同様である。われわれの《死》はまったく別な死だ。すべての体験は別な光を放っていた。じじつ、それらの中から一人の神が輝いていたのである。遠い未来へのすべての期待と決意も同様である。じっさい、人々は神託や秘かな暗示をもち、予言を信じていた。《真理》は〔今日とは〕別に感じられていた。かつては狂人が真理の代弁者で通ることができたのだから。――それこそわれわれを戦慄させ、あるいは笑わせることだ。……われわれは事物を新しく着色した。われわれはそれらを引きつづき塗って行く。――しかしわれわれはさしあたり、かの古い巨匠の華麗な色彩に比べて、何ができるであろうか！
――〔古い巨匠とは〕古い人類をいうのである。[二五]」

古い世界への回想をもって、ニーチェは精神的に生きることを終り、生きることを始めた。文献学的な著作、特にヘラクレイトスの哲学に関するもの、ならびにそれらをソクラテス以前の哲学に関して計画された著書のために哲学的に改作したもの、それらには十年後に浮び上って来るかれの教説の概要がすべてすでに含まれている。[二六]このようにソクラテス以前の哲学まで遡ることから、ニーチェのソクラテス批判も理解されなければならない。

じっさい、その批判はソクラテス的な「徳を知ること」に関するものであるのみならず、それを超えて、ソクラテスにおいて世界史的になった疎隔――自然的コスモスの人間的生存からの疎隔と、自然学の形而上学からのそれ――にも関するものである。

ニーチェはヘラクレイトス[二七]とその学説の特質を次のように叙述する。すなわち、かれの生涯のすべての点は「最高の形の誇り」を示している――それをニーチェは鷲の象徴において自分の賢明さの伴侶とした。かれ一人が把握した真理への信仰において、ニーチェ―ヘラクレイトスはその誇りを、「自分自身と真理のやむにやまれぬ同一視によって」、「過度の展開」によって、崇高なパトスにまでもって行く。この「超人的」自己崇拝は、それでも、ヘラクレイトスにあっては「宗教的なものを何も」もっていない。――ニーチェは『見よ、この人なり』の中で自分について「それにもかかわらず私には教祖めいたところが何もない」と言っている。

「しかし、エフェソスのアルテミスの神殿の隠者に沁みとおっていた孤独の感情がどんなものかは、荒涼たる山中にかじかんでいる時にだけ、いくらか察しられるだろう。同情的な昂奮の圧倒的な感情も、助け癒やし救おうとする欲望も、かれからは発散しない。かれは気圏をもたない天体である。かれの目は、内に向けられて燃え、単に見かけのためのように外に向かって、生気なく氷のように見ている。かれの周りは、かれの誇りの城砦に妄想と倒錯の波がひたひたと打ちよせる。嫌悪の念をもって、かれは顔をそむける。しかし人々もまた……そんな青銅で鋳られたような仮面を避ける。人里はなれた神殿の中、神々の像のあいだ、……悠然として崇高な建造物のかたわらならば、そのようなかれの様子も、もっと分かりやすいものに見えるかも知れない。人間のあいだではヘラクレイトスは、人間としては信じられない。そしてかれがさわがしい子供たちの遊びに注意している様子がよく見られたが、そんな時かれは、ともかく、人間がそんな場合に一度も思案したことのないことを、思案していたのだ——偉大なるコスモスの子ゼウスの遊びを。かれは人間を必要としなかった——かれの認識のためにも。人がその認識について問いただしたかも知れないことや、他の賢者たちがかれから尋ね出そうと骨折ったことなどすべて、かれには問題でなかった。かれはそのような尋ねたり集めたりする人間、つまり《歴史的》な人間のことを軽蔑的に語った。《私自身を私は捜索し探究した》と、かれは自分について言ったが、その言葉は神託の探究を表わすのに使われるものであり……」[二八]——同じくニーチェ自身が自分の「謎」を解くものである。両人とも、自分たち自身がファートゥムであり、自分の知慧は最高の必然性に関する知識なのだから、自分の知慧が無際限の「作用」を有し、千年の未来にまで迫らずにはいないことを信じて、「名声」ではなく「永遠性」を求めるのである。

「かれの観じたもの、生成における法則と必然性における遊戯の説は、今後永遠に観ぜられなければならない。かれはこの最大の演劇の幕を引き上げたのである。」

かれは賢者として、存在する一切のものにおける一つのロゴスへの洞察をもっているが、詩人たちは予言者ではなくて虚言者である。一切の存在するもの存在をヘラクレイトスはニーチェと同じく、「生成したものの刑罰」ではなく、経過と破壊とをみずからの中に含む「生成の弁明」と見る。この恒常な作用と生成の永遠の過程の中に、ディケー(正義)は必然性の法則として支配する。かれの教説は、ニーチェのそれのように、「恐るべき」ものでもあれば同時に「精神を高揚せしめる」ものでもある。しかしおびやかす作用を幸福にする作用に転用するためには、特別な力を必要とする。

更にかれの教説を印象づけるため、ニーチェは「自然科学が今日あの問題を如何に見ているか」[二九]を指摘する。そして『見よ、この人なり』においてもまだ、「けっきょく」ヘラクレイトスもすでに教えたかも知れないと思わ

[三〇]れるツァラトゥストラのもっとも深い洞察について、それが「科学」によってもっとも厳密に確認された洞察でもあるということが、言われている。自然科学的な説明が、ヘラクレイトスの直観を——見かけの上では静止している世界が目に見える「生成の嵐」に解体すると思わせる感覚的知覚の一変した時間単位の想像力によって——科学的な仮説として蓋然性のあるものにするはずである。そのようにしてヘラクレイトスも、本質的に現象の多様性を通して現われる一つのロゴスの生成を、存在する一切の中に洞見した。かれはもはや、アナクシマンドロスのように、「自然的」世界と「形而上的」世界、「真の」世界と「見かけの」世界に区別しなかった。かれはニーチェのように、——「必然性の紋章のもとに」——「永遠の法則に守り囲まれた」この一つの世界だけを知っていた。潮のように高まりかつ退くコスモスの諸力の争の中に最高の正義が顕われ、相互に戦う競争の中に存在の永遠の環が示される。[三一]世界は、分解しないためには絶えず掻きまわされていなければならない混ぜ壺である。「善と悪は、弓と琴の調和のように、合して同じものになる。」ゼウスのコスモスを形成する遊戯、あるいは火のそれ自身との遊戯は、幾度でも組み立てては打ちこわすコスモスの子の遊戯に似ている。じっさい、それが「いかなる道徳的責任もなしに」、永久に変らない無罪の中に行なわれることは、創造せずにはいられず同時に自分の作品を上から見渡している芸術家の創造にも比せられる。天界のこの偶然の遊戯には最高の必然性が支配しているが、いかなる目的論も、したがっていかなる因果律も支配していない。一切の目的論的解釈——それはニーチェの学生時代(一八六八年)にまでさかのぼる——、すなわち、世界ならびにあらゆる存在するものの運動を、それが世界の外にある一つの原理、あるいはまたその世界自体によって立てられた目的を有するかのように考えなければならないという外見上の強要、に対するニーチェの批判、それに対応するのは、因果律を作用を生ずる原因だとする批判である。「causae(原因)の信仰は τέλη(目的)の信仰と共に衰える。なぜならば、因果律的な思

想への外見上の強要は、意図せられない生起が外見上表象不可能だということに存するからである。しかし世界の循環における永遠回帰は causa officiens(動力因)をも causa finalis(目的因)をも知らない。それは単純に「宿命」である。全体の「傾向」は、ニーチェの説におけると同じく、閉め出されている。コスモスの子の行為はいかなる目的にもよらない。かれの意欲は「通俗的な意味」のもの、すなわち目的による意欲、ではなく、生来のディケーによる意欲である。

この遊戯をアイオーン(永劫)は自分自身を相手にして行なう。そして時折その遊戯は新たに始まる。

「悪意ではなく、常に新たに目覚める遊戯衝動が、他のもろもろの世界を生命に呼び入れる。子供はいつか玩具を投げ出す。しかしやがてかれは、無邪気な気紛れで、再び始める。しかしかれは、組立てるや否や、法則に従い内的秩序に従って結び合わせ、接ぎ合わせ、形づくる。[三三]」

ヘラクレイトスの哲学は、いかなる「倫理的命令」も、いかなる「汝まさになすべし」も、更にまたいかなる単なる「我は欲す」をも知らない。じっさい、個々の人間はその一本の繊維の端に至るまでみずからファートゥムであり、自由を外的な強制について測るとすれば、まったく「非自由」である。かれは自然的世界の全体において優先的な特殊位置を占めてはいない。人間と人間のあいだの差違はただ、かれらが一切の存在するもののロゴスに従って知識も意欲ももたないか、あるいは知識と意欲をもっているかの差違である。賢者は、しかし、ロゴスと一体である――ニーチェのディオニュソス的哲学が哲学者ディオニュソスそのものと一体であるように。

「人間であるからにはロゴスを認識しなければならないというような、義務は存在しない。しかし何ゆえに水は存在するのか。何ゆえに土は存在するのか。このことがヘラクレイトスにとって、何ゆえ人間がこんなに愚かであり良くないのであるかを問うことより、はるかに重大な問題である。どんなに高貴な人間にも、どんなに倒錯した人間にも、同一の内在する法則性と正義が顕われる。しかし、もし人が、何ゆえ火が常に火なのではなくて、あるいは水であり、あるいは土なのであるか、というヘラクレイトスの問を非難するならば、かれはただ《それは遊戯なのだ。そんなにむきになることはない。とりわけ道徳的に考えることはない》とだけ答えるだろう。ヘラクレイトスはただ現存する世界を叙述し、その世界に、芸術家が出来て行く自分の作品を眺める時の静観的な快感を覚える。かれを暗く、沈みがちで……憂鬱で、厭世的だと思うのは、人間の本性に関するかれの叙述に当然満足することができないと考える人々だけである。[三三]」

実を言えばかれは、ニーチェが人間を「自然の言語」に、人間の「永遠の原文」に引き戻そうとした時ニーチェ自身がそうありたいと思った人間、すなわち「ペシミストの反対物」である。[三四]しかし逆にかれは、オプティミストでもない。じじつ、かれは苦難と非理性の存在を否定しない。かれはあらゆる世界の中の最善の世界をも信じない。かれの看取するものは存在の全体であり、それはおよそ人間と時間の彼岸にあるがゆえに、善と悪の彼岸にある。

世界の車輪、めぐる車輪は、
目標、また目標を、掠める。
困窮——と不平家はそれを呼び、
遊戯——と痴人はそれを呼ぶ。
世界の遊戯、気ままな遊戯は、
存在と仮象を混ぜる。

永遠に愚かなものは
われわれを混ぜ入れる[三五]！

しかしヘラクレイトスはソクラテス以前の人間として、自分自身の現存在をまだ本源的に世界の存在から理解していたので、ヘラクレイトスにあっては人間が生成する存在のコスモス的な法則の中に混ぜ入れられているが、ニーチェはヘラクレイトス的世界への新しい通路を、道も目標もなくなった生存から見いだす。かれは古代を反キリスト教的近代性の尖端において反復する。

ニーチェをして、異教的――ギリシャ的ならびに東邦的――思惟の基礎になった一つの世界を意欲せしめたのは、キリスト教に対するかれの反感である。あくを抜かれたキリスト教の最後において、かれは「未来の新しい源泉」を探し求め、そしてそれを、キリスト教以前にあったかの古い世界の回想の中に見いだした。キリスト教の神の死は、かれの中に世界の新しい理解を呼びさました。この世界がかれに、その古典文献学者としての研究によって、知られていたことには、さして重要な意味はない。かれ以前の、またかれ以後の多くの古代学者にも、ヘラクレイトスやエンペドクレス、プラトンやアリストテレス、エウデモスやストア派の人々に伝えられていたような永遠循環の説が、よく知られていた。しかしニーチェだけがその説に自己の思惟の未来の可能性を認識した。一方かれには一切のキリスト教的思惟は道徳に還元されて見えた。かれは永遠回帰の理念を反復しながら、かれ自身の洞察――思惟の歴史は可能な思惟様式の基本図式を常にくりかえして充たし、ある必然性の強制のもとに太古の「たましいの全家計」の中へ帰って行くという洞察――を確証した。

ニーチェは、かれ自身の contra Christianos(反キリスト教徒)が教父たちの contra gentiles(反異教徒)の記号(プラスとマイナス)を逆にしたものであることを知らなかった。ユスティヌス、オリゲネスおよびアウグスティヌスから論難された永遠回帰の教説のみならず、異教的哲学者に対するキリスト教の護教家たちの主要論証がすべて、反対の見地から再び現われて来る。人がもしニーチェの論証をケルスス(Celsus)やポルフィリウス(Porphyrius)のそれと比較するならば、もはや哲学者ではなくて「反キリスト教者」としてのニーチェに語らせていたキリスト教的な激情は別として、キリスト教を攻撃する古代の論証に加えられるところがどんなに少なかったかに、気づくのはむずかしいことではない。ケルススにとってもニーチェにとってと同じく、キリスト教的信仰は粗野で、馬鹿げていた。それはコスモスの合理性を恣意的な干渉によって破壊する。キリスト教的宗教は両人にとって、貴族的徳性や市民的義務や祖先伝来の伝統に対するセンスのない無教養の民衆の反乱である。それの神はあつかましい覗き屋であり、あまりにも人間臭く、「すべての暗い隅の神」であり、疲れた人々のための杖である。実際的な意義ある唯一の問題が各個人のたましいの救済だとするならば、ニーチェもケルススも、それならば何ゆえに公衆の事柄に対する責任や、よい生まれに対する感謝が必要なのかと問う。キリスト教徒と呼ばれる「神聖な無政府主義者たち」は、ローマ帝国を永いあいだ弱めつづけて遂にゲルマン人やその他の野蛮人がそれを征服することができるに至ったのは、自分たちの信心深さのせいだと考えた。ニーチェの『反キリスト』は、キリスト教徒は *hostes humani generis*(人類の敵)であり、わるい教育とわるい趣味をもった賤民であるという古い非難の反復である。キリスト教に対する古い攻撃と近代の攻撃のこの歴史的な一致は、前者の持続的な意義と後者の歴史的な意義を実証する。もちろん古代のキリスト教攻撃は、ニーチェがそれを復活せしめる前には、すでに久しく忘れられていたのであるが。

それにしても、変化した歴史的局面にもとづいて再び浮び上った永遠回帰という太古の観念は、変化していないわけはなく、宿命的に近代化している。ニーチェは――キリスト教的「経験」の地盤の上で――現存在の「無罪」への新しい讃歌を、とだえがちな声で歌った。『ツァラトゥストラはこう言った』は裏返しにされた山上の垂訓であり、ゲーテやヴィンケルマンの人文主義よりギリシャ的でも異教的でもない。キリスト教的良心をあまりに深く印せられているニーチェは、かつて異教に逆らってキリスト教を生ぜしめた「一切の価値の顚倒」を、廃棄して、近代性の尖端において失われた世界を存在につれもどすだけの、力をもたなかった。かれは「植物として」「神の畠」(墓地のこと)に近く、「人間として」新教の牧師の家に生まれ、かれの最後の自己表現はまだキリスト教的‐反キリスト教的な『見よ、この人なり』である。かれは徹頭徹尾キリスト教的かつ反キリスト教的であり、新教的かつ抗議的であり、要求し希望するものだったので、かれを駆って前進せしめたのはただ一つの問題――世界の疎隔を元へもどさんがための、未来への欲望、そしてそれを作り出そうとする意志である。ツァラトゥストラは「未来の救済的人間」であり、ニーチェの全哲学はそれへの「前戯」である。それほどにもっぱら未来の地平において思索したギリシャ哲学者は一人もなかったし、自分を歴史的運命だと考えた人もなかった。ギリシャの神話、系譜学、歴史はすべて、過去を、永続する創建として描き出す。同様に非ギリシャ的なのは権力への意志で、それは何かへの意志として未来を意欲するのであるが、これに反して、発生と消滅の永遠の循環は意志と目的の此岸にある。ギリシャ人にとっては、諸天体の目に見える円運動はコスモス的ロゴスと神的完成を啓示するものであったが、ニーチェにとっては、永遠回帰は「恐ろしい」思想であり、それは未来の救済へのかれの意志に矛盾するがゆえに「最大の自重」である。ニーチェは永遠回帰の永遠性を目ざして時間の時間性(有限性)を克服しようとした。ギリシャ人は常住のものから出発して、過ぎ行く時間を永遠性のより劣った模写と考えた。ギリシャ的な人間理解からすれば、人間たることは「死すべきもの」たることと同じ意味であるが、ニーチェは有限な人間のはかない生存を「永遠化」しようとした。ギリシャ人にとって、出現と退行の永遠回帰は自然と歴史における恒常な変遷を説明するものであり、ニーチェにとっては、永遠回帰の承認は極端な、そして忘我的な立場を要求するものである。ギリシャ人は避けることのできないファートゥムに対して恐怖と畏敬を感じていた。ニーチェは、最高の必然性を「困窮の転回」に作り変えんがため、ファートゥムを欲しかつ愛すべく超人的な努力をした。これらすべての最上級めいた「最高の」、「最後の」意欲と逆に戻そうとする意欲、創造と改造は、反自然的でもあれば非ギリシャ的でもある。それらはユダヤ的キリスト教的伝統から——世界と人間は神の全能な意志によって創造されたのであり、神とその似姿たる人間は本質的に意志である、という信仰から——出ている。ニーチェの思惟において何よりも目立つのは、『旧約聖書』の神におけるように意志行為によって創造的な、われわれの創造的本質を強調することである。ギリシャ人にとっては、人間における創造的なところは、「自然の摸倣」、そしてその自然的産出力の摸倣であった。ニーチェは聖書的な「汝まさになすべし」の近代的な「我は欲す」への変化を最後まで生きかつ考えた。しかし「我は欲す」から無罪(無垢)と忘却そのものたる宇宙的なコスモスの子の「我は在り」への決定的な歩みを果たさなかった。近代的人間としてかれは、自然的な「大地への誠実さ」や蒼穹の下にあって永遠に安全だという感情から、絶望的に離れていたので、人間を自然の中に「移し戻そう」というかれの努力は、最初から挫折することに決められていた。現存在の中に投げ入れられた近代的エゴーの生存の永遠化の意志は自然的世界の永遠の循環の眺めと合わないものだから、ニーチェの教説は分裂する。それだけにますます驚嘆すべきは、ニーチェが、最初からニーチェだったものになった内的な一貫性、「かれの」思想を二十年のあいだ徹底的に展開したあの一貫性である。

第五章　永遠回帰の思想における「いかにして人は現在あるものになるか」

ニーチェの最後の自己描写の副題「いかにして人は現在あるものになるか」は、本題「見よ、この人なり」と一致して、転回と再生によって新たになり別になることに対するキリスト教的な要求を、論駁的に指摘する。ニーチェ―ツァラトゥストラが永遠回帰の教師になる時、かれはもちろん一つの転回にもとづいて「再生」もしているが、しかしキリストにおける新たな別な生にではなく、世界の――永遠の循環としてその生成中に自己自身に帰る世界の――つねにひとしい生に再生するのである。『見よ、この人なり』は、その著者もまたその生涯の経過中に自分が最初からあったものにしかならなかったこと、そしてこの特別な生涯の見かけの上の偶然の出来事はすべて必然的に振り当てられた出来事、もしくは運命であったことを、述べようとする。しかし、ニーチェの哲学的運命が永遠回帰の教説であるとすれば、この教説の生成中にも、それの最後の問題が最初から存在していて、それについては思想家が学び直すのではなく学び抜くだけであるような問題の一つであるということが、証明されなければならない。その証明を与えるものは、十八歳のニーチェの『ファートゥムと歴史』と『意志の自由とファートゥム』[1]という二つの学校作文、ならびに十九歳の時に書いた自伝的な草案である。ニーチェの説が一八七二年ごろヘラクレイトスの叙述の中ですでに暗示的に、また十年後『ツァラトゥストラ』の中で決定的に表白していることが、一八六二年の右の二つの同類の論文においてあらかじめ設定されている。[2]

両方に「ファートゥム」という語が含まれているが、一方は歴史に、他方は意欲の自由に関係しているのは、歴史は人間が行動し何かを意欲するところにだけ存在するからである。ファートゥムは、恣意の自由とちがって、自然必然的な「そのようにあって別にはないこと」（これは意志を強要する）を指示する。意志を強要する必然性としてファートゥムは人間の意欲の歴史に関係するものであるが、それはそれ自体として人間の介入から引き離されている。ファートゥムは自然の領域に属し、自然は現在あるようにあって別なようにありえないものである。二つの標題の〔「ファートゥムと歴史」および「意志の自由とファートゥム」という時の〕結びの「と」に含まれている問題点は、それゆえ、人間も意志も歴史もその中に存在する自然的世界の全体の中における自然必然的宿命に対する人間の意欲の歴史の問題的な関係にかかわる。「人間として」一牧師館に生まれたニーチェに歴史について特に関係のあったことは、かれの最初の自己描写から『反キリスト』および『見よ、この人なり』に至るまで、キリスト教の歴史であり、キリスト教的道徳の基礎となっている意欲と嫌厭の仕方であった。

二つの論文のうち第一のものは、キリスト教的な実在解釈とその道徳的結果の判断のために「より自由な立場」を見いだそうとする試みを敢えてしたことについての意識から始められる。「そのような試みは数週間の仕事ではなくて、一生の仕事である。じっさい、いかにして人は二千年の権威を、あらゆる時代のもっとも才智に富む人々の保証を、青年のせんさくの成果によって取り消すことができるであろうか。いかにして人は、世界史に深く喰い込む一宗教の発展による不幸と恩沢のすべてを、空想と未熟な着想をもって手軽に片づけることができるであろうか。」――幾千年の先までも見るツァラトゥストラの視線をもってすれば別ではあるが。目標のない「放浪者」として「羅針盤も水先案内もなく、懐疑の大海にあえて乗り出すのは」「未発育の頭脳にとって破滅であり愚行である。大抵のものは嵐に打ち流されてしまい、ごく少数のものだけが」――ニーチェ－コロンブスのように――「新しい陸地を発見する。」「測り知れない観念の大洋のただ中にいて、人はしばしば固い陸地をなつかしむ。いたずらな思弁にふけっている私に、どんなにしばしば、歴史や自然科学への憧憬が忍びよったことであろうか。」[三]ニーチェが十五年後に『人間的な、あまりに人間的なもの』をもって踏み出した精神の解放への決定的な第一歩は、そしてその後につづいて来るあらゆる価値の顚倒は、決着のつかない懐疑の形をさしあたりまだとっている。「私は一切を否定しようと試みた。」しかし引き倒すことすらむずかしく、打ち建てることは更にむずかしい。じっさい「習慣の力、より高いものへの欲求、現存するすべてのものとの決裂、社会の一切の形式の解消、人類がすでに二千年も一つの幻影によって惑わされているのではないかという疑念、自分が不遜で向こう見ずなのだという感情――これらすべてが決まりのつかない戦いをたたかう。」現行の道徳の道徳性を問う問題が起こる。しかし同時に、それを越えてその先まで及ぶ問題――人間の道徳性とその歴史の全体系、すでに「われわれの」世界ではない「無限の世界」の中において右の全体系が何を意味するかという問題――もすでに当然生じて来る。〔その全体系は〕おそらくもはやわれわれの社会的歴史的世界内における精神の一つの方向の結果ではないであろう。しかし宇宙の無限の全体における「この永遠の生成」はどんな意味をもっているか。この時計仕掛のかくされたぜんまいは何であるか。それは、われわれが歴史と呼ぶ時計の中にあるのと同じものなのか。そして出来事は文字盤にすぎず、それは針が一刻一刻と進んで「十二時をすぎるとその歩みを新たに始め、新しい時代が始まる」のを示す――〔これは〕未成の思想であるが、これが成熟しておいなる正午のもっとも静寂な時刻に再び現われる。それは「生の時計」が息をつき、針が進み、そして永遠の「現存在の砂時計」〔の砂〕が、人間の歴史とファートゥムの分裂をしめくくる永遠の「輪(複数)の輪」の中で落ちてしまう時である。しかしその時、くりかえされる時代の全体において、人間とは何なのか。かれは何かのための単なる手段なのか、それともかれ自身がひとつの目的なのか。もし存在の時計の中心のぜんまいが「内在する人間性」だとしたら、「その時は二つの見解は仲介されているであろう」し、そして自然的世界の存在と人間の歴史的現存在の分裂は調停されているであろう。われわれ意欲する人間にとっては、まず目的と目標が存在する。そしてわれわれは、見うけるところ、われわれの歴史的な人間性の圏内にまったく捉えられており、「良心と義務感情」をもって、「道徳的」な世界の中に閉じこめられている。それでいてすべての人間的歴史は「潮の干満」によって「永遠の大洋」に——「生成の無罪」に向かって——流れて行く。人間性の歴史はおそらく、自然生起の無限に小さく無限に大きな多数の円環の中の、われわれにとってもっとも中心的ではあるがもっとも小さな円環、普遍的な消滅と発生の大きな輪の中の一つの輪であるにすぎないであろう。しかし人間の「個々の意志」は「世界史のもろもろの円環」の中で「全体意志」(これがおよそ意欲するものならば)に対して、どんな関係にあるのか。

「ここにかの無限に重要な問題点が暗示されている——個人の民族に対する、民族の人類に対する、人類の世界に対する権利の問題が。ここにまたファートゥムと歴史の根本関係も」自由と必然、意欲と不可不の「根本関係も存する」。人間そのものには「普遍史(宇宙史)」すなわち自然的宇宙の中の生起をも包含する歴史の「最高の把握」は「可能でありえない」と見えるが、しかし世界の超人間的な把握にとっては「それが可能であるように見える」。かれはそのためには——ツァラトゥストラのように——自己自身を超越し、単なる人間以上のものにならなければならないであろう。偉大な歴史家にして哲学者たる者が、存在するものの全体を予見し回顧する者たる「予言者」にならなければならないであろう。そのような時にのみ、かれは人間的意欲の歴史の中にも宿命を認識し、最高の必然性をもって自由になりうるであろう。「ファートゥムにはしかしその位置が」、すなわち歴史的人間性に対する関係における位置が「まだ確保されていない」。それゆえに、「出来事」が無であって、われわれがそれを体験する時の色調、われわれの「気質」が一切なのか、という問題が残る。すべてがわれわれの体験の仕方を反映するだけなのか——あるいは、人間が欲するものの、世界なるものにおける反映は逆であって、われわれの気質には自然的世界の生起だけが明瞭にあらわれているのか。——それは、けっきょく『権力への意志』の最後のアフォリズムにおいて、人間が自分自身の鏡をディオニュソスの鏡に向けているのだ、というふうに答えられる問である。[四]「運命論的な頭蓋および脊椎の構造」ならびに習慣と素性がすでに、人間をしてこの一定の人間に対して「意に逆らう」（嫌厭する）ようにするのか。しかしわれわれは、それにもかかわらず、独立的な人間としてわれわれ自身を欲しも知りもしない。じっさい、人間は何と言っても「再び同一のものであることが決してない」のである。「しかし一つの強い意志によって」——すなわち、逆に戻るように意欲することもできるような意志によって——「世界の過去全体を顚倒することが可能になるや否や、われわれは一連の独立的な神々の列にはいって行くであろう」——その時は「我欲す」がコスモスの子の「我在り」にまで解放されているであろう——「そして世界史は、その時は、われわれにとって夢想的な忘我以外の何物をも意味しないであろう。」しかし人間の「我欲す」が存在のただ中におけるコスモスの子の単純な現存在にまでまだ解放されていない限り、自由な意志は単に「束縛のない」かつ「恣意的な」ものとして、無限に自由な、不定に放恣な精神として、現われる。この意志に対して、ファートゥムは、自由な意志に反する、盲目的な強制的な必然性である。すると、二つの異なる原理が対立する。ファートゥムは「出来事を決定するのは出来事である」、すなわち、いかなる自由も存在しない、と説く。他方はその反対を、すなわち、出来事は自由な意志がなければ無である、と主張する。前者が唯一の真実な原理だとするなら、人間は、闇の中ではたらいている諸力にもてあそばれるまりのようなもので、自分の一切の行動に責任もなく、生起の鎖に必要な一つの環にすぎないことになるであろう。そしてかれが自分の状態を看破しないなら、仕合せであるにちがいない。じっさい、もしかれがそれを看破するとしたら、かれは「狂気じみた欲望をもって世界とその機構を錯乱せしめよう」と努力するであろう。

しかし「もしかしたら」――とニーチェはここでその思想を結ぶ――われわれの自由な意志とは「ファートゥムの最高の内在力以外の何物でもない」のかも知れない。その場合には――先に考量された場合、しかしその考量の結果が逆になった場合のように、つまり内在する人間性が世界法則にもなるはずであるような場合のように――われわれの人間的な世界史は「物質」の生起とひとつのものになるであろう――もちろん、「人がこの語（「物質」）の意味を無限に広く取るならば」、すなわち「物質」がつねにすでにおのずから存在するものの全体を意味するほど広く取るならば、ということである。その時はじめて、人間の歴史は自由に、「世界の発展のすべての梃子が、結合し融合し全・一となって再び見いだされるかの巨大な大洋」に向かって流れるであろう。歴史とファートゥムはその時一つのものになり、意志は「運命愛」として、自由に意欲された必然性に対応するであろう。

それからいくらか後で成立した『意志の自由とファートゥム』という論説では、人間と世界の矛盾と一致の問題があらためて提出される。まず意志の自由は、再び自然科学的実証主義の意味において、「頭脳の構造」（それに対して精神的意志は無力である）に対立するものとされる。意志が「なしうる」ことは、意志そのものに「宿命論的に割り当てられ」ている。しかしニーチェはただちにこの問題設定の実証主義的な発端を哲学的に乗り超えて、次のようにつづける――「ファートゥムが人間にかれ自身の人格の鏡に映って現われる時、個人的な意志の自由と個人的なファートゥムとはたがいに互角の敵手である。われわれは、ファートゥムを信ずる民族が力と意志の強さによって抜きんでているのを見いだすが、」一方、神の意志への服従は、大抵の場合、決然として運命に立ち向かうのを恐れる気持をおおいかくすものにすぎない。すなわち、非個人的なファートゥムは、それが人間の決然たる個人意志に会う時には、個体化して特有の「運命」になる。なぜならば、自由な意志はファートゥムそのものを運命としてみずからに割り当てるからである。

「しかしファートゥムが、限界を定めるものとして、やはり自由な意志より一層力強く現われるとすれば、われわれは二つのことを忘れてはいけない。まず、ファートゥムが抽象的な概念、実質のない力であるにすぎないこと、個体にとっては個人的なファートゥムしか存在しないこと、ファートゥムがひとつなぎの出来事以外の何物でもないこと、人間が行為し、それによってかれ自身の出来事を作り出すや否やかれ自身のファートゥムを決定するということ、総じて人間に遭遇する出来事は、意識されると否とにかかわらずかれ自身によって誘発されるものであり、かれに適合するはずであるということ。しかし人間の活動は出生とともにようやく始まるのではなく、胎児においてすでに、あるいはおそらく——誰がこれを決定できるであろうか——両親や祖先において始まるのである。[五]」

ニーチェの後年の著作でますます豊かに展開されて思いがけない解明に達するに至る意識的な活動と無意識的な活動の区別をもって、ファートゥムと自由の矛盾の問題は解決に近づいて来るように見える。意志の自由とファートゥムはたがいに関係をもって生長するが、おのおのはそれ自体としては一つの「抽象物」にすぎない。そのようにして両者の「厳密な差違」すなわち抽象的な対立は個体の意識的および無意識的行為の中に消失する。人間の活動は、かれが出生して自己存在となってからようやく始まるのではなくて、その時よりもすでに久しく前に、前時代の幾世代の中に始まるのである。意識以前の、そして無意識の活動へのこの展望とともに、人間を一切の存在するものの自然の中へもどして結ぶ可能性が開かれる。「意志の自由の中には個体にとって分離の、全体からの解離の、絶対的無制約性の、原理が存する。ファートゥムはしかし人間を全体的発展との有機的結合の中へ再び入れる。」すなわちファートゥムは人間を自然からして常にすでに存在するものの全体の中へ再び入れ戻す。同時にしかしファートゥムは人間にはじめて意欲の「自由な抵抗力の展開」をも強要する。「ファートゥムのない絶対的な意志の自由は人間を神にし、宿命論的原理は人間を自動人形にするであろう。」

人間はしかし意志のない自動人形でもなければ、無から有を自由に創造する神でもない。かれは、存在の全体における宿命をかれ自身の根本性格としても経験し、それをすすんで肯定することのできる生物である。かような人間はその時「一般的現存在の各瞬間を是認し」て、自分自身を存在するものの全体に接合する能力があるであろう。[六] ニーチェは最後に「運命愛」の方式をもって、意志の自由または歴史とファートゥムの関係を問うかれの発端の問題に答える。

ニーチェにとっては、歴史およびファートゥムに対する歴史の位置を問う問題の内部で、最初からキリスト教的な生起が、かれを主として動かしている問題性であった。一連の学校作文(『キリスト教について』一八六二年、『イエス伝のために』一八六五年、『キリスト教について思うこと』一八六五・六六年)および数篇の詩(『主よ、あなたはお呼びになった。私は来た』一八六二年、『十字架像の前で』一八六三年、『今と昔』一八六三年、『ゲッセマネとゴルゴタ』一八六四年、『未知の神に』一八六三・六四年)は、かれには最初から世界を超克する信仰としてではなくて単に「ナウムブルクの徳」(ニーチェは五歳の時父に死なれた後、母および妹と共にナウムブルクに移り、ギムナージウムを出るまで、その地にすんだ)として知られていたキリスト教の真実性に対する徐々に起こって来る疑念を示している。これらの詩の最初のものと最後のものの気分の違いは、既知の古い神に対する感傷的な信仰から未知の神に対する呼びかけへの危機的な移行をあらわしている。標題は、ある異教の碑文の「未知の神」を解釈してそれがキリストのうちに公然明白になっているとした使徒パウロを指し示す。かつて明白になった正にその神が、ニーチェにとって再び未知のものとなり、かれは自分がその神に分裂的に――あるいはそこへ身を寄せ、あるいはそこから逃げ去るように――結びついていると感じる。その二つの詩の中間に『十字架像の前で』が位するが、その詩では、十字架にかけられた者が十字架から降りろと促がされ、挑戦者がその冒瀆のために打ち砕ける。『未知の神に』はすでに、新しい「同類の」神――呼びかける者をおのれの奉仕に強いる神――に対する帰服への意志に満たされている。〔神への〕逃避の複合感情は、十字架にかけられた既知の神を歌った詩でもすでに、「キリストよ、私のところへおいで下さい」――「私はあなたのもとへ参ります」および「私はあなたを私とともに引きおろす」――「私を墓場からあなたのところへ引き上げて下さい」という裏返しにされるような詩句となって、その詩の特徴をなしている。二十年後にニーチェはもう一度、『ツァラトゥストラ』の最後の部(「魔法使い」)で、未知の神に対する自分の関係を歌った。その神は稲妻でつつまれた「刑吏神」で、かれを追って捕えようとするものであり、[七] かれのもっとも残忍な、しかしなくてはならない敵、かれに身をゆだね、降服すべき敵である。ツァラトゥストラの詩をあらためて解釈して『アリアードネの歎き』と呼び直したものでは、[八] 最後に「エメラルドのような美しさにつつまれたディオニュソス」が稲妻の中に現われる。『見よ、この人なり』ではニーチェは最後に「十字架にかけられた者に対抗するディオニュソス」と署名する。その後まもなく、狂気の中からストリンドベリとブランデスとガストにあてて書いた紙片には「十字架にかけられた者」として、そして別の時には「十字架にかけられたディオニュソス」として〔署名しているが〕、このことはギリシャ神話がすでにディオニュソス・ザグレウスを分割されたものとして知っていたという意味かも知れないし、また、「反キリスト者」ニーチェにとってはディオニュソスがキリストと混同するのだという意味かも知れない。――ニーチェの宗教性へのこれらのいろいろな言及から何が読み取られるか。深遠な意味か、狂気か、無意味か？　いずれにしても、ニーチェの『見よ、この人なり』の最後の言葉が字義どおりに考えられそうなことの半分しか明白でないことは確かである。ニーチェがこの個所で取り上げるヴォルテールの“Écrasez l'infâme”(恥知らずを踏みつぶせ)の明白さとははるかにかけはなれて、かれの「キリスト教への呪い」と、キリスト紀元の「嘘」を終らしめ、かれ自身の『見よ、この人なり』の日付をもって新たな紀元をキリスト教の最後の日から始めようとするかれの要求とは、その生涯の最初と最後にある未知の神に呼びかける一人の人間の無神論および一人の無神論者の信仰深さと同じく、依然として二重に解される(あいまいな)ものである。

超世界的な神へのキリスト教的信仰の真実性に対する初期の疑念は、十九歳のニーチェの自伝的なスケッチの中で決定的な問題に直面する。そのスケッチは冒頭に「私は植物としては神の畠(墓地)に近く、人間としては牧師館の中で生まれた」という重要な文章を含み、最後に、今や出来事の手綱をみずから手に取って生の中へ踏み出すべき時が来る、で終っている。「そのようにして人間は、かつてかれにからみついていたすべてのものから、生長して抜け出す。かれはわざわざ桎梏を破るまでもない。一人の神がそれを命ずれば、桎梏は不意に落ちる。そしてかれを最後になお包囲する輪環はどこにあるのか。それは世界なのか。それは神なのか。」二十年後に、永遠回帰の大きな輪環を説く者として、ニーチェは最終的に肉体的な自然的な世界に即き、精神であるキリスト教的な神に抗することに決意し、かれにからみついていたものの象徴として自分の周りに環をえがく(とぐろを巻いた)蛇を選んだ。蛇の賢明さは鷲の姿をした誇りを伴侶にしている。それ自身の中で回転する生の、始めも終りもない永遠性を表わすこの蛇は、ツァラトゥストラの説話の中で幾度も変化する。それは一種の地上的な力として大地の象徴であるが、それはまた太陽をも取りまく。それゆえそれは地上の世界にも天界およびその永遠の生命にも属する。死すべき人間に対して永遠性の蛇は、はじめまむしとして現われ、ツァラトゥストラの頸に咬みつくが、その傷を舐めてやって致命的な毒を飲みもどす。「幻影と謎」(『ツァラトゥストラ』の一章)の説話では、永遠に作り出しかつ滅ぼす生命の蛇が、黒い嫌悪の蛇に変り、牧人の姿をした人間（それは後でツァラトゥストラと同一の者であることが判明する）を、ほとんど窒息させそうになる。それのニヒリスティックな色彩に「黒い潮」や「黒い海」という言い方も対応する。そして窒息せしめるニヒリズムの黒い蛇が永遠回帰の蛇になるように、致命的な憂鬱の黒い海も、それ自身の中に漲り流れる諸力と永遠回帰の「二重の快楽」の海に変ずる。その蛇は更に――「第二の舞踏歌」では――生のそれ自身への誘惑と欲望、踊るメナーデ（ディオニュソスの娘）の蛇のようによじれた頭髪の形をした大いなる「結ぶ者」、「巻きつける者」であり、それはツァラトゥストラを「曲った軌道」をとおって愛の小径をみちびこうとする。それは最後に、ツァラトゥストラが神の殺害者たるもっとも醜い人間に出会う死の谷の緑色の醜い蛇になる。しかしツァラトゥストラの知慧の本質は、同一の蛇のこれらいろいろとちがった外皮を交換すること、すなわち、牧人としての自分自身を死に至る病気から助けること、神の殺害者としての自分自身を自己憎悪から救うこと、そして最後に、自分自身を愛によって存在の永遠の環に永遠化し、そのためニヒリズムと神の死と生の永遠回帰との内的連関が、自身と太陽の周りに輪をえがく醜い蛇、窒息せしめる蛇の象徴に映し出されることになる、ということに存する。

環およびとぐろを巻く蛇を象徴として現われる永遠性のモティーフは、『時代はずれの考察』第二篇（一八七三・七四年）の最初と最後にもちらついている。この論文では歴史的意識と歴史的現存在の時間性が明確に問題になっている。『ドイツの教養施設の将来に関する論説集』（一八七一・七二年）の中の数個所では、ツァラトゥストラが歴史的教養の批判（「教養の国」、「汚れのない認識」および「学者」の三つの説話）において再び取り上げるテーマに手を付けている。批判はどの場合にも単に歴史的にだけ形成された知識の装飾的な「教養の外皮」に向けられ、そのような知識に、「永遠にひとしい自然の意図」と「永遠にひとしい問題点」の解釈を対置しようとする。

そのためには、未来についての無頓着さと、一「瞬間」「現在の敷居」の上に静止する能力が必要であろう。[九] 近代の教養に対するニーチェの批判の規準となる観点は、それの「未来」に関する論説においてすでに、未来と過去への先見と回顧という二様の視線とは違った常に存在するものすなわち永遠なものをみる単純な視線である。古典的な教養が近代の教養にまさっているのは、それが歴史的にギリシャ的教養であり、それゆえに凌駕しがたい発端であるからではなくて、ギリシャ的な文化と教養が、今も昔も、形成(教養)される人間の真の本性(自然)に即しているからである。「文化」とはそれ自体一つの開化された「改善された自然」にすぎない、と『時代はずれの考察』第二篇の結末に言われている。それは、事物が「自然に即した自重をもって」たえず近づこうとしている一つの「永遠の秩序」に従属している。ギリシャ的に理解された自然《ピュシス》への回想は、「生」に関するニーチェの多義的な概念をも規定する。

『生に対する歴史の功罪』という「時代はずれの考察」は、近代的な歴史的教養をギリシャ人の非歴史的な教養から批判的に区別する。その考察は、本質的に非歴史的な生への指示をもって始まる。すなわち、動物と小児は成人と違って、未来や過去にさらされていず、現在に安住しているから、「非歴史的」に生きている。成人は、すでに在ったことをたえず思い出し、これから在るであろうことを期待しているから、「歴史的」に生きている。かれの生活は前と後に延びて散りぢりになっていて、現在の瞬間は「まだない」と「もはやない」の間の不安定な「今」であるにすぎない。成人の生活は、それゆえ、決して完了されることのない「不完了態」であり、そのためかえって完了と完全を目ざしていて、しかもいつかはそれに到達しうるというのでもない。そこから、動物や小児が送る、より恵まれた生活へのむなしい希求が生ずる。動物や小児はその時々の瞬間の現在において端数を残さず整除されるから、おのずから全的なのである。

「あなたのそばを草を喰って行く家畜の群をごらんなさい。かれらは昨日が何であり、今日が何であるかを知らず、跳ねまわり、喰らい、休み、消化し、再び跳ね、そして朝から晩まで、来る日も来る日もそのとおり、かれらの快と不快に短い綱でつながれ、つまり瞬間という杭にしばりつけられていて、それゆえに憂鬱も倦怠も知らない。これを見るのは人間にとって辛いことだ。なぜならば、かれは人間であることを動物の前に誇ってはいるが、それでいて動物の幸福をねたましく眺めているのだから。——じじつ、人間の欲することはただただ、動物と同じく倦怠も知らず苦痛も受けずに生きることなのだが、それがどうしても空しい望みになるのは、人間は動物とちがったことを欲するからである。人間は動物に、なぜお前はお前の幸福を私に語ってくれず、私を眺めているだけなのか、とたずねることがあるだろう。動物もそれに答えて、それは私はいつも自分が言おうとしたことをすぐ忘れてしまうからだ、と言おうとするが、そのとき動物はこの答えをもう忘れて、だまってしまった。そこで人間は驚きいぶかしんだというわけである。

しかし人間が我ながらいぶかしく思うのは、忘却ということが覚えられず、たえず過去のことにぶらさがっていることである。どんなに先まで、どんなに早く走っても、鎖は一緒について来る。ふしぎなことに、瞬間はたちまち現われ、たちまち行き過ぎる。前には無であり、後にも無になるが、それでいてなお幽霊となって再びやって来て、後の瞬間の安息を妨げる。時間の巻物からたえず一葉ずつ離れて落ちて、ひらひら飛んで行く——そして突然ふたたび人間の懐にひらひらと帰って来る。すると人間は《私は思い出す》と言い、動物を羨ましく思う。動物はすぐに忘れて、どの瞬間も本当に死んで元の霧と夜の中に沈んで行き永遠に消えて行くのを見る。そのように動物は非歴史的に生きている。じっさい、動物は奇妙な端数を残さずに、一つの数のように現在の中で整除される。動物は自分を偽ることも知らず、何ひとつ隠すことなく、どの瞬間にもまったくあるがままの姿で現われる。それゆえ正直であるより仕方がない。これに反して人間は体を突っぱって、過去のだんだん大きくなる荷物を支えている。荷物はかれを下へ圧しつけ、横へ圧し曲げる。かれはそれを見かけの上では否認することもできるが、それは目に見えない暗い重荷となって、かれの歩行を困難にする。……それゆえに、草をはんでいる家畜の群を見ると、あるいはもっと身ぢかなところでは、まだ否認すべき過去もなく、過去と未来の垣根のあいだで幸福きわまる盲目の中に遊んでいる子供を見ると、かれは感動する。それでもやはり子供はその遊びを妨げられずにはおかれない。あまりにも早く子供は忘却の中から呼びさまされるのだ。すると子供は《昔は》という言葉を理解するようになる。それこそ闘争や苦難や倦怠とともに人間に押しよせて来て、かれの現存在がけっきょく何であるかということを――つまり決して完了することのない不完了態であるということを――人間に思い出させる合言葉なのである。」〔一〇〕

歴史的に生存する人間は、不断に、それでいて不安定に、瞬間ごとにこれから在るであろうことを先取りし、すでに在ったことを思い出すがゆえに、単純に存在することができない。かれは「忘れる」ことができない。忘れることができるということの完全な意味は、ツァラトゥストラの説話においてはじめて示される。そこでは『時代はずれの考察』の象徴的な諸概念(遊んでいる子供、瞬間の敷居、過去の鎖)が、目覚めて「子供」になったツァラトゥストラ、「瞬間」という門道、「昔」からの救済において、高められた意味をおびて再び現われ、第三のもっとも困難な「変化」(それによって、無条件の「我は欲す」のニヒリズムが自己を克服して永遠に自分自身を意欲する存在を承認するに至る)を表わそうとする。はじめは単に人間以前的な欠陥、動物と子供の非歴史的な生活と見えたものが、ツァラトゥストラの超-人間的な立場では、肯定的な完全性として証明される。しかし、単なる「思い出さないこと」や「忘れること」が、どうして完成への道になりうるのか。わがままな人間がかれ自身よりもっと包括的で強力で原初的な他のもののために、そして他のものの中で、自己自身を忘れることによるほかない。そのような、「その中に包括されるべきもの」は、上述の学校作文『ファートゥムと歴史』では「永遠の大洋」(人間の歴史がすべてそれに向かって流されて行くので、人間的現存在の抜け落ちた偶然は自然的世界の必然的な全体の中へ取り戻される)と名づけられた。それと同じ意味で『ツァラトゥストラ』の中では、「すべては空しい、すべては同じだ、すべてはあった」と説くニヒリズムの予言者が、――「大きな悲しさ」が「酔った歌」の中で一切をたえずくりかえし意欲する快楽に変化する前に、そして枯渇するニヒリズムの泉が永遠性の噴泉になる前に――人がその中で溺れることができるような「大海」のことをたずねる。そして更に同じ意味でツァラトゥストラの詩の一断片[二]には、「大海に身を投ぜよ、」じっさい、忘却という術は神的なものである、とある。その術ができるためには、意欲する自我がコスモスの子に変る必要がある。

『時代はずれの考察』ではほんの初めに言及された「子供」が、ツァラトゥストラの最初の説話ではヘラクレイトス的なコスモスの子になっているが、それは――キリスト教で、再生して子供になり、それに神の国が属するというのを、攻撃するつもりで顚倒したもので――自然的な無罪(無邪気、無垢)であり、忘却による新起原である。「瞬間の敷居」は、そこで時間が静止して一種の「正午」となる「永遠の」瞬間に変わる。解き離すことのできない「過去の鎖」は「昔」になり、前(未来)と後(過去)を意欲する意志は運命愛においてその「昔」から救済される。

しかし『時代はずれの考察』の内部で問題になっているのは、忘却という神的なわざによるかような救済ではなくて、生を害する知識からの解放であり、その目的は、歴史的な回想と非歴史的な忘却の自然的な平衡の恢復であるが、しかしそのさい、ある一定の程度に非歴史的に感じうる能力が、より重要な、より原初的な能力として強調されている。じっさい、ほとんど回想なしに幸福に生きることは可能だが、時折の忘却なしにはおよそ生きることが不可能である。有機的な生命には、光の中に出て来る前に、闇の中で萌芽が隠されたまま形成されることが必要であるように、すべての歴史的な生起や人間の行動にも、明るくされない気圏、とざされた地平、忘却の術が必要である。その中にこそ、全的な存在と完全性の状態である「幸福」の可能性も存する。ニーチェが『見よ、この人なり』の中で描いている「よく出来た人間」というのも、忘れることを心得た人間である。

「すべての過去を忘れて瞬間の敷居に腰をすえることのできない人、勝利の女神のように一つの点の上に目まいも怖れもなしに立っていることのできない人は、幸福とは何かを決して知ることがないであろう。そして更にわるいことには、かれは他人を幸福にするようなことを決してしないであろう。[二三]」

瞬間の敷居に腰をすえると、人間は、自分が一つの未完了態であるのを忘れることができ、自分の歴史的な生存とそれに属する歴史的意識が完成されえないものであることを、一瞬のあいだ止揚することができる。

『時代はずれの考察』〔第二篇〕第一章の終りの方の節では最後に、歴史に対する比較的非歴史的なだけではなくて超歴史的な態度の可能性が考量されている。すなわち、歴史上の大事件がいずれも明るくされない気圏の中で成立するということを一旦認識した人は、「おそらく」——少なくとも認識者として——一つの超歴史的な立場、そこに立つとわれわれの歴史尊重が過度の買被りであり、そして「西洋的偏見」であることが分かって来るような立場、まで自分を高めることができるであろう。超歴史的な立場は、人はおよそ何のために生きるのかという決定的な問いが、人がそれを一世紀の人間に提出しても十九世紀の人間に提出しても、同じくらいよく——あるいは同じくらいわるく——答えられうるということを、明らかにする。数十年あるいは数百年歴史が経過したからと言って、世界や人間の本質について本質的に新しいことを何も教えてくれるものではない。歴史の進行そのものが人をよりよき認識にみちびき、あるいは歴史の問題を解くことができるという信仰は、世界が始めも終りもないがゆえに「おのおのの瞬間において完成している」ものだとすれば、遠近法的な錯覚である。この超歴史的な立場は、ニーチェが『ツァラトゥストラ』の中で等しいものの永遠回帰の題名のもとに教えることを、先取りしている。歴史のすべての歴史的な見方(「記念碑的」、「古物的」および「批判的」な見方)に対して、すべての時代を聡明に知っている人々は、——われわれの意欲と嫌厭のあまりにも人間的な展望の彼岸では——「かつて」(過去)と「いつか」(未来)の対比が「永遠にひとしい意義」をもった不滅の諸類型の「遍在」の中に止揚されるということについて、意見が一致する。

「その何百という異なった言語も人間の類型的に固定した同一の欲求に対応するものだから、これらの欲求を理解するならば、すべての言語から何も新しいことを学ぶことができないであろう。それと同じく超歴史的な思索者は、民族と個々人のすべての歴史を内面から自分自身に明らかにするが、透視者的に種々の難文字の根本的意味を推しあて、そして次第に、つねに新たにとめどもなく加わって来る象形文字を疲れて避けさえする。じっさい、かれは生起するものの無限の充溢の中で、飽和の、過飽和の、いな嘔吐の状態にならずにいられようか[三]。」

ニーチェの考察は、「しかし超歴史的な人間たちにその嘔吐と知慧を任せておこうではないか」という言葉で中断されて、ふたたび「活動的かつ前進的な人々」に向けられる。その人々にとっては、超歴史的な知慧は「未来」や「生」に仕えないから、「嘔吐を催さすもの」である。生がまだ未来の意志の地平において理解される限り、その知慧は生と矛盾する。ツァラトゥストラの二つの「舞踏の歌」で生と知慧の関係があらためて問題にされ、その両者が取り違えられるほど互いに似ていると言われている。しかし、存在するものの永遠に回帰する全体においては一切の個々のものも是認されるということを知っているその知慧と見かけの上で和解したツァラトゥストラもまだ、自分自身の知慧——「小さな」そして軽蔑すべき人間もたえず回帰するのだということを知らずにいることのできない知慧——に対する「大きな嘔吐の克服者」であり、そのような人間をかれはやはり、「賤民」とか「俗衆」とか「市場の蝿」とか「タランテラ蜘蛛」と言って根絶すべき害虫のように、かれの機智のあらゆる手段をもって攻撃して倦まない。ツァラトゥストラはもちろん「嘔吐を知らない人間」になりたいと思う。しかしかれは、従来の人間に対する嘔吐だけがかれに未来の新しい源泉を——かれの永遠回帰の教説に注ぎ入る源泉を——開いてくれるのだということをも、知っている。論文のその先の主要テーマは、生に対する歴史的知識の三様の関係である。「記念碑的」と「古物的」と「批判的」の三種の歴史は、いずれも、それとは知らずに、それぞれの仕方で生に仕えている。第一種に対応するのは、その現在において前進的に活動し、そのため過去の中から未来のための模範を取り出す人間であり、第二種に対応するのは、伝来のものを敬虔に保存して自分が自分の素性と一致していると心得ている人間であり、第三種に対応するのは、過去のものの批判によって未来の可能性のために自分自身を現在の歴史的な重荷から解放する人間である。ニーチェ自身は、かれが「ギリシャ人の悲劇的時代における」哲学を模範として描き出した時には、記念碑的意味において哲学史的に考え、かれが『偶像のたそがれ』において「もっとも長い誤謬の歴史」を物語った時には、批判的意味において考えた。——記念碑的な歴史を論じている時に、初めて、ふしぎなくらい唐突に、文字どおりの意味で「等しいもの」の永遠回帰という着想が浮び上がる。歴史の記念碑的な見方は、一度あった偉大なことは、ともかくも一度は可能であったのであり、それゆえに再び可能でありうるであろう、ということを前提とする。しかし、一度可能であったことが、どのようにして、すでに一度あったと正確に同じくもう一度くりかえされるべきであろうか。厳密にとって次のような場合だけである。すなわち——

「ピタゴラス派の人々の信ずるように、天体の配置がひとしい時には地上でもひとしいことが、しかも個々の小さなものに至るまで、くりかえされるはずだ、ということが、正しい〔場合だけである〕。そうだとすると、星々が互いにある位置を占める度ごとに、一人のストア学派が一人のエピクロス学派と手を結び、シーザーが殺され、また別な配置になる度ごとに、コロンブスがアメリカを発見するであろう。[一四]」

等しいものがそのようにまったく同一の状態で回帰するものと考えるとすれば、天文学者が再び占星術師にならなければならないであろう。――しかしのちに『ツァラトゥストラ』の中で、「星と未来」についてはこれまでただ空想されただけで、知られたことはない、と言われている。

論文の最後でニーチェは再びその最初にもどって行く――

「《非歴史的なこと》という語で私は、忘れることができるわざと力、およびある限られた地平の中に閉じこもるわざと力を表わす。《超歴史的》と私が呼ぶのは、視線を生成から逸らして、実在に永遠にして同意義なるものの性格を与えるものに、芸術と宗教に、向けしめる諸力である。科学は……これらの諸力を敵なる力であり強さであると見る。じっさい、科学は事物の観察(考察)だけを真の正しい力、すなわち科学的な力……、いたるところに生成したもの、歴史的なものを見て、存在するもの、永遠なものをどこにも見ないような力、であるとする。科学は、忘却を、知識の死を憎むと同じく、芸術や宗教の永遠化する力に対して内的な矛盾の中に生きている。[一五]……」

『ツァラトゥストラ』以来はじめて「永遠化する」力の局限が芸術と宗教に定められ、それがそれ以来ニーチェの哲学説の中心を形づくることになる。永遠回帰を説く人としてようやくニーチェは、その時代の時代はずれの批判者から、その時代を克服した哲学者になる。時代の時代性の克服は、最後の一八八八年の「時代はずれの考察」（『ヴァーグネルの場合』）の序文で、哲学の本来の課題と呼ばれている——

「哲学者が自分自身から最初に、そして最後に要求することは何か。自分の中にあるその時代を克服して、《時代を脱却する》ことである。それではかれは何に対してもっとも激しい争闘を耐えなければならないか。かれが正にその時代の子であるゆえんのものに対してである。よろしい！　私はヴァーグネルと同じくこの時代の子である、と一人のデカダンは言おうとする——ただ私はそのことを理解した。ただ私はそれに対して抵抗した。私の中にある哲学者がそれに抵抗したのである。」

時代を克服しようとするこの意志によって、歴史的意識の批判から哲学的知識の知慧まで及ぶ円環は閉じられる。ニーチェは、常に存在するもの、すなわち永遠なるものを規準として、時代（時間）および時代的（時間的）なものの経験を哲学的に考察した点で、古代的伝統の内部では最後の人、近代的歴史的意識の内部では最初の人である。

第六章　近世哲学の歴史における、人間の現存在と世界の存在とのあいだの問題的な連関

ニーチェの教説の生成において、人間存在と世界存在の分裂における問題的な統一は、「意志の自由とファートゥム」の題名のもとに、最初から最後までもちつづけられる問題点としてあらわれる。ニーチェの教説においてコスモス的回帰の意欲として解釈されるこの問題の体系的理解は、西欧哲学の全体におけるかれの歴史的位置の解明を要求する。この問題史は従来ある一面から、すなわち、反キリスト教的近代性の頂点において古代を取りもどそうとする試みとして、規定された。ニーチェが「かれの世界」を取り返すための出発点となった近代性の頂点は、しかし、世界（コスモス）の喪失によって規定されている。人間にとって世界は「かれの自由の荒野」の中に失われて無となっている。そして無へのこの自由がまたそれ自体として「汝まさになすべし」の喪失から生じているが、「汝まさになすべし」の本源は「神の死」である。したがって、キリスト教的神の死は世界の可能的再獲得の根拠であり、同じく逆に、古い世界へのキリスト教の侵入はその世界の喪失を動機づける。

世界の喪失において自己自身に投げ返されたキリスト教的近代的人間は、世界のものではないかのようにして、わずかにまだ世界の中にいる。キリスト教的人間の内面化に対応するのは、世界の外面化である。キリスト教的に理解された「世界」、それゆえに無価値になったこの「世界」は、近世の初めとともに、そして世界の新発見とともに、世俗化され、一つの独立的な「内界」に対して同じく独立的な「外界」の概念となり、その両者はもは

や、人間および世界の共通の創造者たる神に対する信仰によって合一されてはいない。内界と外界は、もはや拘束力をもたない「背後世界」によって、ゆるく結ばれているだけである。無価値になった背後世界に対して、ニーチェは「この」世界を、すなわち、「かの」世界によって感性的可視的な世界の背後で単に「地上的」な此岸になったよりも以前からすでにあったような一つの世界を、再び「意欲する」。永遠に回帰する世界の大きな環における自己の回帰への意志において、ニーチェは、かれ自身の鏡をディオニュソスの鏡に向けて差し出し、自己自身を意欲する世界の「ディオニュソスの謎」にかれ「自身の解答」を差し出した。

一つのものに作られた比喩が二重の等式に分解したことは、古い世界を取り戻そうとするニーチェの試みが依然として近代性に固着していたことを教えるものであった。近代性はその直接の起原を、デカルトの哲学と時を同じくする近世的世界の成立にもっている。デカルトとともにキリスト教的になった世界は世俗化される。しかし近代的世界における危機的転向点、世俗化された世界の内部における完全な世界喪失は、シュティルネルの極端なニヒリズムとマルクスの極端な実証主義として哲学的に表現される。

デカルトの哲学[二]では、世界の数学的構成と同時に、人間的知識と自身について知る人間の教会的拘束の権威からの解放が行なわれる。従来の信仰と未来の知識に対する関係におけるデカルトのこの二重の立場を、ニーチェは、自分も意識的に無信仰だったものだから、はっきりと見ることができた。かれはデカルトを、「一人の学者のもろもろの発見を人が自然に対して交える一連の戦闘に比した」世界の最初の哲学的物理学者だと見ている。[三]

「真理の標識としての論理的な明確さと透明さ('omne illud verum est, quod clare et distincte percipitur.'〈明瞭適確に把握されるものはすべて真である〉デカルト)、それをもって機械的世界仮説は望ましくかつ信ずべきものになる。[四]」

デカルトは初めて、哲学することの自由の目標を、「覆面者」の用心をもってではあるにしても、理性的意欲の至上権に置いた。しかしかれ自身および世界に対するかれの独立的な立場と同様に特徴的なのは、キリスト教的信仰の神に対するかれの疑いであり、その疑いなしにはかれの新しい確信も理解せられない。「アベラールは教会的権威に理性をもちこもうとした。ついにデカルトが、すべての権威は理性の中にのみあることを見いだした」。一方パスカルの内面的問題は、教会的信仰を重んずるための「理性の自己克服」であった。[五] デカルトはキリスト教的権威に対するかれの大胆な疑いそのものを、まだ教会の精神的な圧迫に負うている。[六] かれはまだ次のようなことの観念をもっていた。すなわち——

「事物の創造者としてのよき神を信ずるキリスト教的道徳的な、基本的な考え方においては、神の真実さがはじめてわれわれにわれわれの感覚判断を保証するということ〔の観念を〕。われわれの五感と理性の宗教的な聖祓と保証を別にして——われわれはどこから実在に対する信仰への権利をえられようか。[七]」

そして、存在に対する認識の立場が「実在の道徳的性格に関するあらかじめの決定に依存している」から、デカルトは「存在知覚の真実性」そのものをまだ「神の本性の中から」[八] 根拠づけた。

かれの疑いの考察[九]の特有な結果は、人間と世界の、それらの確実さに応じた存在論的な根本的区別である。人間は“res cogitans”(考えるもの)として自分自身にとって確実である。他のすべて、すなわちかれの外なる世界全体は、それ自体“res extensa”(ひろがれるもの)として不確実である。このように全体において存在するものが互いに相離れる二つの存在の種類に分割されることは、それ以来「観念論」と「実在論」の種々さまざまな形式において、ニーチェの「真の」世界と「見かけの」世界の止揚に至るまで、自然からして(おのずから)存在する世界に対する関係における人間的実在解釈を支配している。デカルト以来、世界は、考える人間の内的な自己存在および人間が自己意識的に考え出した世界と区別して、外なる世界と考えられている。有限な人間における近代的な緊張に対応するのは、無限な世界存在における拡がりであり、「デカルト以来人は」、「我は欲す」の橋頭から、此岸的になったのに一層遠のいて行った世界に向かっての「架橋に取りかかっている」(ディルタイ)。この架橋の試みの最後に立っているのが、古代の人々が考えた世界《コスモス》の確実さの素朴性へ帰ろうとすることによって別れた世界と再「婚約」をしようとするニーチェの最後の意志である。デカルトの方法的懐疑に対するニーチェの疑念は、ツァラトゥストラの最初の説話とデカルトの『プリンキピア』の最初の諸命題とのあいだの特性的な差異に現われている。「われわれはわれわれの理性の完全な使用に達する前に、子供としてこの世に来て、感性的な諸対象に種々さまざまな判断を下しているから、われわれは多くの先入観によって真実なものを知ることを妨げられる。われわれがそのことから解放されるには、われわれがいささかの不確かさの疑いにも出会わないようなものを一切疑ってみることを、生涯に一度決心することによるほかないように思われる。」ニーチェは確かさに至るこの道を疑い、かれ自身の新しい確かさを、かえって次のようなことの上に打ち建てる。すなわち、ツァラトゥストラは真理に至るその途上で、最後にコスモスの子供に「目覚める」。そしてそのことは「忘却」であり、また「再開始」なのであるが、それが永遠に「一度」だけ、しかも疑いをもって行なわれるのではなくて、何度でもくりかえし、しかも創造の戯れをもって行なわれるのである。ツァラトゥストラが目覚めて子供になるのは、単に「汝まさになすべし」の権威からの解放——すでにデカルトによって行なわれたその解放——ではなくて、それまで自己を縛っていた一切のものを疑うことを「我は欲す」、ということからの解放でもある。

世界に関するこの新しい確かさ、ツァラトゥストラに自分自身を「喜んで偶然の中へ突きおとす」ことを許すこの確かさを、ニーチェは——何物ももはや真実ではなくなった近代性の頂点において——デカルトの近代的な疑いをもう一度根本的に疑うということによって獲得する。デカルトは、神がもちろん欺瞞者であるかも知れないのだから、自分が真実の中にあるのかどうかと疑いはする。しかしデカルトは、欺瞞が神の完全性と一致しえないことを確認する。これに対してニーチェの「新しい啓蒙」は――それは神をもはや単に疑わしいのみならず、死んだものと考えるのであるが――「デカルトに対するイロニー」を、そして疑いにおけるその「軽率さ」を、「出発点」とする。[二一] じっさい、デカルトの「私は欺かれまいと欲する」ということは、依然として自己欺瞞へのより深い・より微妙な意志の手段であるかも知れない。そしてその自己欺瞞とは、デカルトの真理への意志が存在の真理が現われる時の外観をも是認しようとしないということにほかならない。かれの合理的な理性は、可視的に現われる世界の背後に一つの世界を構成し[二二]、そのように整えられた世界の中で可視的世界そのものの確信を得ようとするのである。

「私から見るとデカルトは十分に徹底的ではない。確かなものをもとうと望み、《私は欺かれまいと欲する》時に、《なぜ〔欺かれ〕まいと〔欲するの〕か》と問う必要がある。要するに、外見と不確実さに対して確実さを重んずるための……道徳的な先入見である。[二三]」

直接的な確実さに対するデカルトの信仰は、それ自体まだ、理性の力に対する信仰であって、本源的な世界確実性(コスモスの確実さ)に対する信仰ではない。

「われわれ近代人はすべてデカルトの敵であり、われわれは疑いにおけるかれのドグマ的な軽率さに対して身を守る。《デカルトよりもよく疑われなければならない。》われわれは逆のことを、《理性》の女神の絶対的権威に対する反動を、いくらか深い考えの人間が存在するところでは、どこにでも見いだす。狂信的な論理家たちは、世界が一つの錯覚であることを承認せしめた。そしてまた、思惟においてのみ《存在》への、《絶対者》への道が与えられていることを。[一四]」

確実さは知識においておよそ可能なのであるか、あるいはそれは存在の中にのみ根拠を有するのか。そして存在に対して認識する知識とは何であるか。

「しかしこれらすべての疑問に対して出来合いの教義を当てはめるような人にとっては、デカルト的な用心がもはや何の意義をももたない。その用心はおそすぎるのだ。《存在》を問う問題の前に、論理の価値の問題が決定されていなければならないはずであろう。[一五]」

「存在」はデカルトにとっては、認識しうるものとして前もって規定されている。かれは科学的な知識を信じているからである。しかしかれは最高の種類の生きた存在の包みかくされない真の様相を見ていない。

人間と世界の関係の規定における、デカルトから出発した根本的区別を越えて、その先への一歩は、カントによって行なわれた。カントの無上命令をニーチェは、デカルトのしずめられた疑いを顧慮して、「デカルトの言にもかかわらず、神はやはり欺瞞者であるはずであろうか[一六]」という文章で説明している。つまり、カントは、自分が何を「なすべき」かを自分に言ってくれる理性だけを頼りにする。それゆえカントは、デカルトのあいまいな確言、神がかれを欺かないという確言をも、もはや必要としない。デカルトが教会的権威を初めてぐらつかせながらも、自分はまだ自分の新しい確かさを神学的に確認しているのに対して、カントはすでにキリスト教的信仰の命令を、実践的な理性によって本源的に命ぜられたものとして解釈する。しかし、もし「真の世界」が単に「義務を負わせる」命令として、現実の世界の背後で「到達も証明もされない」ものになっているならば、人間と世界はどんな関係になるのか。存在の全体は、規範的な創造者としてそれを締めくくる神がもはやないものとすれば、結合されない二つの部分に必然的に分離するのではないか。

カントは[一七]、人間と世界が二様のものになっていることを、目立った個所で、すなわち『実践理性批判』の「終結」で、有名な文章にして表現した。すなわち、人の気持をつねに新たな感歎をもって充たし、自分が自分の生存の意識と直接に結びつける二つのものが存在する――自分の頭上にあるかがやく大空と自分のうちにある道徳的な法則が。しかしその差異は次のようなものであるという――

「前者は、私が外的な感覚世界において占める場所から始まり、私が立っている結合を、世界の上の世界と体系の中の体系をもった無際限の大きなものの中へ、その上更に、周期的な運動とその発端と接続の無限の時間の中へ、拡大する。後者は、私の目に見えない自我、私の人格から始まり、真の無限性を有する世界の中に私を呈示する。……その世界に対して(それによって同時にまたすべてのかの目に見えない世界に対しても)私は私を、かしこ(頭上の星空に対する場合)とは違って単に偶然的な結合においてではなく、普遍的かつ必然的な結合において認識する。[一八]」

カントは言う――かぞえきれないほど多数の世界の全体において、私は私の人間的な重要さを失う。私は他の多くの生物の中の自然的な一生物にすぎない。私はしかし、存在するものの全体への洞察をもった、道徳的に責任のある理性的存在として、他の自然的な感覚世界全体から「独立な生命」である。しかし感性的世界の体系の前に感歎して立ちどまり、星空をただ眺めて、自分のうちにある道徳的法則を驚きあやしむだけで、事たりるわけでもない。コスモス的な世界観察が「占星術」に終わり、道徳的な世界観察が「迷信と熱狂」に終らないようにするためには、存在の両領域を探求しなければならない。

カントを乗り超える次の一歩は、フィヒテが『人間の規定』[一九]においてこれを行なった。かれに言わせると、道徳的生存と自然的世界は、もはや類同の法則性格において結合されうるものではなくて、その両者の関係は人間の自然存在とその道徳的自己存在とのあいだの弁証法的アンティノミーの関係である。この人間内の矛盾は、一種の哲学的「信仰」においてでなければ解決されえない。最初の観察は人間を他の多くの生物の中の自然的な一生物として示す。人間は、他のすべての存在物と同じく、自然からして「一般的に規定され」ている。そしてその点にのみ、すでに人間の「規定」全体も存しているように見える。現に在る自然の全体においては、一切が、そのすべての部分において、正に現にあるように、そしてその他にはありようがないように、自然必然的にある。何物もそれ自体の中にその実在の根拠を有しない。一切は、相互的な作用連関において、ありとあらゆる存在物の存在根拠たる自然力の根拠、一切を貫いて作用するその根拠の上に、立っている。宇宙における自然力のどの表出も、それが現に出て来るように必然的に出て来るのであり、「そして、それが現にあるのとは少しでも違ってあることは、まったく不可能である」。おのおのの個々の人間も、もし他のすべてのものもすでに存在し、現にそうなっているようにあるのでなかったら、存在しないであろうし、現にあるようにはなかったであろう。私自身は厳密な自然必然性の鎖の中の一環である。

「私は私自身によって生じたのではない。私が私自身を存在にもたらすため、私があった前からあったのだと仮定するのは、ひどくつじつまの合わないことであろう。私は私以外のある他の力によって現実的になったのである。そして、私がもちろん自然の一部分なのだから、一般的な自然力によってでないとしたら、いかなる力によってであろうか。私の発生の時間、私が発生した時もっていた諸性質、それらはその一般的な自然力によって規定されていた。そして、私に生まれついたこれらの基本的諸性質がそれ以来現われて来た諸形態、また私が存在する限り現われるであろう諸形態はすべて、同じ自然力によって規定されている。私の代りに別の人が発生するのは、不可能なことであった。この一旦発生した人間が、その生存のある瞬間に、かれが現にあり、またあるであろうとは違ったものであることは、不可能なことである。[二〇]」

この、それ自身に無罪な(責任のない)人間の実在は、もちろんただちに、自分自身の意識を伴なうようになる。しかしこれもまた、自己運動が動物的生活に、生長が植物的生活に属するように、人間存在に必然的に属するものである。[二一]

人間は、してみると、コスモスにおいてかれに特別な位置を与えるような、特殊な規定などをまったくもっていないのである。かれは、この規定された人間であって他の人間でない限り、すでにつねに自然必然的に規定されている。

「私は、現に私があるとおりの者である。なぜならば、自然全体のこの連関においては、かような者だけが可能であって、他の者はただ可能でなかったからである。そして、自然の内奥を完全に見渡すような精神ならば、ただ一人の人間を認識することから、昔からいかなる人間があったか、そして各時代にいかなる人間があるであろうかを、明確に述べることができるであろう。かれは一人の人物においてすべての現実の人物を認識するであろう。すると、私があったもの、私があるもの、私があるであろうものを現に規定するのは、自然全体とのこの私の連関である。そしてかの精神ならば、私の実在のあらゆる瞬間から、私がその瞬間の前にあったものと、私がその瞬間の後にあるであろうものを、まちがいなく推論することができるであろう。私がおよそあり、そしてなるすべてのものに、ただ必然的に私はなり、そして私はある。そして私が別なものになることは、不可能なことである。[二二]」

しかしこれに対して、この最初の考察においてすでに、これを顚倒させるような矛盾が起こって来る。じっさい、同時に私は、独立的に自分自身に委ねられた存在――自身に向かって「私」と言うことのできる存在――としての私自身を、自分で意識している。人間は自己意識的な我意をもってあれこれのことを決意することができる。かれは自殺の行為において自分自身の実在を終結することとさえできる。そして直接には私の意識はおよそ私を超越しない。じじつ、私は人間を形成する自然力そのものではなくて、それの表出の一つにすぎず、その表出を私は私の自我として自分で意識している。そのことによって私は私に自由なものとして見える。そして、私が自分の欲することを「外的な事情」によってなしえない時には、私は自分の自由な独立性において局限されているものとして見える。してみると、人間は二様のものであるらしい——それ自体としては一般的な自然力の自然必然的な表出、自分自身にとっては自由な存在力。そして「自然の中には矛盾するものがないのだから、人間だけが矛盾する存在なのであろうか？」この矛盾は第一の考察の地盤では解決せられない。そこでつづいて第二の考察が、逆の端から行なわれる。私自身は私自身にとって、また私自身によって、何物かであろうと欲する。私自身の自己規定の根拠を、そして本源的な自然力の地位をさえ占めようとする。そのためにはしかし人間は「いつもすでに自然からして規定されていること」から自由でなければならないであろう。自由な意欲に必要な意識は、人間の単なる自然規定性ではないかもしれない。そして、世界全体が人間の意識にとっていつもすでに一つの世界であること、それが直接的にではなくて、われわれによって媒介されて、すなわちたとえば、われわれの感覚の感覚世界として存在することが、実際に明らかになって来る。主観性はそれ自体、自然的な外界に対して、いつもすでに規定的である。直接的に確かなのは、私は自分で何かについての私の視覚と感覚を意識している、ということだけである。「ある」ものはすべて、私の意識の可能な対象である。じっさい、対象は、それが私に向かいあって立っている限り、単に一つの対象である。

対象についてのこの意識は、自我の意識に伴なわれている。私はいつでも何かについての私の視覚から私の視覚そのものに帰ることができる。それゆえ問題は、もはや最初に提出されたように、人間が宇宙の内部でどのように見えるか、ということではなくて、その逆の問題、どのようにして私がいつか私の自我と世界の意識の圏内から現実の事物へ出て行くか、ということである。どんな「帯」がそれらと私とを結んでいるか。しかし、この問は私の顧慮の中では行なわれない。じじつ、自己自身について知っている自我は、自己自身にとって同時に主体および客体、両者の単純な同一体であり、そして事物は自我の表象する意識の単なる産物であるように思われる。しかし、自我の外にある世界が非独立的になるとともに、独立的になった自我も発散して一つの幻影と化するのではないか。

「これがまったく、あなたが私に期待を起こさせた知慧なのか。そしてあなたは、そのようにして私を解放すると、誇るのか。あなたは私を解放する――それは本当である。あなたは私をすべての依存性から放免する――すなわち、あなたは私自身を無に、私の周りにあって私が依存するかも知れない一切を無に変化せしめる。あなたは、すべての存在を止揚し、そしてきれいに抹殺することによって、必然性を止揚する。[三三]」

これをもって「信仰」に関する第三の、そして最後の考察が始まる。その信仰は、ニーチェがかれの最初の解放の認識論的結果を呼んだ呼び方によれば「論理的な世界否定」から脱け出さしてくれるはずのものである。人間の規定は、単なる知識などでは決してなく、実在性への信仰――第二の考察の無を実践的に超越せしめる信仰――において、知りつつ行為することである。

「私が行為するならば、私は、自分が行為していることを、そして自分がいかに行為しているかを、疑いもなく知るであろう。しかしこの知るということは、行為そのものではなくて、行為をただ見ていることである。――それゆえ、この声は正に私が求めたものを私に告げ知らせる。知識の外に存し、その存在に従って存在からまったく独立しているものを。[二四]」

ここに、すべての実在性の意識が実在性に対する行為する自我の事実上の関心に結びつけられる点が存するように見える。[二五]この関心はしかし道徳的には良心によって——自由な行動に呼び起こし、それによってわれわれをして再び世界を確信せしめもする良心によって——命ぜられている。

「われわれは、認識するが故に行為するのではなくて、行為すべく規定されているから認識するのである。実践的な理性は、すべての理性の根源である。理性的な者たちにとっての行動法則は直接的に確かだ。すなわち、かれらの世界は、それらが確かであることによってのみ確かである。われわれがそれらを断念すればかならず、われわれにとってその世界が、そしてその世界とともにわれわれ自身が、絶対的な無の中に沈んで行く。われわれはもっぱらわれわれの道徳性によってこの無の中から起ち上り、この無の上方に身を保つ。[二六]」

フィヒテは自由のニヒリズムを道徳的な積極性によって除去する。かれの考察の最後には、自己自身を生産する神的な意志が書かれている。それは最後に自我と自我の外にある自然的世界の非自我とのあいだを仲介するが、その自然的世界とは、神的摂理によってみちびかれた世界設計であり、人間にとって「道徳的な試練施設」、「永遠性への学校」である。宇宙については最後に次のような形象が出来上がる——

「宇宙は私に言わせるともはや、かのそれ自身の中へ走り帰る環でも、かのたえずくりかえされる戯れでもなく、また自分自身を呑みこみ、再び前にあったとおりに生み出すような、かの怪物でもない。それは私の目の前には精神化されて、精神の独自な刻印をもっている。無限につづいて行く一本の直線における、より完全なものへの絶えざる前進。[二七]」

「私が先ほどまではまだ歎賞していた世界は、私の目の前に消え失せ、沈んで行く。私がそれ(世界)の中に見る生と秩序と繁栄のあらゆる充溢にもかかわらず、それは何と言っても、それより無限に完全な世界を私の目からかくしているカーテンにすぎず、そこからその完全な世界が咲き出すべき芽にすぎない。私の信仰はこのカーテンの背後に廻り、この芽を温め、生気づける。私の信仰は別段はっきりしたものを見ているわけではない。しかしそれは、この地上でつかみうるよりも、いつかそのうちつかみうるかも知れないよりも、より多くを期待している。[二八]」

しかるにニーチェは、逆に批準のないものとなったこの道徳のカーテンを引き払って、世界の循環における破壊と創造の反復作用を再び目に見えるものにしようとする。

フィヒテの自然的世界の「破棄」に対する応答の中で、シェリング[二九]は、フィヒテのことを、かれは退屈になるまで事物を説明することをこころえた大演説家ではあるが、かれの純粋な行為的な自我は世界を純然たる無にしてしまう、と言った。

「実在性のそのような完全な無が、してみると、フィヒテ氏の何よりも大事なことである。すなわち、かれの認識の純粋性にとっては、およそ何かが存在するということ、永遠なるものが実際に現実的であるということ、そして、この認識すること自体も正にその現実性に属しているのだから、それが現実的になった後でなければ認識もされないということ、そのことがすでに妨げになるのである。」それに反してフィヒテにおいては、自然の全実在は人間によるそれの加工と経営を目的として経過する。「自然と思想の一致は、それによると、自然が思想に従う時にのみ可能なのであって、真理そのものが存在であり、存在または自然そのものが真理であるような時に可能なのではない。」……「この目的のために(フィヒテにとっては)、かの諸力がはたらく時に従う法則の知識、つまり物理学(自然学)が必要である。しかし自然は人間にとって単に有益かつ有用なだけであるべきではない――そのことは自然の第一の目的であり、経営上の観点であった――、そうではなくて《それ(自然)は同時にかれ(人間)を然るべく取り囲むべきである。》すなわち、(それはほかに解釈のしようがありそうもないのだが)それは快適な庭園と荘園に、美しい住居と適当な動産に作り変えられるべきであり、そのことは自然の第二の目的かつ美的な観点である。――工具や家具に作り変えられるだけの値打しかないような自然の表象やそのような精神構造にふさわしいものとして、すべての自然のもっとも盲目的な軽蔑のほか何がありうるだろうか。それは人間について《人間において生み出したり考えたりするのは一種の自然力である》と言うのが、人間をもっとも手ひどく誹謗することだと、大胆にも考えている」。……「かれ(人間)は自然の勢力をすべて見くだした。そしてこの源泉がかつてかれの中に流れたとしても、かれはそれを自分の中でとうの昔にせきとめていたであろう。誰でも、自然がかれの中で考えているのではないことを、証明するであろう。じっさい、それはかれを差しおいて、どうしてみずから発言の機会を得られるであろうか。それが生の表示の痕跡でも現わそうとするならば、さっそくかれは喚き立ててそれをだまらせ、かれの知慧をもって徹底的に言い負かすだろう。……かれはかれ自身の中にあるすべての自然の頭をとうの昔に踏みにじっている。しかしながら、かれの言うところを聞いてみると、両者のうちどちらが相手に大きな禍を加えているかは、依然として疑問である。[三〇]」

ニーチェはシェリングとは一度もかかわりあったことがないし、シェリングの影響はショーペンハウエルの意志の形而上学およびハルトマンの無意識の哲学という派生した形においてかれに達したにすぎないが、そのシェリングは、――その神生論めいた構造にもかかわらず――ニーチェの永遠回帰の教説に実際的な関係をもつドイツ観念論の唯一の思想家である。「最高の学問の生き生きしたものは」――と『時代』[三二](世界年齢)の序文に書かれている――「元来生き生きしたもの」、何ものにも先立たれず、それのほかに何物をももたず、したがって純粋にそれ自身の中から、もっとも固有な衝動と意欲から発展しなければならない太古の存在、でしかありえない。この元来生き生きした、もっとも古いもの、ひとたび生成した一切のものよりも永く持続してつねに現在するこの「過去の深淵」は、知られ、そして太古の歴史のように物語られることができる。なぜならば、人間は同じ源泉に由来し、たとえ不明瞭になり忘れられてはいても、もともと天地創造を関知しているからである。このもっとも古くかつ永続的なものは、人間も自由をそこなわれなければ一種の自然であるような、「その語のもっとも完全な意味における自然」である。無意識に知っている「心情」と知識を意欲する精神――その問に対する答を、存在したもの、本質的なものの証言(その中に知識が未展開の、かくされたままの形で元来含まれているような証言)から受け取る精神――とのあいだの秘密の交通、知ろうとする精神と無意識に知っている心情とのあいだの静かな会話、それはシェリングによれば、一切の事物の本源的な本質に関するもっとも高くもっとも深い知識を求める哲学者の本来の秘密である。この会話――ニーチェに言わせると、「生」と「知慧」との会話――において、人間における自然が、表明しうるもの・自己を識別するもの・理解されうるものとなる。プラトンの論述的な弁証法から哲学的神話の「物語の単純さ」への復帰におけるように、問いしらべる探究が事物の本質と発生の簡単な物語に高められうるとしたら、哲学者は「あったもの・あるもの・あるであろうもの」を一つに集めて観ずる予言者になるであろう。じじつ、一切の生起の本性はすべての生けるものにおいてつねに同一であり、自身の生活の歴史を根底から物語ることのできるほどの人は、同時に宇宙の歴史をも一つの総体として総括しているであろう。しかし、大抵の人間は、大きな生(それはすべての生けるものと同じく、暗い恐ろしいものの中で始まり、その後そこから和らげられて光の中に現われる）の深淵から目をそらすように、自分自身の内奥の秘密から目をそらす。人間の生を宇宙の歴史における全体生命と結合するこの根本生命には、その本質に属する一つの矛盾（それは同時に否定的にして肯定的、破壊的にして創造的、啓示的にして隠匿的であるという矛盾）がはたらいている。元来、生き生きとした存在――ニーチェの言葉で言えばディオニュソス的世界――のこの二重性格は、光と闇、天と地、男性的と女性的として、つねにすでに経験され呼ばれている。それは根源的な一つの全体として、それ自体の中に完成され丸みをつけられた、完結され終了されたものであり、破壊し創造する原力をひとしくそれ自体の中に含んでいるものである。「第一自然」は恒常の循環であり、始めも終りもなく、静止することなく回転する運動である。その根源的な存在は自分自身の外に何ものをも欲しない。それは自己意欲である。永遠に自己自身の中に旋回するこの生は、一種の「コンパス」、たえず廻転する「車輪」または「時計仕掛」、つねに前進し後退する運動、「干満」のたえざる転換であるが、これらはすべて、全体生命の根本性格をあらわすためにニーチェも使った言葉である。シェリングは、ヘラクレイトスを引合いに出して、第一自然の完全な概念、神の本性をも包含する概念を記述する。ニーチェが『権力意志』の最後のアフォリズムにおいて、「たえず自己自身を生み出しては再び消費する生命、今は覆われていて外面は静かな諸特性を示してはいても一切の中に隠されているものとして人間が恐怖をもって予感せずにいられない生命、として」記述しているのとまったく同様である。それは、始めへのたえざる復帰と永遠の再開によって実体（id quod substat）、恒常な基礎になっているもの、になる。それは不断の内部の連動装置にして時計仕掛、「たえず始まり、たえず生成し、たえず自分自身を食いつくし、そしてたえず自分自身を再び生み出す時間」である。

ニーチェのいう自己自身をたえずくりかえして意欲する生の形而上学に対する決定的な差異は、シェリングが第一自然のこの恒常な循環を、現在の「世界」と同一視せず、また神的な存在とはなおさら同一視しないということである。自然がその第一自然に留まっていたとするなら、それは永遠の呼気と吸気・発生と消滅・展開と収縮の不断の転換・存在しようとする永遠の衝動、以外の何ものでもなく、存立するに至って自己自身を意識する実在、現実的な、すなわち恒常な実在を、もたないであろう。[三二] それにしたがってシェリングは、生ける循環が神の本質における自由にまで救済される神生論的過程を構成する。その神は存在するのでも存在しないのでもなく、純粋な自由のように、一つの無である。すなわち、何ものをも意欲しない純然たる意志、欲望も欲求もない、自然のない純粋な精神たる意志である。神は永遠の存在する自由そのものであり、そして自然はその実現の必然的な質料または可能性にすぎない。それ(自然)自身は神ではなく、世界でもない。それは神の必然的な本性と世界の前提に属するにすぎない。根本自然は、放任されると、「どうしていいか分からず途方にくれる」ものであり、持続的な存在にあこがれる「不安」と「不快」の生命である。同じことが人間についても言える。人間の内奥はもちろん同じくかの自然の車輪ではあるが、人間はそれから救済されていることを欲する。[三三]

〔更にシェリングの言うところによれば〕古いものおよびもっとも古いものとみずから結合する代りに、人間と世界に関する近代的な考え方、すなわちデカルト的な考え方をつづけるのは、それゆえ、不合理なことではあるが、古いものやもっとも古いものに留まることは、やはりできない。自然の深淵が、神および神の似姿たる人間の自由な本質を、根拠づけてくれないからである。この深淵は、人間が自分自身のもとにいなくなる時、人間が病気になるか、あるいは精神の統治力がかれを去ってかれが精神病になる時に、人間において出現する。人間は、電光のように卒然と決定的に決意し決定し、それによって真の開始を定める時、一つの「危機」においてかれの本性(自然)とその過去から分離することによってのみ、かれ自身となる。他面しかし、どんなに熟慮した意識的な意欲もすべて、霊感という盲目的な無意識的な力を前提としていて、結局はそれだけを展開するのである。シェリングはディオニュソス的陶酔の神聖な狂気をその意味に解している。[三四]ディオニュソス的な、自分自身をひきちぎる狂気は、今日でもなお、事物の最奥であり、あらゆる生産の自然力であり、より高い悟性の光によってだけ制御されている。じっさい、悟性は、狂気の制御においてでなくて、何において確証され実証されるであろうか。狂気がまったく欠乏することは、理性ではなく愚鈍という結果をもたらす。すべての生と実在の母体は、シェリングによれば、ニーチェによると同じく、恐るべきものであり、一種の盲目的な強さと力、克服されはするが決して除去されることのできない、そして「すべての偉大さや美しさの基礎」となるような、野蛮な原理である。[三五]

シェリングの『時代』は、ついでに、ヘーゲルの形式的な弁証法の「からっぽなおしゃべり」に対する攻撃を含み、また、悟性の相手が理性ではなくて狂気であり、狂気の「請願」なくしては生きた悟性も存在しないであろうということを洞察する代りに、絶対者というものを理解しうるためには悟性により高い「理性」というものを対置せざるをえないことになるのだ、という意見を含んでいる。

ヘーゲルの体系では、自然は何らの根源的な、基礎的な、そして独立的な意味をももっていない。それは「理念の他在」である。ヘーゲルは、人間と世界の近代的な乖離を意識しつつ、カント、フィヒテおよびシェリングとの対決において、自己存在と他在の失われた統一を、それ自身「第二の」自然たる絶対的精神の調停的哲学において、再建しようと試みた。この調停の結果は「他在において自己自身とひとしくなっていること」である。しかしヘーゲルはこの運動を、「腐敗の宥和」の明白な意識のうちに、西欧哲学のキリスト教的時代の結末において、[三六]そしてデカルトの哲学における人間と世界の近代的な分裂の始まりを顧慮して遂行した。

「わが北西〔ヨーロッパ〕の世界の近代史の文化において一般にひろがりつつある二元論――一切の古い生活の没落として、人間の公共的生活の静かな変化と政治的および宗教的な騒がしい革命一般を、色彩のちがった二つの外面としてのみもつような二元論――を、哲学的な形式で表明したデカルト哲学に対して、またそれが表現する一般的な文化に対して、生きた自然のおのおのの面、したがって哲学も、救助手段を求めずにいなかった。この点に関して哲学によってなされたことは、それが純粋かつ公然たるものだったところでは、狂熱をもって取り扱われ、それが比較的に隠蔽されかつ錯綜して行なわれたところでは、それだけ容易に悟性がそれをわがものとし、そしてそれを以前の二元論的な存在に作り変えた。すべての学問はこの死の上にみずからを築いた。そして、それら(すべての学問)においてなおも学問的に、つまり少なくとも主観的には生きていたところは、更に時間(時代)によって殺されてしまった。そこで、この広い海の中にもぐり、身を狭めて、それだけ一層つよくその成長するつばさの力を感じるのが、直接には哲学そのものの精神ではないとしても、もろもろの学問の退屈さもまた――もろもろの学問とは、理性に見すてられた悟性の建造物であり、その悟性は、何よりもわるいことには、啓蒙的理性とか道徳的理性とかいう借物の名前をもって神学をも害なってしまったのであるが――うすっぺらな拡散全体を堪えがたいものにし、そして少なくとも一点の火、生きた観照の集中に対するあこがれ、また、死せるものが十分に長いあいだ認識された上では、生けるものの認識――理性によってのみ可能になるような認識――に対する、豊かなもののあこがれ、をひきおこさずにいないであろう。三七」

ヘーゲルの精神的な力は、この崩壊の歴史をはばむことができなかった。かれはかれの「宥和」によってかえって、世界がいかなる神によっても締めくくられなくなり、神の代りに絶対的「精神」が現われるようになって以来、人間が世界と分裂しているということを、後世のために明らかにした。

「実証主義の鶏鳴」[三八]とともに、この神学的な背後世界――デカルトからヘーゲルに至るまで、人間と世界すなわち外界との関係における既存の問題性を勃発したばかりのところで妨げて来たその背後世界――に影がさして来る。その鶏鳴は、シュティルネルとマルクスの極端な急進主義において起こった。この両人にとっては、もともと自然的であるような世界は、およそもはや存在しない。世界は、シュティルネルの「唯一者」にとっては、消費しうる「所有物」となり、マルクスの「種属人間」にとっては、まず製造されるべき人間世界における共通の「生産手段」となる。

「私は私のことを無の上に立たせた」（本書二〇九ページ参照）というのが、シュティルネルの得意なニヒリズムのモットーである。[三九]『唯一者とその所有物』（一八四四年）は、「人間」および「私」（自我）と題された二章に分かれる。シュティルネルの問題は、人間というものでも世界というものでもなく、各自の世界の所有者としての「私」である。神および世界に対する失われた信仰のぎりぎりの最後において、シュティルネルの唯一の自我は、かつて神がなしたように、無の中から自分の世界を造り出す。

「神的なことは神の用件であり、人間的なことは《人間の》用件である。私の用件は神的なことでも人間的なことでもなく……ただただ私のことであり、それは一般的な用件ではなくて――私（自我）が唯一であるように、唯一のことである。[四〇]」

「そして今や私（自我）は世界を、それが私（自我）にとってあるがままに、すなわち私のもの、私の所有物として、取る。私は一切を私に関係づける。[四一]」

これでシュティルネルは、自分が新しい時期の始まりにあることを意識している。その時期から、かれは、古代とキリスト教の古くかつ新しい世界を区別する。かれはキリスト教の最後の姿として政治的、社会的および人道的な自由主義を認識する。古代人にとって「世界」は一つの真理であったが、それの偽りをキリスト教は見破った。近代人にとっては「精神」が真理になったが、それの偽りをシュティルネルが、フォイエルバッハおよびバウエルの帰結において、見破った。

「古代人には世界の知慧(哲学)以外の何物をも示すべきものはないが、近代人は神学以上のものを達成したこともなく、また達成することもない。われわれは、神に対するどんなに新しい反抗も《神学》の極度の努力、すなわち神学的な暴動以外の何物でもない、ということを見る……であろう。[四二]」

最後に、人道主義的人間はまだ神的な真理であるように見えたが、この「人間」、ヘーゲル以後の哲学が引合いに出すこの人間は、内容ゆたかな一つの常套語にすぎず、これをシュティルネルは、すべての常套語にけりをつけるはずの「唯一者」という「絶対的な常套語」をもって、凌駕する。シュティルネルは、デカルトからヘーゲルに至るまでの哲学だけが奥のある一種の神学なのではなく、バウエルとフォイエルバッハの非キリスト教的哲学の「敬虔な無神論」もそれであることを発見する。なぜならば、かれ自身は決然として無の上に立ち、かれにとっては、本来神であった「精神」も「人間」もそのほか何ものも「最高の存在」ではないからである。

「最高の存在として尊敬されるのは何かということについての論議が意味をもちうるのは、もちろん、どんなに激しい論敵同士でも、勤行や奉仕に値するような最高者が存在するのだという主要命題をたがいに認容する限りにおいてだけである。最高者に関する論争全体を、あたかも一人のキリスト教徒がシア派(回教の一派)とスンナ派(同上)の口論を見るように、あわれみの微笑をもって見くだす人があるとすれば、……その人にとっては、最高者の仮説はつまらないものであり、それを基礎とする論争は空虚な戯れだと考えられるであろう。

すると、最高者を表わすのが、唯一あるいは三位一体の神かルッテル的な神か、あるいは至高の存在すなわち神などではなくて、《人間》であるとしても、そのことは、最高者そのものを否定する人にとっては、何の違いにもならない。じっさい、その人の目から見ると、一つの最高者に仕える人々はすべて、どんなに狂信的な無神論者も、どんなに信心深いキリスト教徒も、いずれおとらず善男善女なのである。[四三]」

かれらはすべて、まだ偶像を崇拝し、「固定観念」に取りつかれている。ルッテルの信仰とデカルトの思考《コギターレ》とヘーゲルの自己自身を知っている精神とのあいだの差異は微々たるものである。それはかれらはすべて、はだかの、まったく卑しい人間をまだ知らないからである。かれらはすべて、人間における神的な、そして永遠なものを、まだ信じている。

「そのためルッテル派ヘーゲルも……一切の事物に概念を完全に貫通させることに成功した。一切に理性、すなわち聖なる精神がある。別の言葉で言えば《現実的なものは理性的である》[四四]」

二千年このかた人は「聖なる精神」の神聖さを剝ぎ取るべく努めている。しかしそれは、世俗的になった精神として――「より人間的」となり、今や「時代の精神」あるいは「人類の精神」として人の心をより多くひくものになって現われ、ついにはわずかにぼろをまとって歩くに至るような精神として――依然として存在する。

「人道的な自由主義において、そのみすぼらしさは申しぶんのないものとなる。われわれ(自我)は、自己性(特性)を得ようとするなら、まずもっともみすぼらしいところまで……落ちて行かなければならない。じじつ、われわれは借物をすべて脱ぎすてなければならないのだから。ところが、何よりもみすぼらしく見えるのは、裸かの――人間である。

しかし、私(自我)にとっては人間もまた借物であり、私は人間を自負することを許されないのだと、私が感じるために、私が人間をも投げすてるとなると、それはみすぼらしさ以上のことである。それはもはや単にみすぼらしさなどではない。最後のぼろきれも落ちたのだから、そこにはすべての借物を脱ぎすてた真の裸体が立っている。ぼろぐるみの人間がそのぼろ(みすぼらしさ)までも脱ぎすてて、そのため、かれが以前あったものであることをやめたのである。……[四五]」

これで第二部が始まるが、第二部は、古くかつ新しい世界の人間を、もはや批判的に扱うのではなくて、その所有物の所有者たる自我を扱っている。第二部の題辞は次のとおりである——

「新しい時代の入口に《神人》が立っている。その出口では神人の中の神だけが揮発するのだろうか。そしてその神だけが死ぬと、神人は本当に死ぬことがありうるのだろうか。人はこの問題のことを考えなかった。そして、人が啓蒙主義の仕事、神の克服を、われわれの時代にはなばなしい結末にみちびいた時、その問題は片づいたのだと思った。人は、人間が今や——《高所にいる唯一の神》になろうとして、神を殺したのであることに、気がつかなかった。われわれの外なる彼岸はもちろん掃きすてられている。そして啓蒙主義者たちの大きな企ては遂行された。しかしわれわれの内なる彼岸が新しい天国になっていて、われわれを新たなティータン(神に反抗するもの)に呼びさます。神は席をゆずらなければならなかった。——しかし、われわれにではなく、人間に。どうして諸君は、神人のうちの神のほかに人間も死んでしまわない前に、神人が死んだと、信じられるのだろうか。[四六]」

しかし、これまで人間たることを規定して来た神とともに、人間も死んでしまって以来、自我は何をなしているか。かれの行為《トゥーン》は、かれ自身およびかれの所有物たる世界の、そのつどの「浪費《フェルトゥーン》」、消費および利用である。キリスト教的なもろもろの価値の「捺印のしなおし」を執行し、一切の自己のもの、利己や我執や我意や自愛や所有に新たに名誉を恢復してやることが肝要なのである。

「自己性(特性)はあらゆる自己のものを包含し、キリスト教的言語によって名誉を汚されていたものに、再び名誉を恢復してやる。しかし自己性は、自由や倫理性や人間性などと同じく、まったく何の理念でもないのだが、何の借物の物差をももっていない。それは単に、所有者の形容である。[四七]」

フォイエルバッハの「人間」は想像された種属存在にすぎないが、これに反して所有者は実際の個体存在である。私(自我)自身の課題は、「普遍人間的」なものを実現することではなくて、私自身を満足せしめることである。自我としての人間はもはやまったく何の「職業」も「課題」も「使命」をももたない。かれはただただ、事実上自己のものになしうるものの所有者であるだけである。

「自我すなわち人間なのだから、自我が人間的なものを要求すべきことを、けっきょく自我に期待するというように、自我に自我の外にある規定(使命)を与えなければならないものと、人はつねに考えて来た。これはキリスト教の魔法の輪である。フィヒテの自我も自我の外の同じ存在である。じじつ、自我は各人であり、そしてこの自我だけが正しいとしても、正しいのは《私(自我)というもの》であって、私が正しいのではない。しかし私は他のいくつもの私と並んでいる一つの私ではなくて、唯一の私である。私(自我)はただ一つである。それゆえ私の欲求、私の行為、つまり私におけるすべては、やはり唯一である。そしてただこの唯一の自我として私はすべてを私のものとなし、そしてまた私はただこの唯一の自我として活動しかつ発展する。私は人間として人間を発展せしめるのではなく、自我として自我を発展せしめる。これが、唯一者の意味である。[四八]」

これで初めて、本質と存在のあいだのキリスト教的な緊張の「魔法の輪」が破られた。この魔法を解かれた人間が価値を有するのは、キリスト教的な神の国に関与する者としてでも、ヘーゲルの精神化された世俗の国における業務者としてでもない。唯一者はそれ自身すでに一つの「世界史」であり、他の世界史において自分の所有物を有する者であり、「そのことはキリスト教的なものを凌駕する。」そのようにして「唯一者において所有者は、その中からかれが生まれるかれの創造的な無の中へ、帰って行く。」

「私が私のことを唯一者たる私の上に立たせれば(自分だけを頼りにする)、それは無常なものの上に――自分自身を消費する者を創造する死すべき創造者の上に――立つ。そして私は言うことができる――
　私は私のことを無の上に立たせた(何ものをも頼りにしない…)、と。四九」

このニヒリスティックな態度は、それに劣らず極端なマルクスの実証主義に変って行った。マルクスは『ドイツ・イデオロギー』(一八四五・四六年)の中でシュティルネルの作品に、「聖マックス」という皮肉な標題のもとに、基本的な批判を加えた。この聖者呼ばわりによってマルクスは、シュティルネルも崩壊した市民社会すなわち「個別化された個々人」の社会のもっとも急進的な空論家なので、まだ「精神」にとりつかれた者である、と言いたいのである。シュティルネルの唯一者が何から解放されるのかと言えば、それは現実的な「物質的」な実在関係ではなくて、単に観念的な意識関係である。シュティルネル自身は、かれの市民的な世界の原理、個人的なエゴイズムにとらわれているから、それを看破しない。シュティルネルは単に今日の個人的人間とその個人的所有物を、唯一者というものと所有物というものの絶対的「範疇」に絶対化するだけである。しかし「存在」を規定するのは「意識」ではなくて、個々人の理論的意識をも規定するのが社会的存在である。シュティルネルは「多くの費用もかけずに」きわめて固有な世俗の国を打ち建てることができると信じているのだが、自己自身から疎隔された大衆の一般的な解放のみが、シュティルネルの唯一者をも解放し、自由の「国」において、世界をその唯一者の所有として真に与えることもできるであろう。自由主義に対するかれの批判はそれ自身まだ自由主義的な語法の中で動いている。その語法は、しかし、現実にはブルジョアジーの実際上の利害関係の観念論的な表現にすぎない。かれは、人間がその事実上の生活事情が変る時にだけ別な人間になるということを、見あやまる。じじつ、人間の力は個人的な特性によって測られるのではなくて、個人的な特性が人間社会の力によって測られるのである。しかし市民的な個人は、表象においてだけでも自己を私的な所有物から解放する能力をもたない。人間から疎隔された商品世界の真の獲得は、社会的生産関係の全体的顚覆によってのみ、行なわれうる。その革命によってはじめて、個々の人間をも解放して自己自身にかえらせることが可能になるのであろうが、シュティルネルの所有者は単に解かれて免がれてあることの否定でしかない。そこで、シュティルネルの「エゴイストの同盟」の代りに、共産主義的社会が現われるが、これは所有者と所有物を非所有化して、「種属存在」としての人間に世界を人間の世界として再び真に所有せしめようとする。――マルクスが「世界」という時、かれはもっぱら社会的に生活する人間の歴史的な世界を言うのである。自然は「歴史的」唯物論にとって本源的な実体ではなく、人間史的生産関係の単なる材料および利用しうる資本であり、したがって原理的にシュティルネルの「所有物」と異なるものではない。差異はただ「唯一者」と「種属存在」という所有者の規定の違いにだけ存する。一つの林檎についてマルクスに関心をいだかせるのは、自然がそのようなものを自然的な仕方で生み出すということではなくて、この自然の産物が一定の時に一定の経済的および社会的状態において人間によって栽培されたり輸入されたり商品として金銭で取引きされたりすることである。世界を、そして同時に自分自身を生産する人間も、本来おのずから存在し、生産的なものであるということは、世界を同時代の世界と周囲の世界に還元する歴史的思惟にとっては、興味のない自明のことである。しかし社会的歴史的生産に関するもっぱらの興味が、市民的資本主義的な私的人間および共産主義的種属人間にとって共通であることは、かれらがその中に生産的に、かつ消費的に、行為し思考する「世界」と同様である。

ヘーゲルの絶対的哲学から生じた主観的精神および客観的精神という二つの極端な崩壊産物——両者は自然的世界と人間の自然(本性)からひとしく遠く隔たっているが——ともに、古代的コスモスとキリスト教的ヒエラルヒーは完全に終った。シュティルネルとマルクスは、同じ「自由の荒野」において、たがいに相反して思索する。マルクスの自己自身から疎隔された「人間」は、再び人間的な世界の中に心地よく居るためには、既存の世界の全体を世界革命によって「変革」しなければならず、逆にシュティルネルの解かれ免れた「自我」は、あるがままの世界を、それが自分の役に立つかぎり自分のために消費せんがためには、自分の無の中へ帰ること以外に、なすことを知らない。

ニーチェが三十年後に、その間に打ち建てられた国にまどわされず、目の前に見たものは、人間外の諸力の世界の中へ拘束なく入れられた無目標の実在の、文化をなくした世界であった。この「解消の平和」——その中に「拘束された古い世界のすべての精神的な勢力」がはいっていたのであるが——それをかれは、決然たるニヒリズムにまで徹底させ、その反転において、つねにすでに存在しかつ依然として生成する世界への帰路を再び見いだそうとした。じっさい——

「もっとも謙譲な者が自然と世界の中で自分を《人間》だと感じることに関して有するうぬぼれにくらべたら、どんなにうぬぼれの強い人間のうぬぼれだとて、何ほどのことがあろう!」[五〇]

第七章　等しいものの永遠の回帰と同一物の反復

ニーチェの、無への意志の永遠回帰の意欲への転回(本訳書六七ページ以下)の問題性は、その比喩の人間の側と世界の側への二重の解釈(本訳書一〇六ページ以下)において展開された。この分裂は、永遠回帰を回帰としてもあいまいなものにする。つまりそれは、等しいもののコスモス的な回帰と同一なものの固有の反復を、同じ程度に意味するのである。回帰の「不断の反復」は、一面では、回転する世界の全体における自然必然的な不断の反復、また一面では、自然的世界の「このようにあって別にあるのではないこと」における単純な必然性と対照をなす人間の存在意志にとって不断に反復して必要な自己克服(本訳書一二〇ページ以下)という、二重の意味をもっている。しかし、前者と後者の「不断の反復」の内的連関は、ニーチェが古代的な世界観を近代性の頂点においてくりかえすことによって立て直される。そこでかれにとっては等しいものの永遠の回帰という教説が自然的な世界の直接的な見方なのではなくて、ニヒリズムの極端な形であり、ニヒリズムのそれ自身による克服である、ということになる。つねに新たにくりかえされる自己克服は、完全な「まひる」として、また岐かれ目の「中心」として同じく両義的な決定的瞬間に(本訳書一三一ページ以下)、最後の変化によって、つねに等しいコスモスのたわむれ(それの必然性の中に意欲する人間も混入されている)に変って行く。人間学的解釈においては、永遠に等しい回帰は、意欲する人間の課題、瞬間ごとに新たにされる倫理的な課題として現われた。そしてその意欲する人間にとってこの教説は不死に対するキリスト教的な信仰に代るべきものだという。これに反して、宇宙論的な解釈においては、「新しい生き方の設計」とか「再生への意志」としてではなく、おのずから行なわれる破壊と再出産——人間の投げ出されてある状態(被投性)からのすべての設計(企投)に対してまったく無関係な破壊と再出産——として現われた。その上自由な意志への意志からも解放されて目ざめて小児になった者は、単に偶然に決定的に現存在の中に投げられ、ついには死の中で——自由に、または自由にではなく——滅びることになるのではなく、その者はすでにつねに存在したのであり、そして回転する世界の時間の全体において、つねに回帰するのである。したがって、ニーチェの有限な人間の現存在におけるニヒリズムの克服の試みは、同時に、有限な現存在の偶然にとって固有な時間の克服のための試みであり、かれの哲学的運動は、全体として、時間的に通過し永遠に回帰する存在の運動である。しかしニーチェが等しいものの永遠回帰を「信じ」ようとするのは、永遠の存在を時間的な無の中から、そして最高の肯定をもっとも深い否定の中から生ぜしめることが「没理」だからにほかならない。人間および人間に属する時間を克服する者として、ニーチェ－ツァラトゥストラは、「人間と時間の彼岸における」等しいものの永遠の回帰を説く。

かれのこの“credo quia absurdum”(没理なるがゆえに信ず)は、永遠に必然的な回帰を自由に意欲することの問題性を、十九世紀の他の二人の思想家——その共通な急進主義によって単に任意にニーチェと比較されうるのではなくて、ニーチェと等置されている思想家——の哲学的な意欲との事実上の関係の中に入れて考えると、更に明確に表わされる。他の二人の「実存する」思想家、同じく極端に走った思想家とは、キェルケゴールとヴァイニンゲルである。すてばちの真剣さでニーチェの前と後に「生きるか死ぬか」の問題を考えぬいたことによってニーチェと同類に属するこの二人は、それぞれの仕方でニーチェのように、時間的な無から永遠の有へという同じ運動を遂行した。等しいものの永遠の回帰の説がニーチェの哲学的な実験に対して有する基本的な意義に対応するのは、キェルケゴールにあっては宗教的に定位された「反復」の実験、ヴァイニンゲルにあっては「時間の一義性」に関する倫理的思弁である。

ヴァイニンゲル[一]はニーチェを、ツァラトゥストラにおいて司祭となった一人の「探求者」と見た。「ニーチェは永いあいだ探求者であった。ツァラトゥストラとしてはじめてかれは司祭の服をまとった。すると今度はすべての説話が山の上から発せられた。そしてそれは、かれが変身によってどれだけの確実さを得たかを証明する説話である。司祭(すなわち予言者!)の体験は探求者のそれよりも強力である。それゆえかれは自信を増し、自分を太陽や月や星々からの選ばれた使者と感じ、それらの言葉を完全に理解しようとしてのみ、耳をかたむける。かれはそれを自分の義務だと感じているのである。[二]」それにもかかわらずニーチェが自分自身との戦いにおいて、「かれがリヴィエーラを知って以来あんなに獲得したがっていた」あの“gaya scienza”(楽しげな学問)と“serenità”(明澄)とを獲得しなかったこと、そしてなにゆえに獲得しなかったかということは、ヴァイニンゲルに言わせると、権力への意志が「価値への意志」[三]を否認するということから説明される。人間はもちろんヴァイニンゲルにとっても本質的に意志であり、それゆえに非存在と存在のあいだの一つの運動である。[四]しかし自己を完全に意欲しうるためには、罪のある現存在を克服しようとする倫理的な意志、すなわち正にニーチェの生成の無罪の説が否定するもの、が必要である。キェルケゴールを思わせるような厳格さをもってヴァイニンゲルは表現する——「人間は、絶対者かあるいは無の中へはいって行くまで、そのあいだは生きている。かれはみずから自由の中で自分の未来の生活を規定する。すなわち、かれは神か無を選択する。かれは自分自身を破壊するか、あるいは自分自身を永遠の生命に創造する。かれにとっては二重の過程、永遠の生命へのそれと……永遠の破壊へのそれが可能である。しかしかれはつねにこの二つの方向のうちの一つに向かって前進する。第三の道は存在しない。」[五] そのさいヴァイニンゲルは自己破壊を怯懦のうちのもっとも賤しいもの、他人の破壊からの逃避、として理解する。[六]「恐怖はすべての意志の裏面である。前方に有、後方に無。それゆえに、歩いている途中で突然ふりむいて、これまでの道程に気がつくのは不気味なものである(時間の一義性)。だから私はやはり、恐怖は不道徳と兄弟分なのだと信じている。人がコスモスになろうとすればするほど、かえってカオスを感じる感覚が増大する。無は有の縁《ふち》である。そして人間は一切になると、神になり、そうなると何の縁をも恐怖をも、もはやもたなくなる。しかしおそらくかれは、その直前に、最後の、最大の恐怖を克服しなければならない……」[七] この恐怖を、ニーチェの超人的な意志と超勇気(自負)は、すべての意欲の裏面として認めなかった。しかし、人間が狂気になるということも、ヴァイニンゲルによれば、自身の罪によってのみ可能である。「人間は宗教の欠乏以外のことによっては内面的に没落することがありえない[八]」からである。そして宗教の欠乏は、ヴァイニンゲルがニーチェの近代的人間の現存在におけるニヒリズム克服への道を拒否する最後的な根拠でもある。その近代的人間は、ヴァイニンゲルがかつて言ったところによると、自分自身を「にくむ」がゆえに「みにくい」ものである。

「自分自身をもっとも多くにくんだ人間はニーチェであったかも知れない。ヴァーグネルおよび禁欲に対するかれの憎悪、ビゼーおよびゴットフリート・ケレルへのかれの志向は、もちろんヴァーグネルを信奉する人々と禁欲を行なう人々に対する、またかれ自身もその一人であったようなまったく非牧歌的な人間に対する、憎悪にすぎなかった。自己憎悪はたしかに自己愛より道徳的にまさっている。それゆえ、ニーチェがかの移行(ヴァーグネルからの、すなわちかれの《病気》からの《快癒》)に成功したかのようにふるまった不正直さは——これはニーチェが他人ならびに自己自身に対して取った唯一のポーズなのではないが——よくないものである。パスカルは、自分自身をたしかにおそろしく憎んだが、この点では、ニーチェにまさっている。

かれは他の点でも、ニーチェがありがちだったように浅薄なことは決してなかった。パスカルがかの'le moi est haïssable'(自我はいとうべきものである)ということを明らさまに原則として表明することができたのに、ニーチェは自分自身に対するこのかれ自身の憎悪をさえ否認した。そして——そんなにかれは自分を憎んでいたのだが——〔その憎悪を〕もちろんパスカルの特性としてのみ、誹謗し蔑視した。ツァラトゥストラはこの点についてある一ヵ所だけで率直になる。すなわち、まったく倫理的な象徴として理解すべき、あのすばらしい《日の出前》の歌においてである。……ニーチェにおいてはかえって、自己自身に対する憎悪は肯定へのもっとも強い意志から生じた。それゆえかれにおいては、この憎悪は創造的にも悲劇的にもなることができた。創造的というのは——それがかれに、かれがショーペンハウエルに見いだせなかったものを求めることを命じ、それがかれを、かれにカントを教えてくれなかったショーペンハウエルからの離反を強いたからである。悲劇的というのは——かれが十分に偉大でなかったため、自分が一度も読んだことのないカントまで、自身の力で独立的に清純なままで戦って到達することができなかったからである。それゆえかれはついに宗教に達したことがなかった。かれが生をもっとも熱情的に肯定した時、生が——すなわち、欺かれることのない生が——かれを否定した。宗教の欠乏からニーチェの没落は説明できる。……このことをもっとも恐ろしく示すのは天才である。じじつ天才的な人間はもっとも敬虔な人間であり、敬虔さがかれを去る時、天才もかれを去っている。ニーチェにとって《精神の無良心者》が問題となったのは、深い根拠のないことではない。……それは《才智に富む》人間である。そしてその人間は……ニーチェの危難であり、かれをけっきょく引き落とした深淵であった。……ニーチェに欠けていたものは恩寵であった。しかし恩寵なしてはツァラトゥストラの孤独も堪えられない。そのようにして論理はかれにとって唯一のもっとも貴重な財産ではなくて、外からの強制であった(じじつ、かれは自分をあまりにも弱く感じていたので、いたるところに危険をかぎつけずにいられなかった)。しかし論理を否定する者は、すでに論理に見捨てられている。

かれは狂気への途上にある。[九]」

すなわちニーチェのエートスには正しいロゴスが欠けている。なぜならば、かれの等しいものの永遠の回帰の哲学は、人間が世界ではなく、キリストにおいてのみ神と同一物なのだということを、忘れているからである。

人間の生の真の「倫理性」は、ヴァイニンゲルにとっては、とりわけ回想の現象にあらわれる。丁度逆に、忘却がニーチェの最後の変身の本質的な前提であるのと似ている。[一〇]ヴァイニンゲルは、習得したことの単なる回想と区別して、人間がその理念を充たす程度に応じてそのつど「かれの生の総和」を引き出すことのできるような体験のための記憶を、真の記憶と名づける。完全に男性的な性格、すなわち普遍的な天才は、自分のための、そして事の大小を問わず自分にいつか遇ったことのある他のすべてのもののための、もっとも完全な記憶をもっている。人間が自分の全生存を回想することができるための記憶は、人間に、責任を可能にし、そしてそれ自身すでに一つの義務となるような内面的な連続性を与える。人間が記憶をもっているからこそ、かれが一旦知覚し体験したことが何でもすべて、かれにとって意義のあるものとなり、忘れがたいものとして留まることもできるのである。じじつ、かれはそれによってすべてを決定的に(一旦知覚すればいつまでも残るように)知覚する。もっとも人間的な人間は、おのおのの瞬間にかれの過去全体を回想する。かれは単におのずから生きている種属の生物のように、その場かぎりに、非連続的に、無性格的に、瞬間から瞬間へ漫然と、生きているのではない。[一一]

自身の過去に対する感謝と畏敬も、促進し救助しつつかれを助けに来たものを忘れない自身の生へのそうした回想にもとづいている。自分自身を回想するものである時間的存在のそのような真の連続性によってはじめて、人間は自分の生存を真に確信し、「かれが存在するということ、かれがこの世にいるということ」がおよそ何を意味するものであるかを、理解する。そしてかれにとってこれまでの生がつねにまったく現前しているがゆえに、かれには、未来に可能なすべてのこともあらかじめ意義のあることになり、そしてかれのみが、時間的な存在の意義が全体として総括されるような運命を真に有することになる。「一人の人間の諸体験がかれにおいてどれだけ残留するかは、その体験がかれにとって占めうる意義に比例する。」それゆえ人は一人の人間の性格を、とりわけかれが何を決して忘れないか、かれが何を記憶することができないか、によって認識する。

人間の本質に属するこの記憶は、諸体験を、回想しつつ保存された体験として、時間に関係のないものにする。それはかれの概念にしたがえば「時間の克服」である——もちろんそれは、ニーチェが「そのように私は欲した」と悔いなく考えることによってすでに在ったことから解放されるのと、まったく別な仕方で過去のことから救うのではあるとしても。記憶は時間の時間性の条件でもあり、それからの解放でもある。記憶において人間は時間の中でなお時間を超越する。[二二] じっさい、かれは単純に時間の経過の中に「挿入」されているのではなくて、生起を回想し、みずから歴史を作ることによって、生起そのものからすでにつねに、そして永久に、脱しているのである。このような、そのつど無常なものである時間を非時間化するものとして、記憶は、人間に特有な不死の願望、生存を規定する時間としての死の克服の願望の、前提でもある。

「畏敬となって現われ、連続的な記憶にもとづいているような、自身の過去への関係は、……その他のもろもろの関係において示され、同時に更に深く分析される。すなわち、一人の人間がおよそ自分の過去と関係をもっているかいないかということと、かれが不死への欲求を感じるか、それとも死の想念がかれの関心をひかないか、ということは、特別に緊密な関係がある。」[二三]

「個人的に充実された、生き生きと生活された生が、死とともに永久にあとかたもなく終了すべきものならば、こおむる意義の完全な損失、かような場合における全体の無意味さは、ゲーテも別な言葉でエッケルマンに言っていることだが(一八二九年二月四日)、人を不死への要求にみちびく。もっとも強い不死への願望をもっているのは天才である。そしてこのことも、天才の本性についてこれまであばかれた他のすべての事実と一致する。記憶が時間の完全な征服であるのは、それが、普遍的な人間におけるように、普遍的な形で現われる時だけである。したがって天才は真に時間を超越した人間である。少なくとも、これが、そしてこれこそが、かれ自身についてのかれの理想である。かれは、正にかれのあこがれに充ちた切迫した不死への欲望が示すように、超時間性へのもっとも強い願望、価値へのもっとも強大な意志をもった人間にほかならない。――人はしばしば驚くことだが、全然普通の性質の、いな、いやしい性質の人間が、死に対して何の恐怖をも感じないことがある。しかしそれは次のように考えると明らかになる――死に対する恐怖が不死の欲求を作るのではなくて、不死の欲求が死に対する恐怖を作るのである、と。」[一四]

しかし、われわれに直接に関係する具体的な現存在の問題だけではなく、形式的な論理の問題も、記憶の基礎的な意義によって、特別な解明を受ける。

じっさい、矛盾と同一性の命題は、同一化されうる措定、あるいは同一化されえない措定の固持を根拠としてのみ可能である。しかし、両者を比較しかつ区別することによって両者を固持する者は、自己自身に責任を有する自律的な人間の超越的な、超時間的な自我である。

したがって、『性と性格』はその窮極の意味を、両性の心理においてではなく、叡知的性格に関するカントの説の心理学的な理解において有する。そして「倫理的・英雄的」哲学者としてのカントを引き合いに出すとともに、ヴァイニンゲルのニーチェに対する拒否もその結果として行なわれる。ニーチェのツァラトゥストラは「なんじは欲するがゆえに、できる」という原則を、まったく別な「私はせざるをえないことを、欲する」に止揚するので、自由はファートゥムの愛においてはじめて完成され、最高の必然性と一つのものとなる。ニーチェの「人は現にあるものに、いかにしてなるか」と反対に、ヴァイニンゲルは人間の自己生成を命令的に「あるべし！」として規定する。しかし人間は時間的な生存において、かれがかれの理念上あるべきであるものに、決して完全にはならず、時間をほんのわずかの瞬間だけ突き破るのだから、時間そのものが「非倫理的」である。

「しかし、未来をいわばそれ自体の中に吸収するような行為、不道徳なものへのすべて未来の逆戻りを、すべての不道徳な過去におとらず、罪としてすでに前もって感じ、そしてそうすることによって両者を超越するような行為が、やはり存在する。すなわち、性格の超時間的措定、再生。」[一五]

この再生——これがはじめて一つの性格を基礎づける[一六]——の意味は、善悪の彼岸にあるのではなくて、人間が時間的な生存において、生存における無であるところの悪に対して「たえずくりかえして」戦いを行なうべく強いられている、ということに存する。

「たとえ何が決定的瞬間にみちびこうとも、戦いがたえずくりかえし強いられるということは、事実である。人間が善をしようと決断しうるならば、個々の場合には、決定はまったく倫理的に行なわれるかも知れない。しかしその決定は永つづきがしない。かれは再び戦わなければならない。自由は瞬間しか存在しないと、言えるであろう。そしてそのことは自由の概念の中に存するのである。じっさい、私が一つの善い行為によってある過去の時間の中から一つの自由を、永遠につづくように、取り出し、生ぜしめたとしたら、それはどんな自由であったろうか……人間がおのおのの瞬間に新たに自由になりうるということこそ、人間の誇りなのである。」[一七]

しかし人間が真に時間を克服しうるのは、かれが「もっとも強い意志」をもって、世界——かれ自身ミクロコスモスとしてすでに世界なのであるが——および「かれの自己の普遍性全体」を、瞬間の中に入れることができる時だけである。その時には、現にある人間とあるべき人間との差異が止揚されているであろう。その時には、かれ自身が神的になっていて、しかも世界を見わたす自由な展望をもって、回転する地球の上にただ一人、誇らしい孤独の中にあるだけではないであろう——それこそヴァイニンゲルが『実験理性批判』の「終結」の中にその古典的な表現を見いだした「自分の足で立つこと」の独立性である。このような、人間外の世界の全体の中における人間の孤独存在は、かれが一にして全であることを意味する。

「そしてそれゆえに、かれは自身の中に一つの法則をもっている。それゆえに、かれ自身まったく法則であり、跳躍する恣意ではない。そしてかれは、自分が自分の中にあるこの法則、かれ自身の法則に従うこと、自分が自分のうしろを回顧もせず自分の前を予見もせず、ただ法則であることを、自分自身に要求する。それは恐ろしくも偉大なことである。それには、かれが義務に従っているという感覚がもはやない。その孤独なかれ、全にして一なるかれの上位には、何物もおかれていない。しかしかれ自身の中にある仮借のない・いかなる取引きをも許さない・すなわち定言的な要求には、かれは従わなければならない。救済を！　とかれは叫ぶ——休息を、敵の前ですでに休息を、この終りない戦いではなくて平和を、と。そしておどろく——救済されようと欲することにさえまだ卑怯さが、「すでに！」という思い悩む言葉の中にまだ逃亡が、あったのだ、あたかもかれがこの戦いをするには小さすぎるかのように。何のためか、とかれは問う、かれは宇宙に向かって叫ぶ——そして赤面する。じっさい、かれは正に再びあの幸福を、戦いの承認を、他人たるかれに報いるものを、欲したのである。カントのもっとも孤独な人間は笑わず、踊らず、怒号せず、そして歓呼しない。かれは、宇宙があまりにも深く沈黙しているからと言って、騒音を立てることを必要としないのである。《偶然の》一つの世界の無意味さが、かれにとって義務なのではなくて、かれの義務は、かれにとって宇宙の意味である。この孤独を肯定すること、それがカントの《ディオニュソス的》なものである。それこそはじめて倫理性というべきものである。[一八]」

自由意志——誇りからツァラトゥストラの最後の変身をしりぞける自由意志——への意志の、カントによって可能にされた右のような身構えにもとづいて、ヴァイニンゲルに言わせると、存在と時間の循環——等しいものの永遠の回帰——は、人間の真の存在を否定するまったく非倫理的にして無意味な運動を意味するものである。

「われわれの住んでいる地球は間断なく回転に回転をつづけているが、人間は宇宙の舞踏に触れられずに留まる。その精神は全体系と機械的に結びついているのではない。人間は自由に眺めわたして、その光景に価値を与えたり、それから価値を取ったりする。[一九]」

『性と性格』第七章の終結に対応して、「時間の一義性」に関するその後の論文は、右の言葉で結ばれている。円形はそれ以上に完成されることが不可能かつ不必要であるというので円形の完全性を反駁するヴァイニンゲルは、当然の論理としてかれの議論を、それ自身としてまとまった円運動という古典的な典型を疑うことから始める。

「人は一般に円に、もっとも完全な、対称的な、平坦な形象として、特別に高い品位を認めた。何千年という永いあいだ、円運動が崇高な対象にふさわしい唯一の運動形式であるという見解が支持され、人も知るように、コペルニクスもまだ、太陽をめぐる遊星の運動を円形以外に考えることを妨げられた。遊星が円形に運動しなければならないということは、すべてのかれの先進者にとってと同じく、かれにとっても一つの公理であった。それについてはかれの心に一つの疑いさえ起こらなかった。もっとも完全な、ゆるぐことのない均斉の崇高さが……明らかにこの要求の基礎をなしている。ケプレルの法則が一般に承認された時、人々は以前の無邪気な見解に笑いをあびせてこれを否定しようと試みた。楕円運動はもちろん円運動と法則のパトスを、まったく共有しているわけではない。円運動にはここで批判の対象にされるべき性質が附随していると同様に、楕円運動には気まぐれがないということから来る品位が付きものである。」一〇

それにつづく、円運動の可逆転性の批判は、古代的世界からのキリスト教的な分裂を、明言されない前提としてもっている。その分裂は、ヴァイニンゲルにおいては、倫理的に生存する人間と、おのずから現存しかつ象徴的にのみ重要な世界との、道徳的な区別にあらわれている。円運動に対するかれの批判は、人間的存在一般の意味が可視的な世界を顧慮して生ずるのではなくて、逆に世界の「叡知的」な意味が人間の生――それは時間的に可逆的なものではなく、出生以来まぎれもなく一義的に死に向かう方向をとるものであるが――その「倫理性」から生ずる、ということを前提する。

「時間の一義性は……生の非可逆性の事実と同一であり、時間の謎は(世界の謎とではないとしても)生の謎と同一である。生は可逆的でない。死から出生への帰り道はない。時間の一義性の問題は、生の意味を問う問題である。――時間のこの一義性に、われわれの不死の欲求が未来に向かってだけ(逆にわれわれの出生前の生活に向かってではない)展びるということの、根拠が存する。それゆえわれわれにとって、われわれの出生前の状態はあまり興味がないが、死後の状態はおおいに興味がある。」一一

「意志としての自我は、時間である」。そして、さかのぼって意欲することができず、意志にとって過去は決して帰って来ることがないのだから、時間は一義的な方向をとっている。まだ存在しなかった・そしてまだ存在し

ないものを志すことにおいてのみ、そのつどまだ未来のものたる時間が、熟すのである。

「一義的な時間が意志と同一のものでなかったとしたら、もちろん意志はさかのぼって意欲することも過去を変更することもできたであろう（ニーチェの言葉によれば《しかし意志の最大の苦痛は何か？　それが過去を左右することができないということである》）。意志が過去を変更しようとし、また変更することができるとしたら、意志は意志である必要がないであろうし、同一性の命題は破棄されるであろう。[二二]じじつ、それが意志であるという、まさにその点に、過去と未来のあいだの懸隔とその永遠の差異が、表明されているのである。意志は方向づけられたものであり、その方向は時間の意味である。自我は意志として自分自身を実現する。すなわち、それは時間の形で体験され、展開する。時間は、カントが教えたような内面的直観の形式である。――万人の意志は過去を過去として意欲する。そして犯罪者のみが、神の方を眺めようと欲せずに下方に沈んで行く犯罪者のみが、いつわりを言う、すなわち、過去を殺害する。時間の逆転は根本的悪であり、この逆転に対する恐怖は悪に対する恐怖である。[二三]」

われわれがその中に取りわけ意欲する生物として生きている時間は、恐怖と期待の未来に方向づけられた時間である。その二つの態度の取り方は、一義的に整頓された時間の非可逆性、意欲とともに措定されたその非可逆性に関係する。それの窮極の根拠は、したがって、人間が未来を意欲し不死を願望する存在として道徳的に生存するかぎり、人間の中に存する。それは、死を顧慮して時間を克服しようとする人間の生の倫理性の表現である。それに反して、およそあらゆる「根拠」と「責務」を含んでいる過去を、すでにあったこととして、すなわち完了したこととして承認しようとはせず、すでに起こった歴史の行為を変更し改造しようとすることは、非倫理的である。

「すべての虚言は歴史の偽造である。人はまず自分自身の歴史を、次いで他人の歴史を偽造する。未来を変更しようとせず、それを現在とは別なものに、現在よりましなものに、創造しようと欲しないのは、非倫理的だ。意欲せよ！　――定言的命令はそのように定式化されうるであろう。悔悟の現象が両者を結合する（それは時間の一義性の本来の表現である）。すなわち、それは過去の罪を、しかし過去のこととして肯定し、そしてそれを未来のこととして否定する。すなわち、それは罪に、未来における改善への意志を対置する。――未来はまだ真実ではなく、過去は真実である。虚言は過去に対する権力意志であるが、現在がひとしく非自由でありひとしく死んだものであるから、虚言は過去に何の自由も生存も与えることができない。現在において過去と未来は相接する。現在は、人間ができることであり、過去に対しては、かれはもはや力をもたず、未来に対しては、まだ力をもたない。永遠と現在が一つのものになってしまえば、そのとき人間は神となっているし、神は全能である。――したがって虚言は非倫理的であり、時間の転回である。変更の意志がここでは未来にではなく過去に及ぶからである。一切の悪は時間の意味の破棄、つまり生に一つの意味を与えようとすることを断念し、絶望することである。――人間の意志は未来を創造する。すなわち、人間は決定することによって時間を先取りし、そして悔悟することによって時間を取り戻す。つねに永遠への意志である人間の意志において、時間は措定され同時に否定される。」[二四]

これに反して、退屈はとりわけ非倫理的な現象である。なぜならば、退屈において時間の一義的な目標方向は破棄され、時間そのものがわれわれ自身の外部に存在するものとして現われるからである。[二五]「退屈と焦躁は、存在しうるもっとも非倫理的な感情である。じっさい、それらにおいて、人間は、時間を実在的なものとして措定する。つまり、かれは、自分が時間を充たすことなく、時間が自分の内面的な解放と拡大の単なる現象形式となることなく……経過することを欲するのである。」

「人間が回転運動のように非倫理的であるならば、かれは明日において今日においてと別なものを見ることも、新しい年を古い年と区別することもできず、かれがロビンソンかあるいはトルストイのある人物（《主人と奴隷》……における）のように、自分が以前のある点に再び立っているのを見いだす時に、自分が無価値にされたと感じ恐怖を覚えることができないであろう。俗人が大晦日の晩に新聞を見て時間を反省しはじめることが、苦笑をさそうことだとしても、そこにはやはり一種のコスモス的な感情、……期待に充ちた未来が対置される過去と無常性を感じる感情が、ひそんでいるのである。」[二六]

しかし、等しいものの永遠回帰も、それを回想し評価する自我と、同時にまた、すべての明確さと真実さの条件たる一義的な時間観の前提のもとにおいてのみ、認識され評価される。もしも人間が、周期的に回帰する等しいものの実在として考えうるものだとしたら、かれは、ニーチェの超人のように、人間と時間の彼岸にあるであろうし、かれの意志は、永遠不変の天空の中へとびこんだ超人的な太陽意志となるであろう。しかし人間がおよそ意欲するかぎり、つまり未来を意欲するかぎり、かれはみずから周期的な存在となることを欲しないであろう。意志によって措定された時間は、しかし、直線としてでなくも表象されうる。じっさい、人はその上を前にも後にも任意に行ったり来たりすることができるが、一方、時間の一義性とは、まさに、その方向が一義的（明確に）に規定されていることに存するのである。逆行し回転し、出発点につれもどすすべての運動形式に対する抵抗、倫理的に努力する人間にとって当然なその抵抗も、そこから来る。「宇宙におけるもっとも深い問題」たる時間が一義的に方向づけられているということの謎は厳密に二元論的に解決されるほかなく、したがって宇宙的（普遍的）には解決されえない。そして、カントとともに、単に自然的なだけの諸傾向に対する戦いにおいて遂行される倫理的な前進の中に人間的存在の意味と課題を認識する者は、遊星軌道の歎賞にも、人間の倫理的生存のための何らの支点をも見いだすことができず、そこに道徳とはまったく無関係なものを認めうるにすぎない。

「遊星の中にもわれわれは……倫理的な生物としてのわれわれの存在への価値ある倚托を見いださない。われわれの存在は、もし可視的自然のすべての個々のものから解き放たれるなら、もちろんかえってその崇高さを加えるだけである。そこでもし太陽系が特別に倫理的に考えられているとすれば、一つの遊星の軌道は決してそれ自身の中へ逆戻りしてはいけないであろう。何らかの意味で倫理的なものをたしかに含んでいないはずの月にしろ、もちろん、……地球が太陽の周囲を回転するのと同じ運動で、地球の周囲を回転する。そして、人間がすべての遊星のうちでたしかにもっとも近い関係に立っていると思われる土星は、その環と衛星を伴なって、まさに悪の総計として現われる。——おそらく、どんな逆行運動もせず、天文学をして面目を失わしめるような天体も存在するであろう。しかし、逆戻りをする軌道形式に対するこの批判が完全に正当だとされる場合でさえ、カントが道徳律と並称した星空が、道徳律にゆずってその荘厳さをすべて失わなければならないということは、決してないであろう。ただ人々はその中に、それが事実上われわれから見て心理的にあらわしている以上に、宇宙の無限性の象徴——われわれが道徳律において与えられるに値すると感じる唯一のものたる、またそれ自体道徳律に値する唯一のものたる無限性の象徴——を求めたり、宇宙の至福、苦痛を知らぬその光の至福を、求めたりしてはいけない。」二七

その至福とは、ニーチェが逆に、世界が倫理的課題のように「無限」なのではなく、始めも終りもなく永遠不変な円として規定されているということにおいて、保証されていると見た至福である。その円の自足的な運動形式が、ヴァイニンゲルの倫理的意志には、「滑稽な、あるいは不気味な」ものに思われた。道徳的に見るならば、

円運動は蟹の後退運動より更にわるい。蟹の歩行は少なくとも無意味ではない。ただ積極的に意味と目標を多くもたないだけである。ヴァイニンゲルはかれの命題のために次のような例をあげている——

ロビンソンのように心ならずも堂々めぐりをすることは、無意味である。一つの局面を、すでに一度正確に同じく体験しているというのは、不気味なことである。ウィンナーワルツの輪にはいって踊りながら旋回するのは、運命論的な無関心の表現である。メリーゴーラウンドは、おとなにとって胸苦しい。二度つづけて同じことを言うこと、自分自身をくりかえすことは、非倫理的である。未来のある瞬間にこのことなりあのことなりを言おうとする意図がすでに、おのおのの瞬間に新たに生み出されるべき冷静な意欲の自由を、妨げる。魔法の輪は人間をしばり、その決断力をうばう。結婚の指環は二人を結びつけ、二人からその形而上学的な自由と孤独を取りあげる。ニーベルンゲンの指環は根本的悪、権力への意志の印であり、魔法使いの指環は、一旦指にはめてまわすと、悪人にその権力を与える。どんな ens metaphysicum（形而上学的存在）も回転運動を欲しない。人間が人間として欲することは、自由における一種の不死であって、一つの世界過程たる永遠の生動ではない。それに反して「放浪者」という思想には、そしてまた普通の旅行欲にすでに、わがままな人間の一義的な時間に名誉を与える真の形而上学的なモティーフが基礎をなしている。

東洋的な、およびギリシャ的な教説に知られていたような、そしてニーチェが再び告知したような、等しいものの永遠回帰の仮説は、したがって、「決して不死の欲求を満足させるものではない」。それはただ恐ろしいものであり、しかし心を高めるものであるわけでもない。自己自身を意欲する人間の存在において真に回帰しうるものは、おのずから（自然からして）等しいものではなくて、かれ自身の影法師（生霊のような第二の自我）であり、それの不気味さは、人間が本来かれの道徳的な生存の一回性の中で安住し、自己自身を超越しようとするものであることを、示している。影法師が不気味なのは、個々の人間の時間的な生存が一度かぎりのものであって決して再び現われるものではないということを、否定するからである。[二八] それゆえ、真の回帰は、等しいものの自然的な回帰でも、幽霊じみた回帰でもなく、みずからの再生の意志、つねにくりかえし更新される意志である。その再生がなければ、人間は内面的に早く年老いるが、再生によってかれは、自然と同じく、永遠に若さを失わない。しかし自然が永遠に若いのは、自然は永遠に不変だからであり、自然がすでにおのずから・つねに・そして必然的にあるのと別なあり方は、およそできないからである。[二九]

時間の一義性に関するヴァイニンゲルの倫理的な思弁と異なって、キェルケゴールは、一種の回帰の可能性を単純に非倫理的として排斥することなく、等しいものの回帰が不可能であることを根拠として、かえって、同一なものの独自の本来の反復の可能性を、心理学的に実験しつつ発見した。キェルケゴールは、かれ特有のこの「反復」の範疇を基礎として、かれの試みをうちたてた。すなわち、原始のキリスト教を、二千年の衰頽の歴史の後に、そして公認のキリスト教世界に対する戦いのうちに、「再び」存在につれもどし、進歩した近代的な人間から疎外されたキリスト教を、回想的な訓練と習得によってくりかえそうとする試みである。

キェルケゴール[三〇]は、かれの範疇を、ある若い男の恋愛の叙述において展開する。かれはその男の「静かな関知者」であって、その恋愛をして、美的な直接性と倫理的な反省と宗教的な逆説性の三段階を経過せしめる。その論文の終りになってようやく、キェルケゴールが最初から反復ということをもって窮極的に何を意図したかが、明らかになる。すなわち、世に敗れた人間が、神の前のヨブのように、再び自分自身をとりもどすという、キリスト教的な意味で言われた一種の再生である。

「私は再び私自身になる。この《自身》——他人は道から拾い上げようともしないこの自身——を、私は再び所有する。私という存在の中にあった割れ目は除かれた。私は自分を再びつなぎ合わせる。私の誇りの中に支持と養分を見いだしていた共感の不安は、〔私を再び〕分裂させ分離させようとして、もはや押し入っては来ない。

一体、反復というものはないのか。私は一切を二重に得たのではないか。私は自分自身を、丁度、私がその意義を二重に感じなければならないように、再び得たのではないか。そして、精神の規定にとって無関係であるような地上的な財産を再び得るということは、かような反復と比べて、何であるか。子供たちだけはヨブが二重に得られなかったのは、人間がそのように二倍にされないからである。ここでは精神の反復だけが可能である――もっとも、これはある時間の中では、決して永遠におけるように、それこそ真の反復たる完全な反復になることはないのだが[三二]。」

しかし、自己を完全に意欲することができるように、自己自身を再び得るということは、「人間は、出生のさいに自己を失わなかったとすれば、自己を探して再び見いだすという必要はなかったであろうに」と言うヴァイニンゲルの倫理的意志の傾向でもある。しかし人間は、時間的な実在において、恐怖と期待のうちに、時間的な非存在から永遠の存在への運動を遂行することを、たえずくりかえし強要されている。もし原罪が人間の存在における決定的事実であるならば、人間は神か無のどちらかを択ぶであろう、という命題は、両人にとって真である。反復――それは世界の手におちることから自己自身を取り返すことである――は、本質的に回想することにおいて遂行されるが、この回想とは、同時に内面的になることである。キェルケゴールにあってはこの回想に、ヴァイニンゲルにおける記憶と同類の機能が与えられる。反復は、自己を再び回想することで、人間――あたかもみずから世界(コスモス)の中にあって世界のものであるかのように、そっくりそのまま自然的世界の中にとけこむ人間——の自己忘却と対照をなすものである。キェルケゴールは、自分を大きな世界に対して「ミクロコスモス」だと思っているのみならず、かれの想像力は、「こんなにミクロコスモス的な存在の中で、できるだけマクロコスモス的にふるまい」、そして「世界全体を、世界全体よりは大きくて、しかも個人がそれを充たせないほどは大きくないようなくるみの殻に入れて持つ[三二]」ことに、特別な満足を見いだした。しかし実際には、かれの親友は、ミクロコスモス的にもマクロコスモス的にも生きたのではなくて、「世界に対する名状しがたい不安」の中に生存していた。味わいも意味もない生活が、かれにはいやでたまらなかったのである。

「人は指を地面に突っこんで、自分がどんな土地にいるのかを、嗅ごうとする。私は指を実在に突っこむ——それは何のにおいもしない。私はどこにいるのか。世界とは、何ということか。この言葉は何を意味するのか。誰が私を全体の中に誘いこみ、そして私を今そこに立たせておくのか。私は何者なのか。どのようにして私は世界にはいって来たのか。なぜ私はたずねられず、なぜ私は習慣どおりに紹介されずに、あたかも人買いに買われたように、列に入れられたのか。どのようにして私は、現実と呼ばれる大企業の関与者になったのか。なぜ私は関与者でなければならないのか。それは自由なことではないのか。そして、もし私がそれになるのを強要されるとすれば、私が意見を述べることのできる管理者は、どこにいるのか。管理者などは存在しないのか[三三]。」

かれをけっきょく現‐存在そのものと再び和解させるこの管理者は、神である。この神を考慮に入れると、反復という宗教的な運動も、被造者的な生存の本来の存在根拠への復帰の仕方において、一義的な方向づけを受ける。この逆行する反復の特質は、自分自身の中へ戻って行く回転でも単なる回想でもなく、それが真の前進運動だということである。宗教的な反復の逆説性は、古代的な回想とは明確にちがって、それがすでに存在したことを回想するのではなく、本来の反復にさいして「前方を回想する」ということである。それゆえキェルケゴールはかれの範疇を導入するのに、それを一方ではギリシャ的な回想《アナムネーシス》に、他方ではヘーゲルの媒介に、対置することをもってする。ヘーゲルの弁証法的存在論は非存在から存在へのキリスト教的な存在運動を、単に思想的な「移行」としてギリシャ的な諸概念において行なわしめるだけであって、実存的に絶望から信仰への跳躍において遂行するのではない。

キェルケゴールの議論が、ほかでもなくヨーロッパ哲学全体の始めと終りの短い叙述をもって終り、反復ということの歴史的な位置を確定しようとしていることは、それがかれ自身の課題の内部で、どんな原理的な意義を占めているかを、示すものである。

「エレア学派が運動を否定した時、誰でも知っているように、ディオゲネスが反対者として現われた。かれは本当に現われたのである。じっさい、かれはひと言も言わず、ただ二三度行ったり来たりしただけだった。そして、そのことによってかれはエレヤ学派を十分に反駁したと思っていた。私がしばらく、少なくとも折にふれて、反復ということが可能であるか、そしてそれがどんな意義をもつか、ある事柄がそれによって得をするか損をするか、という問題を考えた時、私の頭に突然、私は前に一度行ったことのあるベルリンへもちろん行くことができる、そして反復ということが可能であるか、そしてそれが何を意味するか、ということを確信することができる、という考えが浮かんだ。自分の家に留まっていたのでは、この問題についてほとんど一歩も進めずにいたであろう。人はそれについて何と言おうと構わない。たしかにそれは近代哲学で非常に重要な役割をもつに至るだろう。じっさい、反復は、ギリシャ人のあいだで《回想》と呼ばれていたものを表わす一つの決定的な表現である。ギリシャ人が、すべての認識が回想であると教えたように、新しい哲学は、生全体が一つの反復である、と教えるであろう。これをおぼろげながら感じていた唯一の近代哲学者は、ライプニッツである。反復と回想は同一の運動で、ただ方向が反対なだけである。じじつ、人が回想することは、すでにあったことで、逆に戻ってくりかえされるのであるが、これに反して、本来の反復においては、人は前方を回想する。それゆえ反復は、それが可能である時には、人間を幸福にする。しかるに回想は人間を不幸にする――もちろん、かれが生まれた時にすぐ、何かを忘れて来たなどと言って、再びそっと生から抜け出そうとする口実を探すのではなくて、自分に生きる時間を与えるということを前提しての話である。[三四]」

忘却とは反対に、反復は、選択して存在の中にはいって行くための、存在の意義の回想に役立つ。反復は、着古されることのない、しっかりとそしてやわらかに体に密着する衣服である。内面的な生存に合わせられたこの運動を選択し意欲するためには、勇気を要する。そして人が存在を回航してしまうと、生全体がけっきょく一つの反復、失われた自己の取返しと取戻しであることを、理解するのに十分な勇気をもっているかどうかが、明らかになるであろう。反復は倫理的な現実であり、存在の厳粛さである。その厳粛さは、ニーチェの説によると、逆に、「永遠に自己自身を創造し、永遠に自己自身を破壊すること」の無邪気な戯れから始まる。[三五]そして、等しいものの永遠の回帰によってエレア学派的な存在がヘラクレイトス的な生成の中へ移されることから、生成の世界と存在の世界の極端な接近を表現するニーチェの説とはちがって、キェルケゴールでは次のように言われている――

「もし人が近代哲学をいくらか知り、ギリシャ的なものについてもまったくの無知ではないとするならば、この範疇こそエレア学派とヘラクレイトスの関係を明らかにするものであり、反復とは実は、人があやまって媒介と呼んでいたものにほかならないということを、たやすく見てとるであろう……存在と無に関する学説のギリシャ的な展開、《瞬間》・《存在しないもの》等の展開は、ヘーゲルに向かって言う――汝の言葉を節約せよ！　Mediation(媒介)は外国語、Gjentagelse(反復)は立派なデンマーク語である、そして私は哲学用語を一つ加えたデンマーク語に、お祝いを言おう。――媒介がどのようにして成り立つのか、それが二つの契機の運動から結果するのか、そしてどんな意味でそれがあらかじめその契機に含まれているのか、それともそれは新しいものとして加わって来るのか、そしてそれからどうなるのか、ということは、今日では説明せられない。この点では、《移行》という近代的な範疇に対応するKinesis(運動)という概念のギリシャ的な熟考は、きわめて注目に値するものである。反復の弁証法は容易である。じっさい、反復されるものは(初版の引用による)、すでにあったのである。さもなければ、それは反復されえないであろう。しかし、それがすでにあったということがかえって、反復ということを新しいものにする。ギリシャ人が、すべての認識は回想である、と言った時、それは、現にある存在全体はすでにあったのである、という意味にほかならない。もし人が、生は一つの反復である、と言うならば、それは、すでにあった存在が今成立するのだ、という意味である。もし人が回想または反復の範疇をもたないならば、生全体が内容のない空虚な騒音に帰することになる。回想は異教的な人生観であり、反復は近代的な人生観である。反復は形而上学の関心であり、同時にそれは形而上学を坐礁させる関心である。[三六]反復はすべての倫理的な見解における合言葉である。反復はすべてのドグマ的な問題にとって必須条件である。」

ヘーゲルの哲学は、存在の厳粛さに必要なこの運動を、見かけの上で共にしているにすぎず、実際にはそれは運動の多くの「止揚」を行なっているだけで、それが一つの運動を遂行するとすれば、それは内在において行なわれる。しかし、反復は依然として超越に向けられていて、その超越によって人間は自分の存在を単に回航するのみならず、自分自身を超越もする。[三七]

それゆえ反復は、自然必然的な回帰でも、単に倫理的な再生でもなく、人間が自分自身の倫理的な力をもって遂行することのできない、宗教的に選択されるべき運動である。じっさい、人間は、世界が克服されうるものになる出発点となるべき「アルキメデスの点」を、自分自身の中にもっていないからである。同様に、反復はすべての客観的ならびに主観的なくりかえし、すべての回帰、あるいはまた等しいものの反復から、区別される。後者においては、新しいものは何も出て来ない。くりかえしは、すでにあったものを単にくりかえすだけで、それをくりかえしつつ新たにするのではないからである。実存的な反復は、回想《アナムネーシス》という古代的な範疇と異なって、ヘーゲルの媒介体系における古典哲学の完成の後に必要になる一つの「新しい」範疇である。それはニーチェがくりかえす古代の異教的人生観ならびに、ヴァイニンゲルがくりかえすキリスト教的近世の倫理的観念論的人生観を追い越す。そして、それにとっては、およそ、もっとも固有な存在と非存在(各人の生と死)とが問題なのだから、それは思弁的な存在論をして形而上学の「関心」に坐礁せしめる。それの模範はヘラクレイトスでもカントでもなく、一般に人間が頼りとすることのできる一切を奪われ、そのためかえって神からすべてを倍にして返してもらったヨブである。

反復はしても何も戻って来ないような反復の可能性を、キェルケゴールは、等しいものが戻って来るようにくりかえされるものがあるか否かの試験によって、得る。かれはすでに一度ベルリンへ行ったことがある。そして今度、反復がどんな意義をもちうるかを試そうとして、その旅行をくりかえす。かれはそのさい、いろいろのことが最初の時にはどんなであったか、どのように見えたかを、思い出す。しかしその回想の結果としていかえって、何もくりかえされるものはなく、すべてが昔あったとは違ったものになっている、ということを発見しなければならない。宿の主人、住宅、劇場、かれがはじめてその町へはいった時の気分全体、すべてが時とともに別なものになっていて、そのものとしては変っていないものが少しはあっても、それすらも新しい状況の中にあっては、もはや調子の変っている周囲に合わなくなり、そのためやはり以前とは別なものになっている。個々のものに反復があるとすれば、それは「倒錯した」反復である。なぜならば、すべての個々のもののために方向を与える全体は、変らずにいないからである。すでにあったものへの追想がかえって、かれに、等しいものの回帰が不可能であることを教える。しかしそれは、等しいものの回帰を不可能にするだけでなく、それはまた、同一なものの純粋な反復、すでにあったものを新しくすることができるような前方に向かう回想の可能性をも妨げる。

「このことが数日くりかえされた時、私はひどく腹が立ち、反復というものにうんざりして、再び帰り旅の決心をした。私の発見は大したものでなかった。それでいて独特なものであった。じっさい、私は反復というものがまったく存在しなかったことを発見していたのだ。そしてそのことを私は、ありとあらゆる仕方で反復することによって確信していたのである[三八]。」

家へ帰ると、そこでもかれは、すべてがかれが期待し予想していたのとは、違っているのを見いだす。反復などは一度も存在したことがなく、生は、時間の制しがたい前進のうちに、一旦われわれに与えたものをすべて、再び取り上げるように見える。小さな子供は幸いである。――子供はまだ自分自身を選んでいないし、それゆえにまだ自分自身を失ってもいない。子供は素朴に自分にかまけながら、自分に何ごとも起こらないように、おとなたちに心配させておき、そして自分はどんなに大きな生命の危険にあっても、平然として変らず、自分と遊びつづける[三九]。しかしキェルケゴールはそこから、子供らしい存在の無邪気さをもった再出発への故意の復帰というニーチェの結論をひき出さない。この子供らしい存在は、キェルケゴールに言わせると、人間が自分が神の手中にあることを知って世界史全体を摂理にゆだねている真のキリスト教的自己関心の、早期のすがたであるにすぎない。

しかも、キェルケゴールにしても、ニーチェの「正午と永遠」の教えが頂点に達するあの最良の幸福の短い瞬間の経験をもったことはあるのである。じっさい、キェルケゴールが一時的な健康の「目もくらむばかりの最高度」を描写する時、それはディオニュソス的な「正午」でなくて、何であろうか——

「私はある時、その近くまで行った。私は朝起きて、非常にからだの調子がよく感じた。この調子のよさは、すべての類例に反して、午前中にだんだん増大した。正一時には私は頂点に達していて、目もくらむような最高度を予感した。それは健康のどんな物差にも、詩的な寒暖計にさえも、印されていない点である。身体はその地上的な重さを失っていた。どの機能も完全に満足な状態にあり、どの神経もそれ自身および全体のために楽しんでいたので、かえって私は、自分にはもう身体がないような気持だった。それでいて一つ一つの脈搏は組織(身体)のはずみ車のように瞬間の快楽を想起させ、それを指示していた。私はただようように歩いた。しかしそれは空気を断ち切り大地を離れる鳥の飛翔とは異なり、畠をわたる風のうねり、あこがれに酔う海のゆらぎ、夢みる雲の流れに似ていた。私の本質は、海の深い思念のように、自足する夜の沈黙のように、正午の独白めいた静寂のように、透明そのものであった。すべての情調は私のたましいの中に美しい旋律の反響をともなってやすらった。しかも、どんな思想も——どんなに馬鹿げた着想も、どんなに豊かな観念も——至福のおごそかさをもって現われた。一つ一つの印象は、受ける前から予感された。それゆえそれは私自身の心の中で目ざめた。実在全体が私を恋したかのようであり、一切は私の存在に対する、運命を孕んだ関係においてふるえた。一切が私の中で前兆めいたものになり、一切が私のミクロコスモス的な至福の中で謎めいた光明につつまれた。その至福は、その中の一切を、不快なものさえも、またどんなに退屈な所見や、厭わしいものの瞬間や、どんなに腹立たしい遭遇をも、晴やかなものにした。——すでに述べたように、私は正一時に頂点に立っていて、そこから至高のものを予感した。」[四〇]

しかし人間は実在のこの頂点に、長くは自分を保っていることができない。目の中のごみ粒のような「何でもないもの」でも、かれをたちまち、至福の頂上から絶望の深淵に再び突きおとす。絶対的な満足などは、およそ到達されえないもののように思われる。そしてそれゆえに、永遠に恒常なものを「神の不変性」の中にもちつづけようとする「コンスタンティウス」としてのキェルケゴールは、ほんの一時的な瞬間だけでも、自己および世界に絶対的に満足するという期待を、決定的にあきらめる。このような「意に反する至福」の不安定さに失望して、かれは決然と断念する。そしてかれは、その「真の人間性」をキリスト教的人間性とし、その尺度を神の永遠性とする人間的生存の日々の糧たる、反復の理念に、熱狂する。

第八章　ニーチェの実験のための批判的規準

ニーチェは、必然性を最高の星座として有する「この」世界に関するかれの教説によって、自身の存在の偶然を肯定し、「さて諸君は、私にとって世界とは何であるか、そして私がこの世界を欲する時、私が何を欲するのであるかを、知っているか」というかれの問に対する答を見いだしたように、思いこんでいた。ニーチェのこの世界への意志は、批判的には、キリスト教的プラトニズムの形而上学的背後世界への反感によって、また肯定的には、世界の「最大の不幸」たるキリスト教の侵入以前にあったようなかの「古い」世界への憧憬によって、制約されている。しかしかれは、かの背後世界の此岸に、ギリシャ的なコスモスの子の再開始の無邪気さの中に、再び住みつくことに、実際に成功したのであろうか。「それとも」この「新しいコロンブス」は、精神の世界の回航にさいして方向をあやまり、けっきょく——ただ別の側から——かれの意志がかれを連れ去るはずだった元のところへ、再び帰りついたのではないか。したがって、うしろにしたはずのかの「背後世界」——「天国的な無」であり、「神的に不満足な者の目の前に見える多彩な雲」である「背後世界」——が、もう一度かれの世界になったのではないか。ツァラトゥストラも、「新しい生き方の設計」にさいして、かれの妄想を「すべての背後世界人と同じく、人間の彼岸に」投じはしなかったか——そのさい、かれの「幻影」は、かの「幽霊」と同じく、彼岸からではなく、「自身の灰と灼熱」の中から、かれに現われたのである。

「背後世界人について」の章で、ツァラトゥストラ自身は、かれの嫌悪がかれに源泉を予感する力と翼を与えた時かれにどんなことが起こったかを、説明する。じっさい、ニーチェが無への意志から自分を救済する仕方は、それとは逆の、ショーペンハウエルの形而上学における生への意志からの自己救済と、正確に同じく不合理である。そして「背後世界人」の説話はショーペンハウエルの形而上学を諷刺している。コスモス的に意欲しなければならないことから人間を至福の無に救済することに対応するのが、ニーチェの場合では、人間的に意欲しうることから「意に反する至福」への救済であり、かれが回帰を教える時の中心たる超人は、「忘我状態にあるニヒリスト」である。[二]「どんなことが起こったか」の説明には、背後世界人について言われることが、ツァラトゥストラ自身についても妥当する。

「私は苦難を受ける私自身を克服した。私は私自身の灰を山上に運んだ。もっと明るい炎を、私は自分のために考え出した……

それは苦難と無能力とであった——それがすべての背後世界を作った。そして〔それは〕苦難を受ける者だけが経験する幸福のかの短かい狂気〔であった〕。

ひと跳びで、死の跳躍をもって、最後のものに達しようとする疲労、もはや意欲しようともしない哀れな、無知な疲労、それがすべての神々と背後世界を作った。

……肉体に絶望したのは肉体であった。——それは、まどわされた精神(霊)の指をもって最後の壁をまさぐった。

……大地に絶望したのは肉体であった。——それは、存在の腹が自分に話すのを聞いた。(自分とちがった者の声を出す腹話術のことを考える。)

そしてそこでそれは頭をもって最後の壁を抜き……向こうの《かの世界》へ達しようとする。

しかし《かの世界》、天国的な無であるところのかの……非人間的な世界は、人間からよく隠されている。
そして存在の腹は、人間としてでなければ、人間に話しかけない。
まことに、すべての存在は、証明するのにむずかしく、語らせるのにむずかしい。私に言え、兄弟たちよ、
あらゆる事物のうちもっともふしぎなものがなお、もっともよく証明されているのではないか。
そうだ、この自我と自我の矛盾と混乱が、もっとも雄弁にその存在について語る。事物の尺度であり価値
であるこの創造し・意欲し・評価する自我が〔もっとも雄弁にその存在について語るのは〕」

すなわち、世界に対する人間の関係における「中心と尺度」が失われ、人間が自分ともはや親しくなくなった世界の中へ投げこまれたような状態にある時である。ニーチェの意志は、決定的な瞬間の門道（『ツァラトゥストラ』の「幻影と謎」の章参照）において、振り当てられた存在への不満に逆らって、世界を——かれの意志が超人的に自己をその世界と一致させるのであるが——みずから意欲することに決意した。しかし、ニーチェは超人ではなかったので、その救済は、かれ自身が「超人的なものはすべて、人間において病気や狂気として現われる」と言った、そのとおりに行なわれた。[三] それゆえ、かれが自分自身について、「超人的な世界観」たる永遠回帰を説くのは「かれの運命」であったと言うのは、もっともなことである。

エンペードクレスは緋袍をまとい金の帯をしめ青銅の靴をはきデルフィの冠を頭にいただいて歩きまわったと、自分は十九世紀の市民的人間の散文的な衣服を着ていたニーチェが、われわれに報じている。エンペードクレスは、民衆に囲まれて狂気になり、火口の中へ消えて行く前に、再生の真理を告知する。一人の友がかれとともに死ぬ。[四] この神話めいた哲学者の死とニーチェ自身の狂気における終末——そのさいラングベーン(Langbehn)という一人の男が「友人」としてかれを精神的生活によびさまそうと試みた[五]——の差異は、アイスキュロスとヴァ

ーグネルの差異と同じく大きい。エトナ山の火口の中に消える代りに、ニーチェは病室の安全な壁に囲まれた。かれはなお十年も、おのずから生きつづけた――シュテーフィング(Stoeving)の描いたかれの像が示しているように「半ば破壊された黒い城砦のように、自分の山の上にひとり坐して、小鳥たちもその静かさを怖れるほど、静かに、思いに沈んで。[六]」「メッシナ市外のゴンツァーガの堡塁の上。もっとも深い思念の状態。私を遠ざけておくために、一切がなされた。愛によっても憎しみによっても、もはや縛られない。古い要塞におけるように。戦争の痕、また地震の痕。忘れられて。[七]」

　このようなぎりぎりの点まで、ニーチェは行った。そしてかれについては「われわれのために戦う魔力……それは極端の魔法、どんな思いきったことでもする誘惑、である」[八]という文章が妥当する。ツァラトゥストラの説話においてそれに対応するのは、やたらに積み重ねられた最上級と「超」のついた語、すなわち超人、超種族、超英雄、超勇気、超竜、超至福者、超同情者、超善意、超富裕、超時代で、これらはすべて、基本語たる「超克」を思い出させ、ニーチェの急進主義すなわち過激主義をあらわすものである。極端な立場というものは、しかし、言葉どおりの意味で「根本的《ラディカール》」ではなく、むしろ根のないものである。完全に根を抜いてしまうことだけが、ニーチェをして、極端な立場はまた極端な・しかし逆の・立場によってのみ「交代」される、ということを信ぜしめた。ニーチェの教説においては、ニヒリズムの極端とその逆の永遠回帰の極端のあいだ、ならびに超人と最低の人間のあいだに、シェリングの洞見によれば真に清澄にし明快にする唯一のものたる中庸の概念が、まったく欠けている。[九]その極端な立場の一つがニーチェの意志、自身の存在を存在するものの全体において無条件に肯定し、みずから周期的に回帰する存在になろうとする意志であり、死すべき人間の尺度では測りそこなう永遠化の要求である。しかしまた、ギリシャ人を愛する者として、かれは、いつまでも自己をもっとも強い者として実証するのは、極端にやりすぎる人間ではなくて、自分の力を確信しているから——したがって人間の可能な克服をも顧慮して——何も極端な教義を「必要とし」ないような「もっとも中庸をえた人々」である、[10]ということをも知っていた。

「人間を超越しようとする努力において節度と中庸を見いだすためには、もっとも高くもっとも力のある種類の人間が見いだされなければならない！　最高の傾向をたえず小規模に表わしていること——完全性、成熟、……健康、力のおだやかな流出。芸術家のように、日々の仕事についてはたらき、一つ一つの仕事においてわれわれを完全なものにすること。[11]」

しかし節度と中庸こそは、ニーチェの人間克服の試みに根本的に欠けているものである。ストリンドベリがかれにホラティウスの次のような警告を送った時は、すでにおそかった——

“Rectius vives, Licini, neque altum
Semper urgendo, neque dum procellas
Cautus horrescis, nimium premendo
Litus iniquum.”
Interdum iuvat insanire ! Vale et Fave !

（大意——「リキーニウスよ、君は、いつも沖にばかり出ることもせず、また、用心ぶかく嵐を恐れて、危険な岸辺にあまりにも押し入ることもしなければ、もっと正しく生きることになるだろう。」時々気が狂うのも、おもしろいものだ。ごきげんよう。）（引用符の中の文句はホラティウスの『詩集』第二巻一〇にある。最後の一行はストリンドベリが書き加えたものかも知れない。）

目的を失った人間生存と自然を失った世界とのあいだの一種の空虚な間隙にだけ、一つの中心がある。そして意志だけがこの間隙を無理に張り渡して、それゆえに世界をつねに「自分の」世界と呼んでいた。「自己克服といっても、それにはいろいろの仕方がある。そこのところへ、よく気をつけなさい！　しかし道化者でなければ、人間は跳び越えられもするものだとは、考えない。」[一二] 実は一段一段と「急がずに」克服されるだけであり、その点でギリシャ人は感歎に値する。[一三] ニーチェの洞見によれば、ギリシャ人だけが、ツァラトゥストラの超人がなろうとするような、男らしい節度の人間として、あるがままでよく出来た人間であった。[一四] 古代的人間は、生来無法であったがために〔意識的に〕中庸と節度を保ったが、[一五] 近代的人間は、凡庸になるまいとして、極端に緊張しすぎている。

ニーチェが時代の危険として予見していたのは、「世界支配」が凡庸な者たちの手におちるかも知れない、なぜならば「けちな」時代にはかれらが未来の残存者なのだから、ということであった。

「われわれの文明があらわしている速度《テンポ》と手段に関するそのような極端な運動にあっては、人間の重点は移される――人間といっても、そのような病的な運動の大きな危険全体を補償することを、もっとも大事と考え、いわばそれをみずから担う人間である。それはすぐれた遷延者、ゆっくりと取り上げる者、容易に放たない者、諸要素のこの恐るべき交替と混合のさなかにあって比較的に持続する者であるであろう。重点は、そのような状態にあっては、必然的に凡庸なものたちに与えられる。民衆と常規を逸した者（両者は大抵手を組んでいる）の支配に対抗して、凡庸なものたちが、未来を担う者、保証するものとして、固まる。そこから、例外人間にとって、新たな敵――あるいはまた新たな誘惑が生ずる。かれらが民衆に順応して《相続権喪失者》（無産階級）の本能に気に入るような歌をうたわないとすれば、かれらは《凡庸》に、そして《堅実》になることを必要とするであろう。かれらは mediocritas（凡庸）が aurea（黄金）でもあることを知っている。

……そして今一度……老衰した理想の世界全体は、すぐれた代弁者を得る。……その結果、凡庸が精神と機智と天分を手に入れ、……おもしろいものになり、誘惑する……」[一六]

しかしまた、それとは逆の誘惑も存在し、孤立していたニーチェはそれからは逃がれられなかった。もちろん、かれ自身は次のように書き記してはいる――「凡庸に対する憎悪」は哲学者にふさわしくない、「そんな人間が哲学者顔をするのを見ると、ほとんど疑問符を」〔つけてやりたくなる〕[一七]、そして凡庸には「例外が存在しうるために第一に必要なもの」だという権利があることを、哲学は洞察しなければならない、と。

凡庸は、ぬきんでているものに対する関係によってだけではなく、それとは関わりなくそれ自身としても、一つの権利をもっている。それは、もちろん凡庸な仕方ででではあるが、それ自身の重点によって、中庸と節度が自己自身の中に静止している例外の最高の形式であるということを、指示する。世界のただ中にあって自己自身と調和しているので自己自身の中に中心点をもっている平常さそのものであるというような人間ほど、まれなものはない。節度と中庸の内面的な力と印を知っているのは、ほんの少数の人間で、その人々は、それをやかましく言い立てることをはばかる。

「残りの人々はすべて、その話になると、ほとんど耳をかたむけず、退屈と凡庸のことが話されているのだと、思っている。かの国からきこえて来る促しの響を一度は聴き取ったが、それに対して耳をふさいだ人々などは、まだ別として。かれらはそれを思い出すと今では立腹し激昂するのである。」[一八]

ニーチェは、よく出来た人間の姿で、人間の均斉を一時的に所有したにすぎないが、その均斉とは、最低の人間の極端な理念からも、それと反対の超人――そこからかれは回帰を説く――の理念からも、ひとしく遠く距っている。

「そしてけっきょく、人は何によってよく出来ていることを認識するか。よく出来た人間はわれわれの五感にこころよいということ。かれは堅くて繊細で同時に香りのいい木で彫られているということ。かれには、自分に役に立つものだけが、いい味がする。かれの適意、かれの快楽は、実利の程度を超えるところで、終わる。かれは損害に対する対策を察知し、わるい偶然を自分の利益に転用する。かれを殺さないものはすべて、かれを一層強くする。かれは見るもの聞くもの体験するもののすべてから、本能的に、かれの総額を集める。かれは選択する原理であり、かれは多くのものを落第させる。かれの交わるものが書物であろうと人間であろうと風景であろうと、かれはつねにかれの仲間の中にいる。かれは選択し許可し信用することによって、尊敬する。かれはすべての刺戟に対して緩慢に反能する。それは長い用心と故意の誇りがかれにしつけた緩慢さである。――かれは近づく刺戟を吟味する。自分からそれを迎えることなどは、思いもよらないことである。かれは《不幸》も《罪》をも信じない。かれは自分に、他人に、始末をつける。かれは忘れることを心得ている。――かれは十分に強いので、何ごともかれにとってもっともいい結果になってしまわずにいない。」[一九]

よく出来た者の本能は「世界は完全である」と言う。そして「不完全さ、あらゆる種類のわれわれの内輪のこと」さえなお、いつでもすでに、それが依然としてあるであろうものであったところの、存在の全体に属している。あらゆる種類のわれわれの内輪のことから「事物の全体的様相に対する憤激」なしに適当な距たりを保つのに必要な、距離の獲得のため、ニーチェは、どんなに多くのことがすでに成功したか、この地上は「小さな・善い・完全なもの」、よく出来たものに、どんなに富んでいるかを指摘する。「君たち、ましな人間よ、小さな・善い・完全なものを、身の周りに置くがいい。それの黄金の成熟は、心をいやす。完全なものは、希望を教える。」[二〇]

しかし完全な存在の時間は「目標のない時間」[二]、「正午の時刻」であり、それはニーチェ－ツァラトゥストラが永遠の回帰を観じた神的な瞬間である。

「しかし、太陽がツァラトゥストラの頭の真上に来た正午の時刻に、かれは曲って節だらけの一本の古木のそばを通りかかった。それは一本のぶどうの株のゆたかな愛に巻きつかれて、自分自身から隠されていた。それからは黄いろなぶどうの房が一杯に放浪者に向かって垂れ下っていた。そこでかれは少しばかり渇きをいやそうと、ぶどうをひと房つみとりたくなった。しかし、かれがすでに腕を伸ばした時、別な気持がもっと強く起こった。すなわち、完全な正午の時刻に、木のかたわらに身を横たえて、眠りたくなった。

……

しかしツァラトゥストラは、眠りに入るにあたって、自分の胸に次のように語った――

静かに！　静かに！　世界はまさに完全になったのではないか。それにしても私に何が起こっているのか。愛らしい風が、鏡板を張った海の上を、目に見えず、軽く、羽毛のように軽やかに、踊って来るように、眠りが私の上に踊って来る。

それは私の目を閉じさせない。それは私のたましいを目ざめさしておく。それは軽い。まことに、羽毛のように軽やかだ。

どのようにしてか、私には分からないが、それは私を説きふせる。それはおもねる手をもって、私の内面に軽く触れる。それは私を強いる。そうだ、それは私のたましいがからだを伸ばすようにと、私を強いるのだ――

私の風変りなたましい、それは私にとって、なんと長くなり、ものうくなるのだろう。それには七日目の晩が丁度正午に来たのだろうか。それはすでにあまりにも長く善良な、成熟した事物のあいだを、いい気持でさまよっていたのだろうか。

それは長くからだを伸ばしている、長く——もっと長く！　それは静かに横たわっている、私の風変りなたましいは。それは良いものを、すでに多く味わいすぎた。その黄金の悲しみがそれを圧迫する。それは口をゆがめる。

——もっとも静かな自分の入江にはいって来た船のように。——それは今や長い旅と不確かな海に疲れて、大地に身をもたせかける。大地の方が誠実ではないか。

そのような船が陸地に身を寄せかけ、身をすりつけるように——その時は、一疋の蜘蛛が陸地から船へ糸を張るだけで、十分だ。それより丈夫な綱は、その船には必要がない。

もっとも静かな入江にいるそのような疲れた船のように、そのように私もまた今や大地に近く、忠実に、信頼し、期待しつつ、もっとも微かな糸で大地に結びつけられて、休んでいる。

おゝ、幸福よ！　おゝ、幸福よ！　お前は歌おうとするのか、おゝ、私のたましいよ。お前は草の中に寝ている。それにしても、笛を吹く牧人もいない、ひそやかな、おごそかな時刻だ。

怖れよ！　暑い正午は牧場に眠っている。歌うな！　静かに！　世界は完全だ。

歌うな、お前、草の中の鳥よ、おゝ、私のたましいよ！　ささやきをさえするな！　見よ——静かに！　老いた正午は眠っている。かれは口を動かす。丁度、一滴の幸福を飲むところではないか——

——黄金の幸福の、黄金のぶどう酒の、古い褐色の一滴を。かれの上をサッとかすめて、かれの幸福が笑う。そんな笑い方は——神がする。静かに！——

——《幸福のためには、幸福のためにはどんなに少しで足りるものなのか！》ある時私はそう言って、われながら賢しく思われた。しかしそれは一種の冒瀆であった。そのことを私は今になって学んだ。利口な馬鹿はましな言い方をする。

もっとも些細なもの、もっとも微かなもの、もっとも軽いもの、一疋のとかげがカサカサと動く音、一つの息吹、サッとかすめる動き、ほんの一瞥——少ないものがかえって最良の幸福の種類を作るのだ。静かに！

——何が私に起こったのか。聴け！　時間が飛び去ったのだろうか。私は落ちるのではないか。聴け！　私は落ちたのではないか——永遠という井戸の中へ。

——何が私に起こっているのか。静かに！　私を刺すものがある——痛い——心臓に？　心臓にだ！　おゝ、破れろ、破れろ、心臓よ、このような幸福の後では、このような突きの後では！

……

いつお前はこの一滴の露を飲むのか、すべての地上の物の上に降りたこの露を——お前はこの風変りなたましいを、いつ飲むのか——

——いつ、永遠という井戸よ！　お前、晴れやかな、ぞっとするような、正午の深淵よ！　いつお前は私のたましいを、お前の中に飲みもどすのか。

ツァラトゥストラはこう言って、木のそばのかれの寝床から、慣れない酩酊からさめるように、身を起こした[三三]。」

この永遠という井戸は、ニーチェの哲学全体のように、二重の意味をもっている。すなわち、それは「正午の深淵」であり、晴れやかであると同時にぞっとするほど恐ろしい。その中に、もっとも高い存在ともっとも深い無が再び現わされるのであるが、ニーチェの実験におけるそれの哲学的表現が、等しいものの永遠回帰というツァラトゥストラの教説、すなわちニヒリズムの自己克服である。

しかしニーチェはツァラトゥストラではないし、ツァラトゥストラもまだ超人ではなく、かれは超人への途上にあって、超人を説くだけである。かれは一つの「前戯」であり、「実例」であるにすぎない。ニーチェがツァラトゥストラの役で語るのは、古代の俳優の言説がペルソーナというマスクを通してひびいたのと、同じことである。このマスクはまた、それを俳優がどうつけるかによって、いろいろと違った顔をもつ。ツァラトゥストラの登場と風貌は、ニーチェによるヘラクレイトスとエンペードクレスの人物描写を思い起こさせる。神は死んだ、それゆえに自分は「神を失った者」である、ということをその教説の前提とするツァラトゥストラは、すでに反キリストとしても語っている。そしてかれの自己救済の歴史が展開すればするほど、かれの名はディオニュソス神の呼び名となる。他方また「かれが自分の最後の淋しさに堪えるため、自分自身に歌ってきかした」「ツァラトゥストラの歌」は「ディオニュソス頌歌」である。ツァラトゥストラがフリードリヒ・ニーチェその人のことを語っていることも、忘れてはならない。ツァラトゥストラは、ニーチェが自分自身をこんなものとして承認しようとした、その姿、すなわち、ニーチェが人間として達しえなかった救世主、救済者の姿である。「重力の霊」に対するツァラトゥストラの優越は、舞踏と笑いに現われる。オーフェルベックあてのある手紙に、ニーチェは、「死ぬほど笑いたい!!!」と書いている。ツァラトゥストラは軽やかな感覚と充溢を誇る。ニーチェは、かれの『ツァラトゥストラ』がもっとも大きな欠乏ともっとも重い苦難からもぎとられたのだと、告白する。ツァラトゥストラは、ニーチェが重荷に感じて絶望して投げすてようとした生を代弁する者として語る。——『ツァラトゥストラ』はニーチェが意識的に欲した主題であり、同時に、無意識の深処から行なわれる投影である。ニーチェ－ツァラトゥストラの意識されたすべての意欲の中に、意欲されえない何ものかがおのずから起こるということとは、たえずくりかえされる「私に一体何が起こったのだ」という問に、あらわれる。

それゆえに『ツァラトゥストラはこう言った』の比喩的な説話は、いろいろの読み方ができる——すなわち、ニーチェがある決定的な経験を思想的に設計して一つの哲学説に形成した註文の多い一連の説話として、あるいはまた、自分の存在の問題を陰欝で静穏な風景や不気味な状況や謎めいた人物の中に移して、その中で自分を明白にしたり露出したりもすれば隠蔽し仮装もするような人間の、心理学的に分析すれば、隠された苦難の歴史を表わす一連の、夢のように立ち現われる形象として。「序言」の中の綱渡りと道化、蒼ざめた犯罪者と影、小びと牧人、魔法使いと荒野の娘たち、火山の下界と紺碧の天界、棺と小舟、蛇と鷲——これらは哲学的にも心理学的にも解釈されうる人物と形象である。いずれの場合にも、多すぎるほどの説話をまとめている熱情的な流出と空虚な気負いとを区別しうるためには、取捨選択が必要である。哲学的な解釈は、事実に則した解釈がすべてそうであるように、主として、ニーチェ自身がツァラトゥストラの姿を借りて意識的に言おうとしたこと、説こうとしたこと、にもとづいて方向づけられる。心理学的な解釈は、主に、言われたすべてのことにおいて言われずにあることや、著者の意識的な意図に反して、しらずしらず言葉に出て来ること、を頼りにする。ニーチェ自身がそれ以前の何びとにもましてその道を拓いた心理学的解釈のもたらしうる可能な結果を、軽んじるわけではないが、われわれはこれまで、ニーチェの教説の哲学的な基本構造を考慮して、比喩的説話の思想的分析のもろもろの可能性に局限し、したがって、解釈術の無際限の活動範囲に、ニーチェの哲学的な自己意識および自己理解に応じて、制限を加えた。

ツァラトゥストラは第一部において、従来の普通の人間の自己克服としての「超人」を説く。それはかれの「最高の思想」であり、かれの「最後の意志」である。永遠回帰の告知の後もそのことには変りがない。なぜならば、超人だけがこの思想を呼びおこし、これに堪えることができるからである。超人と永遠回帰の説は、神が——これまで人間存在をより高くし、かつ規定していた神が——死んだことを、人がすでに知っているということを前提とする。人間と超人の関係は、一から他への漸次的発展の関係ではなく、ただ実験的に、超人という「類型」の計画的養成の目標である。それは自己自身に満足する人間——人道主義の伝統的な賓辞(幸福の願望、理性の尊重、徳性、正義、同情)によって形成された人間性を有する人間——の電光的な「変化」である。人道主義的人間は、暗い「雲」であり、その中から超人は、変化の瞬間に、照明し浄化し焦灼する「電光」としてひらめく。超人はまさにこの照明と浄化の電光であり、同時にそれは、人間における超人的なものがすべて病気や狂気として現われるために、「狂気」と呼ばれる。[二三] 最後にしかし、人間たることの意味は超人においてすでに顕われるのではなくて、電光の中に姿を現わす新しい神、ディオニュソスにおいて、超人的に顕われるのである。[二四]

人間たることの意味は、さしあたりまだ、新しい神をではなく、われわれのこの大地を引合いに出す。超人は「大地の意味」であり、「肉体」も大地の意味を語る。ツァラトゥストラは、肉体をもった・よく出来た・美しい人間として、自分自身に悩み、他人とともに悩む・出来そこないの・みにくい人間よりぬきんでた人間として、考えられている。大地の意味を教えうるためには、神を超地上的・超現世的な・肉体のない「霊」だとする伝統的な神の観念とキリスト教的プラトニズムのすべての形而上学的な背後世界を批判する必要がある。「大地への忠実」は、ユダヤ的キリスト教的伝統およびそこで言われる影のような死後の生活の範囲内では、人間が右のような神を失った時にだけ、教えられることができる。もちろんまだ多くの新しい神々が可能であり、死んだのは実は「道徳的」な神だけなのであるが、ツァラトゥストラは古い神々も新しい神々も信じない。「ツァラトゥストラは言う、かれはなるであろうと——、しかしツァラトゥストラはならない……人はかれを正しく理解すべきである。」神のない者としてのみ、かれは人間が自己克服をして超人になることを説くことができ、また説かなければならない。なぜならば人間は、キリスト教的な神および神人による定位をしなければ、もはや従来の意味における人間ではなく、まだ新しい未来の意味における人間でもないからである。かれはもはや確かに立っているのではない。それゆえ新たに確立されなければならない。かれは「確立されない動物」になっている。[二五] 超人への移行において、ツァラトゥストラは、信じるに足らなくなった天国の代りに、「地上の国」とこの地上的生活の永遠の回帰を欲する。しかしツァラトゥストラが教えつつ予言する（真実を告げる）のは、はじめはまだ、永遠回帰という深淵めいた思想ではなく、神の死から生じたニヒリズムである。「神と無の征服者」としてはじめて、かれは逆の教説を真実として語ることができ、それによって、失われていた大地への忠実は建て直されることになる。それにしても、この大地への忠実において、大地そのもの、それ自身の自然を有する大地そのものが、発言することどんなに少ないかということは、ニーチェが地上の国と地上の「目標」を語り、そのさいかれは地上の未来の主人たちを考えているので、超人の理念が「地上はいつか超人のものになる」という世界政策的な意味をもつに至る、という事情が示している。超人は支配の使命を帯びた人間のカストの上に立ち、かれらとともに「地上支配」を管理する。

　ニーチェは、語りに語り、一冊の本を、しかも「万人のための、誰のためでもない、本」を書くことによって、教える。かれはまず広場で、万人に向かって語る。そのためかえって、誰にも語らないことになる。[二六]「最低の」人間を欲する民衆のこの一般的な広場では、かれは傾聴する者を見いださない。そこでかれはその後、「ましな人間たち」に向かう。かれらの危急の叫びがかれを呼びよせたのであり、かれらはかれと同じではないにしても似た困窮を共にしているから、かれの話を聞くことができるのである。かれはまだかれの子供たちとかれの同類を待望している。神を殺し、そのためツァラトゥストラとひそかに諒解しあっている・もっともみにくい・自己自身を憎む人間も、ましな人間の一人である。ニーチェは、これらおよびその他すべての人物において、他人に向かって語るのみならず、自分自身を相手に、また自分自身について、かれの「たましい」と「意志」との対話、あるいはかれの「自己」と「自我」との対話の形でも語る。うしろ向きに歩きながら生の綱を延ばして行くだけの繩ない(「自由な死」の説話)と反対に、危険を自分の職業とした綱渡りは、かれ自身である。綱渡りの上を跳び越え、そのため綱渡りに意識を失い墜落死するに至らせる道化役者も、かれ自身である。放浪者も、また同じく放浪し出没する影、探索の無益なために病気になっているその影も、かれ自身である。人間存在に対する嫌悪のため窒息させられた牧人も、未知の神に迫害されていると思っている魔術師もかれ自身である――迫害されていると思うのは、かれがおよそニーチェ－ツァラトゥストラとしていろいろな役に分割され、かれ自身の内奥では精神分裂の一歩手前まで分裂しているからである。

ニーチェはツァラトゥストラを通じて、何について、またどのように語るか。かれはキリスト教の説教者のように「救済」について語る。それはヴァーグネルの作品[二七]においてのみならず、ニーチェの作品においても、ライトモティーフなのである。キリスト教およびその救済者を攻撃する説教者として、ツァラトゥストラは、単に神のない者であるのみならず、「久しく約束されていた反キリスト」[二八]である。『ツァラトゥストラはこう言った』は、文学的形式から言っても内容から言っても、反キリスト教的な福音書であり、「山上の垂訓」の裏返しである。周知の聖書の言葉を思わせる響きに充ちていることは、説明するまでもない。聖書的な比喩の同意義の使用と文体上の摸倣(a)は、その意味の単純な否定(b)や、パロディー的な転回(c)とは、区別すべきである[二九]。二三の典型的な例をあげると、『新約聖書』の言葉の三種の使い方が明瞭に示されるであろう。

(a)「そして墓場があるところにのみ、復活は存在する。」（『ツァラトゥストラ』クレーネル版全集本一六四ページ）――『ヨハネ伝』第一二章二四節。

「そして私は、自分を守ろうとしない者を愛する。」（同上二九二ページ）――『マタイ伝』第一六章二五節。

「私はお前たちにまだ言うことがあるのだが……」（同上二一九ページ）――『ヨハネ伝』第一六章一二節。

(b)「そのことは、もっとも神をなみする言葉が、一つの神そのものから発した時に、起こった――《それは一つの神である！　お前は私のほかに神をもってはならない！》という言葉が。」（同上一六八ページ）――『出エジプト記』第二〇章三節。

「しかしもしお前たちが一人の敵をもっているならば、かれの悪を報いるに善をもってしてはならない。それは恥じさせることになるであろう。」（同上一〇〇ページ）――『マタイ伝』第五章四四節。

「悪魔を追い出そうとして、そのさいみずから豚の中へおちこむ者が少なくない。」（同上七九ページ）――『マタイ伝』第八章三一節。

(c)「もっともむずかしいことは何か……。誘惑者を誘惑するため高い山に登ることか。」（同上三三ページ）――『マタイ伝』第四章一、八節。

「自己に自己の意志を与え、すべての恭順を捨て去る者は、すべて私の同類である。」（同上二五〇ページ）――『マタイ伝』第一二章五〇節。

「笑う者のこの冠、このばらの花環の冠――この冠を私はみずからいただいた。私は私の哄笑をみずから聖別した。」（同上四二八ページ）――『マタイ伝』第二七章二九節。

『ツァラトゥストラ』全体は、かれの最初の登場からろば祭の記念祝典に至るまで、人間をその従来の救済者から救済すべき、たえず遷延される救済の長たらしい歴史である。ニーチェによって提出された「ツァラトゥストラとは誰か」の問は、それゆえ、ギリシャ的形而上学の始まりへの後退においては答えられず、キリスト教とともにニーチェの思惟をあんなにも支配する一つの新しい始まりが起こったということ、かれの最初にして最後の原則は「世界」と「神」または「ディオニュソス」と「十字架にかけられた者」の対立であるということに、たえず注目していることによってのみ、答えられる。ツァラトゥストラの「序説」は、『見よ、この人なり』の最後の文章におけるように必ずしも明瞭すぎるわけではないとしても、ほとんどその一行一行が、キリスト教に対して本質的な関係をもっている。ツァラトゥストラは黄金の充溢の杯を飲み干そうとする――それに反して、同じく三十にして故郷の湖を後にしたキリストは、にがい苦難の杯を飲み干す。等しいものの永遠回帰の教師たるツァラトゥストラは、洗礼者ヨハネの象徴たる誇らしい鷲に伴なわれ、その頸には永遠性の蛇がまきついているが――それに反して、他の超人は、回心から行なわれる一度きりの再生を教え、恭謙な犠牲の羊を象徴とする。鷲と蛇の誇りと賢こさに対応するのは、新約聖書においては、鳩と蛇の恭謙と賢明である。ツァラトゥストラの鷲は、その高みから小羊に向かって飛び降り、すべての「小羊の心」を憎んでいて、「羊としての神」（神《アグヌス》の小羊《デイ》）たる人間の姿をとった神を引き裂く時に幸福になる動物である。[三〇] 鷲の頸にまきついた蛇というめずらしい形象においてすでに、宇宙的な循環の意欲というニーチェの教説全体を強いて人為的に寄せあつめたものが現われている。じっさい、もし鷲が天空への上昇の誇らしい意志を表わし、一方、地上にしばりつけられ太陽にも巻きついている蛇が等しいものの永遠の回帰を表わすとするならば、もっとも誇らしい高所の動物ともっとも賢こい地上の動物とのあいだに、あの二重の動物像がありそうに思わせるような「友情」が、どのようにして成り立ちうるであろうか――もっとも、等しいものの永遠の回帰が、誇りの翼をもって意欲されるなら――このみずから意欲することはコスモス的な意欲に対応するのだから――話は別であるが。しかし永遠回帰の輪環の「自己自身を意欲すること」は、鷲の旋回が鷲自身を自身の中に旋回する(とぐろを巻く)生物にしないと同じく、誇らしい意欲にはならない。人は「意志」という一つの言葉に迷わされて、両者の差異を見おとすようなことはない。それは丁度、困窮《ノート》の転換《ヴェンデ》(必　然　性《ノートヴェンディヒカイト》)というしゃれのために、「そのようにあって別のようにはない」ことと意欲された困窮転換との不一致が見おとされないのと、同様である。そしてツァラトゥストラ自身が、「序説」の最後の文章で、いつかは蛇の賢こさがかれを見すてることがあっても、その時はかれの誇りが愚かさとともに飛翔するであろうと、正しく予感したではないか。ツァラトゥストラの最後の説話では、蛇のことはもう口にされず、かれの鷲と一疋の笑うライオンだけが話題になっているが、このライオンは最初の説話では奪う者(猛獣)として、「汝なすべし」から「われ欲す」への変化を表わし、したがって、救済的な解決――それの告知が『ツァラトゥストラ』の度々中断されながらも一貫したテーマとなっている――まさにその解決を、もたらさないものである。

超人と永遠回帰の無信仰な教師たるツァラトゥストラは、明るい使節、神の死から生ずる「楽しげな学問」の告知者になろうとする。この告知が説教の調子で行なわれるのは、ドイツには「おおよそ技法に適った公開の演説」がただ「一種」、すなわち説教壇からの演説が存在するだけである、というニーチェの認識に従ったのである。

「説教者だけが、ドイツでは、一つのシラブル、一つの単語にどんな重みがあり、一つの文章がどこまで打ち、跳び、突き進み、走り、拡がるかを、知っていた。説教者だけが耳に良心をもっていた。……かれらの最大の説教者の傑作たる聖書は、これまで最良のドイツ(語)の本であった。ルッテルの聖書に比べると、他のほとんどすべては《文献》にすぎず――ドイツで成長したものではないもの、したがって、聖書の場合のように、ドイツ人の胸の中にはいって発育しなかったもの、発育しないもの、にすぎない。[三二]」

しかし、なにゆえにツァラトゥストラの説話は、心情を説伏することも、悟性を説得することもできないのか。それは、その説話が、批判的に磨ぎすまされたアフォリズムにおいて強味をもつ著作家の形成物であり、それに反してかれの告知が、新約聖書およびヴァーグネルの楽劇の用語とニーチェ自身の偉大な言語芸術のあまりにも綿密すぎる混合だからである。ニーチェが直接に説得的に語るのは、第五福音書の告知者として語る時ではなくて、かれが「氷雪を融かす風の言葉」を話す場合である。ニーチェの教説から何かを学びうるためには、その話し方から目をそらして、それをその原理的かつ生産的な動機に――すなわち、自己自身および自身の時代のみならず時代の時間性一般を「克服」して、等しいものの永遠回帰の永遠性に到達しようとするモティーフに――集約する必要がある。「真の永遠とは、すべての時代を除外する永遠ではなくて、時間(永遠の時間)そのものを屈服させている永遠である。真の永遠とは時間の克服である。[三二]」シェリングがこの文章で思弁的神生論的な意図において考えることが、ニーチェによって、「実証主義の鶏鳴」の後に、新たに考えられ、時間(時代)に対するかれ自身の関係に適用される。じじつ、哲学者が自分自身に要求しなければならない第一のことは、自分自身の中にある自分の時代を克服し、その最高の価値標準を見るようになることである。それを克服したか否かの吟味は、それに対する反感をも捨て去ったか否かということによるであろう。[三三] この吟味にニーチェは、かれがかれの永遠に関する説を信ずべきものにすることに成功したと、丁度同じ程度に、及第した。しかしその説の真理が確証され明示されるには、自然――その諸現象に、等しいものの回帰がいつまでもくりかえし顕われる自然――の「原典」によらないとしたなら、何によることができるか。「われわれはすべて、自然《ピュシス》がどれほど深く、また高く達するかを知らず」、そして、人間もその最高ならびに最低の欲求と力においてどれほど「まったく自然」であるかを、知らない。かれの認識も、選択・評価・同化・改造および排泄という有機的過程との「完全な類比」を示している。

ニーチェの著書が「未来の哲学の前奏」となるのは、人々が準備しあるいは意欲することさえできるはずの人間の本質における未来のある変化をかれが考えたこと、その人間を招き寄せるために超人を案出したこと、によるのではなくて、かれが――ソクラテス以前の physikoi(自然学者たち)を追想しつつ――人間を一切の事物の自然の中へ「訳し返し」、超世界的および背後世界的になった形而上学において、世界の永続的な physis(自然)と「肉体のおおいなる理性」を、基礎になるもの・つねに存在するもの・不変に留まるもの・回帰するものとして、再び承認せしめようとする大きな試みを企てたことによるのである。[三四] このような「自然への復帰」の傾向において、ニーチェは、感傷的な自然概念に対するかれの敵意にもかかわらず、十九世紀のルッソーである。

すべての近代的な(自然科学的、歴史的ならびに実存主義的)思惟から見れば不合理な、永遠回帰という説がニーチェ哲学全体の核心をなしているという命題は、もちろん初めは、デカルトの懐疑説において神の証明が「真の哲学の残滓」であるというシェリングの主張[三五]と同じく、奇異の感を与えるにちがいない。しかしこの両者の主張の奇矯さは、人間に関する教説は、それを支える基礎として、自然以上の(形而上学的な)神かあるいは世界の自然かをもっていなければ、底のないものになる、ということが理解されれば、ただちに不快なところが無くなってしまう。じっさい、人間は自己自身によって存在するのではないのである。そして、ニーチェにとっては超世界的な神は死んだのだから、かれは、世界のただ一回の創造と反対に、世界の永遠性[三六]を問う古い宇宙論的な問題を、新たに設定しなければならなかった。かれの教説から学ばれうるものは、出来あがった結論ではなくて、歴史的には近代的人間の意識にとって古い聖書的な神が死んでいるということから生ずる一定の自然哲学的な問題設定が、[三六ノ二] どうしても必要だということである。その哲学的な問題設定の一つ一つは、ニーチェの反キリスト教的思惟の歴史的制約の内部においては、一つの神学的な答が脱けることに関係づけられている。それゆえそれらは次のようないくつかの二者選一に要約される――

一、もし世界の創造者としての神への信仰がもはや生きていないとすれば――問題はもっぱら世界の存在であるということ。

二、もし存在が無の中から奇蹟的な仕方で生ずるのでないとすれば――このつねにすでに存在する世界の存在はみずから動く本源的な自然であるということ。

三、もし自然的な世界が本来の始まりと目標となる終りをもたないとすれば――それは永遠であるということ。

四、もしつねに存在する自然的世界の永遠が、超世界的かつ超自然的な神の時間を超えた永遠でないとすれば――それは一種の永遠な時間であるということ。

五、もし人間が超自然的かつ超世界的な神の創造された似姿でないとすれば――人間は自然のものでありかつ世界のものであるということ。

六、もし人間と世界の関係に対する解答が、神による世界と人間の共通の創造と所属によってすでに与えられているのでなければ――自然的世界の永続的な存在と人間の有限的な生存との関係を問う問題は避けるわけにいかないということ。

七、もし摂理とその世俗化されたもろもろの形に対する信仰がもはや信ずるに足るものでないとするならば、一切の事実上の現‐存在の偶然が必然的に問題となるということ。

八、もし人間が、おのずから存在するものの永遠の全体の中に、はめこまれているのでないとすれば、「人間」という偶然の謎はどんな解決をも見いだせないということ。

ニーチェはこれらの命題としてすえられた諸問題を設定しなければならなかった。なぜならば、かれは神を去って世界に就く立場をとり、人間がコペルニクス以来中心からxへ、すなわち近代的現世的実存の絶対的偶然性の中へ落ちるということが何を意味するかを、世界の内部で極端な徹底さをもって経験したからである。[三七]「われわれはまだ一と足ごとに、偶然という巨人と戦う。」全人類に対するその巨人の権力のおかげで、意味の欠乏が支配するのである。[三八]「そして、もし人間が……偶然の救済者でもあるのでなかったとしたら、私はどうして、人間たることに堪えられるであろうか。」一種の「大地の病気」のように現われる「人間」という解き放たれた絶対的な偶然からの救済のため、ツァラトゥストラの教説は、「人間」という異常な断片の取戻し――つねにすでに在った・そしてつねにまだ生成しつつある世界、恣意と強制からひとしく距たった必然的な循環をもった世界の全体の「偶然」への取戻し――を教える。かれ(人間)は、かれ自身がすでに全体なのだから、他の何ものによっても強制されるわけはなく、そしてかれがすでに自己自身を意欲する宿命なのだから、かれはどんな恣意から生じたのでもない。最高の無条件の「宿命論」は、「偶然」および「創造的なもの」と同一である。[三九]永遠回帰の教説は、孤立した人間を世界の創造的な生命の偶然的であると同時に必然的な全体の中へ戻して置くことによって、上のように理解された宿命論を「完成」する。それゆえニーチェは、かれの疑問符を、世界と世界を軽視する人間との対置(「人間対世界」)の後にのみならず、両者の並置(「人間および世界」)の後にも置く。[四〇]われわれ自身はすでに世界である――しかしそれはわれわれが世界に囲まれて生存し、世界が単に人間的生存の規定だからではなくて、すべての包含と対置と並置とが、発生と消滅、創造と破壊の不断の循環たる生きた自然的世界の、一切を包括する存在によって、つねにすでに追いこされているからである。人間本質の特殊性は、自然以上の(形而上学的な)特殊な性質に存するのではなくて、人間が自己自身および世界について特別な意識をもっていること、その意識はしかし固有の存在ではなくて、意識される対象に属するものである、ということにのみ存する。大抵のことは、人間においても世界においても、それ(意識)なしであり、それなしに起こる。[四一] ニーチェが計画した主著――それに書かれている価値の顚倒は自然哲学的な、本質的に生物学的な基礎をもっている――のためのノートの明白な意図は、「一切の事象における絶対的な等質性」を示すことである。「人間」という偶然の克服を問う問題は、その解答をおよそ見いだすものとすれば、ニーチェが「生の全性格」と呼ぶ存在するものの全体の中からのみ、その解答を見いだす。永遠の回帰は、つねに等しいものの、すなわち一切の生きたものにおける同じ性質・同じ強さの生の、永遠の回帰である。永遠回帰の教説の構造と問題性、および「権力への意志」に対するそれの関係は、もし人が――抽象的な存在概念の前提のもとに――ニーチェの教説全体の標準的な個所が「生」という語で表わされること、その語はまた、一切を担い・支配し・生み出しつつ破壊する自然《ピュシス》を目標とするものであることを無視するならば、論議をしても意味のないことである。

一切の生きたものにおける同じ性質・同じ強さの生の永遠回帰という「根本法則」の範囲内では、生の全性格は、生の充実と貧困、強さと弱さ、上昇と下降、の割合によって、区別される。ニーチェは存在〔そのもの〕と存在するものとの差異を存在論的に熟考したことはないが、[四二] 一切の生きた存在――それの生気なしにはどんな存在も存在しないであろう[四三]――の範囲内における差異は、これをニーチェは、『歴史の功罪』から『権力への意志』のためのノートに至るまで、さかんにテーマとして取り上げた。ニーチェは、一切において同じ強さの一つの生の、上昇と下降による区別を、かれの「主要な区別」と名づけ、見かけの上でより包括的に思われる「存在」と「生成」の区別も、そこから解釈されなければならないという。[四四]『見よ、この人なり』第一章(「なぜ私はこんなに賢明であるか」)の、ある目立った個所で、かれは自分を、この区別のための「すぐれた教師」と呼んでいる。そして、かれが――哲学と宗教、道徳と政治、学問と芸術、文学と音楽における――上昇と下降の徴候の微妙な解釈においてきわめて独特な巧妙さをもっていることに、異議を唱えうる者はないであろう。上昇と下降に対する展望の形成と転換、「病人の光学から出て、より健康な概念と価値へ、再び逆に、豊かな生の充実と自信から、デカダンスの本能のひそかな作業の中を見おろすこと」、それがかれの「もっとも長い習練」、かれの「本来の経験」であり、かれにとってもろもろの価値の顚倒が一体なにゆえに可能になったかということの「第一の根拠」でもある。じじつ、価値顚倒はいずれにしても、人が生の全性格の範囲内において生に充ちたものを生に乏しいものから、よく出来たものを出来そこないから、善いものを悪いものから、区別することができるということを前提とする。しかしこの主要区別に応じて行なう価値転換は、なかんずく、無への意志を永遠回帰の意欲に反転することでもある。

　しかしもしその主要区別が、自己を維持し生長する生、上昇し再び下降する生の範囲内における区別である時には、ニヒリズムもまた本来「神の死」から、すなわち神への信仰がもはや信ずるに足りないものとなったということから、生ずるわけはない。信仰と不信仰は、ニーチェの観点からのこの最後の展望において見ると、信仰の意志のある・あるいはその意志のない人間の、自己自身の中に根拠をもつ態度のとり方ではなくて、――すべての意識的な態度やまたすべての世界解釈と同じく――より本源的なものと隠されているもの、生命力の生長あるいは崩壊の、しるしあるいは徴候として解釈されるべきものである。ニヒリズムもまた一回だけの歴史的な出来ごとではなくて、自然と歴史において同じ性質・同じ強さの、無尽蔵の生、破壊しつつ再び自己を建て直す生の、つねに回帰する現象形態であるということは、ニーチェの「総体的洞察」に属している。[四五] ニヒリスティックな動向も、すでにつねに存在した。そして解体と下降の徴候も共に、新しい生存条件への移行の時期に属するのである。

ツァラトゥストラの、従来の人間から超人への、そしてニヒリズムから永遠回帰の意欲への踏み越えも、右のような移行の意味に理解されるべきである。この移行は、ツァラトゥストラがある朝、新しい上昇のために下降することを決意することによって、すでに動き出すのではなく、かれの決意が同時に「霊感」あるいは着想であり、それは一つの事件として実行される。人間が超人への途上にあるというのは、ツァラトゥストラが未来を創造して何か他のものへ移行することを、自身の意志から企てるからではなくて、かれが――上昇し下降する生の創造的な力によって――「変化」されるからである。他面しかし、かれは自分自身を変化しようと欲する時にだけ変化される。ツァラトゥストラの意志は――ツァラトゥストラ－ディオニュソスが一切の存在するものの最高の種類である場合には――一つの創造的な偶然であり、意欲の必然である。そして永遠回帰を肯定せんがために克服されるものも――一切の生が「自己克服」である場合には――もはや神を信じなくなり、それゆえに意欲しないよりはむしろ無を意欲する人間ではなくて、一切の存在するものにおいて同じ性質・同じ強さ・同じ意義を有する生である。しかしもしニヒリズムが、最初にも最後にも、神がもはや信じられないということの「結果」などではなくて、「生理学的」デカダンス[四六]の「徴候」と「論理」であるとするならば、永遠回帰を意欲せんがためのニヒリズムの自己克服も、生が人間において再生され、その創造的な変化力によってニヒリスティックな状態を解除することによってのみ、起こりうる。自己自身を変化しようとする意欲には変化の不随意的な事件が対応するように、自身の再生意志にはコスモス的な生の側からの再生が対応する。従来のすべての価値の破棄もその顚倒も、もちろん人間的な意欲と評価において実行されるが、これが、それ自身すでに自己意欲であり評価である生の本質によって、あらかじめ査定され意欲されているというようにして行なわれる。「生そのものが、価値を定めることを、われわれに強いる。われわれが価値を定めるならば、生そのものはわれわれを通じて評価するのである[四七]。」

意欲する人間の有限な生存と自己自身を意欲する世界の永遠の存在とのあいだの、この要請された対応の内部における緊張と矛盾は、永遠回帰の意欲における問題的な分裂を生ぜしめる。対応のこの分裂の内部においてのみ、ニーチェは、一方では、人間が完全に人類である時に全自然を動かすと考えることができ[四八]、他方では、人間が存在するものの全体の中においては単なる「エピソード」であり、まったく自然的な宿命であるという考えを固持することができる。あるいは、二語から成るただ一つの命題に要約すれば、「エゴーーファートゥム」[四九]、すなわち、永遠回帰のファートゥムである。その命題もまた、分析してみると、ある二重のもの、分裂し矛盾するもの——私自身が永遠の昔から一切の実在の宿命性とその永遠の回帰を制約している、そして、私自身が自然的世界の循環の全体における一つの制約された宿命性である、ということ——を意味している。道徳的に言えば、私は一切のそこに(現に)在ることとそのように在ることに対して責任がある、そして、みずからのそのようにそしてそこに(現に)在ることに対して責任のあるような実在は、まったく存在しない、ということになる。その二つの言表のあいだの矛盾は、ニーチェが、すべての行くこと・向こうへ渡ること・下降することの彼岸において、天空の無罪(無垢)の中へ飛んではいることに成功する時にだけ、止揚され、矛盾のない対応とされるであろう。

ニーチェは、「宇宙《コスモス》人間《アントロポス》」をめざす[五〇]永遠回帰という問題的な教説のために、単なる信奉者をもとうとはしなかった。かれは自分が「流れに面した手すり」にすぎず、人が身を支えることができるような「杖」ではないことを、知っていたからである。『見よ、この人なり』の序文の終りで——主の再来に対するキリスト教的な期待をしのばせて——ツァラトゥストラが第一部の終りで言い、第二部の題詞にもしている次の文句をくりかえしている——

「人がいつまでもただ生徒でしかないならば、師によくむくいることにはならない。それなのに君たちはなぜ私の花環をむしろうとしないのか。

君たちは私を尊敬する。しかし、いつか君たちの尊敬が倒れたら、どうするか。君たちは銅像に打ち倒されないように、気をつけるがいい。

君たちは、ツァラトゥストラを信じるというのか。しかし、ツァラトゥストラが何だ。君たちは私の信者である。しかしどんな信者にしろ、信者が何だ。君たちはまだ君たちを探していなかった。そのとき君たちは私を見つけた。信者はみなそれをやるのだ。だから信仰とはすべてつまらないものなのだ。

さて私は君たちに、私を失って君たちを見つけることを命ずる。そして、君たちがみんな私を否認してしまったら、その時はじめて私は君たちのもとへ帰って来よう。」五一

同じ意味でニーチェは狂気の突発後にブランデスにあてて、「君が僕を発見した後では、僕を見つけるのは何の芸当でもなかった。今となってはむずかしさは、僕を失うことのむずかしさである。……十字架にかけられた者より」と書いている。

同じ日にニーチェはブルクハルトあての紙片に、「今やあなたは――君は――われわれの最大の教師である……」と書いている。ニーチェの超人的な要求の中で何よりも人間的なのは、より賢明な・長上の人のためを思って、すすんでその人に別れを告げたことである。その人は自分より若い・より情熱的なニーチェをアイロニックな反抗をもって注目し尊敬はしていたが、ニーチェが思いこんでいたように、友だちになったことは一度もなかった人である。半世紀を通じて高い意味で真に一人の教師であったブルクハルトは、かれの生徒たちに、かれに執着せずにいることを、妨げはしなかった。かれの懐疑と用心と遠慮は、信者や崇拝者はおろか、門人や取巻

きをさえ、要求しなかった。ニーチェをブルクハルトに引きつけたものは、「精神の自由に到達した」ブルクハルトの人間的な成熟であり、かれをブルクハルトやオーフェルベックから引き離したものは、かれらが時代の困窮と決して無関係ではなかったにもかかわらず、なぜかれらがかれの困窮をかれと分かたなかったかが、かれには理解されえなかったということである。かれは一八八五年七月二日、すなわち『ツァラトゥストラ』の最後の部を書き終った後で、シルス・マリーアからオーフェルベックへあてて書いている――「……僕の《哲学》――僕という存在の根源まで僕を虐待するものを哲学と呼ぶ権利が僕にあるとすれば、その哲学――は、もはや伝ええない、少なくとも印刷によっては伝ええないものである。ときおり僕は、君やヤーコプ・ブルクハルトとひそかに会合をひらいて、君たちに消息をお話するよりは、君たちがどんなふうにこの困窮の周囲を周るかを、おたずねしたい気持になる……僕にとって僕の生は今では、すべての事物が僕が理解しているとは別であってくれたなら、そして誰か僕に僕の《真理》を信じるに値しないものにしてくれたなら、という願望そのものである。[五二]」

付録

ニーチェ解釈の歴史のために
――一八九四年から一九五四年まで――

大抵のニーチェ解釈の標題がすでに、その言葉の並べ方によって、かれの作品をかれ自身の中から理解しようとしてどんな困惑にみまわれたかを、示している。リール(Riel)はニーチェを「芸術家」および「思想家」として、ヨーエル(Joel)はニーチェ「とローマン派」を、ジンメル(Simmel)はニーチェ「とショーペンハウエル」を、ヒルデブラント(Hildebrandt)はヴァーグネルとニーチェの「十九世紀に対する戦い」を、ベルトラム(Bertram)はニーチェの「聖伝」を、クラーゲス(Klages)はニーチェの「心理学的業績」を、ボイムレル(Baeumler)はニーチェを哲学者「および政治家」として、それぞれ取り扱う。これらすべての人々にとって、ニーチェの哲学的教説は、まったく問題にならないか、非常に条件づきで問題になっているにすぎない。

初め、ニーチェの刺戟的な著作の強大な影響は、著作との思想的な対決を、はるかに上廻った。かれの文筆上の作品の作用は、哲学よりも全ヨーロッパの読書界やものの考え方の上に拡がった。デンマークの文学史家ブランデス(G. Brandes)が一八八八年に、はじめてニーチェに関する公開の講演を行ない、イタリヤ人ダヌンツィオ(G. d'Annunzio)がニーチェの死の年に"Per la morte di un distruttore"(一人の破壊者の死によって)という詩で、かれの名声を告知した。ニーチェの生活と著作に関するもっとも包括的な叙述をわれわれはフランスの文学史家アンドレール(Ch. Andler)に負っている。ジッド(A. Gide)とド・サンテグズュペリ(A. de Saint Exupéry)、D・H・ローレンス(D. H. Lawrence)とT・E・ローレンス(T. E. Lawrence)、ゲオルゲ(George)とリルケ(Rilke)、パンヴィッツ(R. Pannwitz)とシュペングレル(O. Spengler)、ムーズィル(R. Musil)とマン(Th. Mann)、ベン(G. Benn)とユンゲル(E. Jünger)——これらはすべて、ニーチェなくしては考えられない。かれは半世紀以来ひとつの合言葉であり、それゆえ人はそれを言葉どおりにはとらなかった。

ドイツに関する限り、ニーチェ像の変遷を把握しようとする最初の試みは、デース(G. Deesz)女史の労作の中に見いだされる。女史の達した結論は、ニーチェをその哲学的な位置について眺めようとすることを、初めは何びとも思いつかなかった、ということである。かれは、その影響の最初の十年は、主としてモラリストとして、次いでシュテファン・ゲオルゲの印象のもとに、来たるべき世紀の予言者・過ぎ去った世紀の批判者として考えられ、第一次世界戦争の後にようやく思想家として明らかになるに至った。

どのニーチェが——ジンメルまたはボイムレルの、ヤスペルス(Jaspers)またはハイデッゲル(Heidegger)のニーチェが——「本来の」ニーチェであるかという問題は、まず、ニーチェがかれ自身として何者であるか、を問題にした後ではじめて答えられる。本書の解釈では、自分は永遠回帰の教師である、とわれわれに言っているかれ自身による定位において、かれの主張の吟味が行なわれた。したがって、以下につづく従来の叙述の批判は、かれの教説の解釈が人を納得させることができないような問題的な点を、そのつど指摘することに限定することができる。それゆえに問題になるのは、明確に永遠回帰の問題性を取り上げた研究者だけである。それは主として、アンドレーアス＝サロメ(L. Andreas-Salomé)、エーヴァルト(O. Ewald)、ジンメル、ベルトラム、アンドレール、クラーゲス、ボイムレル、エンメリヒ(E. Emmerich)、モルニエ(Th. Maulnier)、ヤスペルス、ギ

ース (L. Giesz)、ハイデッゲルである。

1

アンドレーアス・サロメは、[二]その著書において、なかんずくニーチェ自身を――もちろん「かれの作品において」ではあるが――叙述している。そのためかれの哲学の問題の解釈は、この哲学者の個人的な問題性に限定される。この叙述は一八九四年、すなわち『見よ、この人なり』におけるニーチェの自己描写の発表以前に出た。それだけに一層、その性格描写の展望と成熟は驚ろくべきものである。つづく五十年間、これ以上核心から出発した叙述も現われなければ、またこれほど今日無視される叙述も現われなかった。ボイムレルが新発見として持ち出したニーチェの「体系」は、ここではすでに引き出されていて、しかも、ニーチェの哲学にひとり中心点を与えるものたる回帰説をも、断念してはいない。

アンドレーアス－サロメは、初めにニーチェの「本質」を、次にかれの「変化」を、そして最後に「体系」を記述する。「人がかれの思想をその変化と多様性において眺めるならば、それは見とおしもできないほど、あまりにも複雑に見える。これに反して、それらの中から、変化の中にもつねに不変に留まるものを、殻の中から剝き出そうと試みるならば、人はかれの問題の単純さと恒常さにおどろく」(七四ページ以下。一〇ページおよび二三七ページを参照せよ)。最後にニーチェはかれの出発点に帰るので、かれの精神的生存の円周は結ばれる(四九ページ、一三七ページ以下、一五三ページ以下)。かれの本質の反復する根本性格として、二つのものへの分裂――自分自身の上に手を出すことなくして、自分自身の中へ顚覆する分裂――が、あげられる。

「かくしてかれは、獲得しようと努力していたものの正に反対のもの、かれの本質のより高い統一ではなくて、そのもっとも内面の二分、あらゆる衝動の……統一的個性への集結ではなくて、《可分体》への分裂に到達した。一種の健康がえられたとは言っても、それは病気によってである。真の崇拝も錯覚によって、真の自己主張と自己高揚も自己損傷によって。」（三五ページ。一一七ページ、一四七ページ以下、二四八ページ。）

自己破壊の衝動は、それ自身の中から自己神化という逆の衝動を生み出し、これがまた自己破壊へと逆転する。この分裂性への窮極のモティーフとして、アンドレーアス－サロメは、「信仰の亀裂」を認識すると信ずる。

「かれの全発展は、いわば、かれが信仰を失ったこと、つまり《神の死による感動》から発したのである。この恐るべき感動は、ニーチェがすでに狂気の戸口に立って書いた最後の作品、《ツァラトゥストラはこう言った》の第四部の中にまで、ひびいている。自己神化のさまざまな形式において失われた神の代用物を見いだす可能性、それがかれの精神、かれの作品、かれの発病の歴史である。」（三八ページ以下および二一三ページ。）

かれの作品は、それがかれのもっとも固有な運命と合致すればするほど、その主張において一そう普遍的になる（一四三ページ以下）。したがって回帰説の叙述（二二〇ページ以下）も、主としてニーチェの精神的な運命の説明に用いられているのであって、その説の実際的な問題性の解明には役立たない――その問題性のためにその説はヨーロッパ哲学と連関しているのであるが。それはニーチェの全実験の基本および終結として認識され、その思想の核心は苦難を反転して極端な実在神聖化をしようとすることである。

「かれがそれを初めて私に、一つの秘密として、それが真実であるのが証明されるのが……かれには言いようもないくらい恐ろしいことだといって、打ち明けた時のことが、私には忘れようとしても忘れられない。

小声で、もっとも深い恐怖のあらゆる表情をもって、かれはそれを語った。そしてかれは実際にあまりにも深く生に悩んでいたので、生の永遠の回帰の確証が、かれには恐ろしいものをもたずにいないわけであった。回帰説の精髄、ニーチェが後に打ち建てた輝やかしい生の神化は、かれ自身の苦しみに充ちた生の感情とあまりにも深い対立をなすものだから、それはわれわれには気味のわるいマスクのように思われる。」……「ニーチェがかれの回帰思想の成立以来考え・感じ・生きたことのすべては、かれの内面におけるこの分裂から生じ、《歯ぎしりをしながら生の永遠性の悪魔を呪うこと》と、《お前は神である、そして私はより神的なことを聞いたことがない》という言葉に力を与えるかの《恐るべき瞬間》の期待とのあいだで、動いている。」（二二二ページ以下。）

それゆえ回帰思想は、初めは理論的な確信ではなく、個人的な危惧であったが、それがやがてその反対物に逆転するのである。ニーチェがその創作の最初の時期に「形而上学者」として知っていたもの、そして第二の時期に「経験論者」として見いだしえず、みずから破壊したもの、それがかれをその教説の「神秘」に（二二五ページ）、一種の神秘主義的な「意志の哲学」に（二三一ページ）追いこんだのだという。ニーチェはペシミズムを決定的なニヒリズムにまで高め、かくして「極端な倦怠と生の苦痛を一つの跳躍板として利用し、そこからかれはかれの神秘説の深所へ跳びおりようとする。」この跳躍はじっさいに、ニーチェがたえず自己をせり上げて来たことの意味深い最後である狂気の突発において、行なわれる。それまでかれの最後の危険と言われていたことが、かれにとって最後の逃げ場となる。かれの足は歩いた後の道を消し、かれの頭上には「不可能」と書かれている。

「この結末によって、はじめて、かの和解しがたい矛盾がその重大さをのこらず、われわれに明らかに示す。その矛盾は、ニーチェがその未来の哲学を《楽しげな学問》をもって導入したということ、かれがそれを、生をその力と充実と永遠性の全体において永遠に是認すべく定められた明かるいおとずれと呼んだこと、――そしてかれがその最高の思想として生の永遠の回帰を打ち建てたということ、に存していた。今にしてわれわれはようやく、かの勝利を確信するオプティミズム――一人の小児の感動的な微笑のようにかれの晩年の著作の上に漂ってはいるが、その裏面にはかれの恐怖にゆがめられた様相をつつむ英雄の顔貌を示しているオプティミズム――を、完全に認識する。……偉大なのは、かれが自分が没落しつつあったのを知っていたこと、それでいてかれが――口に笑いを浮かべ、《ばらの花環につつまれ》――生を弁明し是認し神聖化しつつ、去って行ったことである。ディオニュソスの頌歌のうちに、かれの精神生活は響きおわった。そしてその歌が歓呼をもって消すはずだったのは、苦痛の叫びであった。それは《ツァラトゥストラ》によるニーチェの最後の暴圧である。」(二六一ページ以下。)

「はげしく苦しむ者が生を自分の庇護のもとに引き取るならば、そこには復讐、生そのものに対する復讐もある。」(第十四巻四〇五ページ。)アンドレーアス－サロメは、「実際は倫理的および宗教的帰結がそれ(回帰思想の理論的輪郭)のための内面的な前提であるのに、ニーチェが見かけの上でそれから推論しているそれらの帰結」を何とかして引き出すためには、回帰思想の「理論的輪郭」を断念することができると、信じている(二二六ページ)。回帰説の問題をかように単純化することによって、アンドレーアス－サロメにとっては、その説の本来の唯一の意味が世界の超人的な創造であるかのような、一面的な見解が生ずる(二三一ページ以下)が、実際には、自己自身を意欲し永遠に回帰する世界の事実への意志は、意志の「作り直し」を前提とする。それによってのみ、超人的な意志は、回帰のディオニュソス的世界、それ自身意志も目標ももたない世界を、意欲することができる。したがってニーチェの最後の意志は、単に自己永遠化への意志だけではなくて、同じく、個体化の徹底的発現――それはすでに『悲劇の誕生』の問題であった(『悲劇の誕生』一〇および一六)――への意志でもあり、かれの教説は、全体としてみれば、人間の自己自身に対して自由になった生存を、無への自由のぎりぎりの縁において、自然必然的な世界の存在の中へ結びもどそうとする試みである。しかしそれは、ニーチェの言葉で言えば、「天国的な解決をもったあらゆる歴史のうちで、もっとも悲劇的な歴史である」(第十四巻三〇二ページ)。

2

ニーチェの精神的な個性に関する右のような最初の叙述と違って、エーヴァルト[三]は、意識的に「ニーチェとその理念のあいだ」に立ち、かれの哲学の根本思想を客観的に論議し、かくして初めてニーチェの「吟味」を行なおうとした(特に六七ページ以下の『酔った歌』の解釈を参照せよ)。かれはニーチェを「引用」しようとするのではなく、ニーチェの諸理念を「その論理的および倫理的内容」を目ざして「考え抜」こうとするのである(六ページおよび八三ページ)。このようにして、超人の理念と永遠回帰の理念のあいだの矛盾の基礎をなしている原理が把握されるのだといい、その目標は、ニーチェの哲学を支えている・しかしまたそれを挫折せしめもする「矛盾の体系」を打ち建てることにおかれる。

エーヴァルトの分析にとって決定的な根本理念たる超人と永遠回帰は、まず、それと対立する時間形式たる徹底的な「発展」(四七ページ)、および等しいものの永遠の回帰を顧慮して、たがいに矛盾するものとして提示される。いわゆる超人は――社会的、政治的あるいは生物学的な種類の――何らかの内容によって合目的的に確定されているのではなく、超人への確乎たる意志であり、倫理的な「かけ声」であり、「心理学的な機能」(一八ページ)であり、「持続する要請」(一七ページ)であって、対象なのではない。それは、永遠回帰の環のつねにすでに完了している無限性とは反対に、終結されない無限の時間の長さを前提とする。ニーチェは超人をもって過去を止揚し未来を創造しようとするが、逆に、永遠回帰をもって、未来においてもなお過去を通用せしめようとする。この矛盾が成り立つのは、しかし、人がこの二つの理念に「批判的」かつ「観念論的」にではなく「独断的」かつ「現実的」に相対するあいだだけである(二九ページ)。肝要なのは、この矛盾を「究明」し「統一」にまで深める」ことである(三四ページ)。見かけの上でたがいに矛盾するように思われるものの共通の源泉として、エーヴァルトは、その二つの理念の倫理的同一性を主張する。理念としては超人はわれわれの外、われわれの上にあるものではなくて、一つの「内在的理想」(四八ページ以下)、つねに現前する「可能性」であり、最低の人間の可能性とは反対に、倫理的な理想を表現する人間の中の「生きた潜勢力」である。しかし永遠回帰の理念もまた、現実的に考えるべきではない。それの「価値」は同じく一つの「象徴」の価値であり(五五ページ以下)、超人が「意欲の無限性」の象徴であるように、永遠回帰はこの主観的無限性の対象的な凝縮かつ具体化であり、それの必然的な補充であるにすぎない。これに反して、宇宙論的理論として客観的形而上学的に把握すれば、それは「怪奇な主張」(六〇ページ)であり、「根拠のない」、「無意味な」ものである(八七ページ)。それの理解の鍵は『楽しげな学問』のアフォリズム三四一に含まれている。すなわち、それは「最大の自重」として、義務を負わせる命令であって、すべての存在するものの存在の真のロゴスなのではない。「そのようにして、超人と同じく、永遠回帰も観念性となり象徴となる」(六二ページ)。両理念は一つの倫理的な根本意味をもっている。一つの命令に翻訳すると、超人は「汝が汝の中に超人を実現することによって、あたかも汝の中から超人を生もうとするが如くに行動せよ」ということになり、永遠回帰は「あたかも各瞬間が永遠の価値をもち、汝がすべての未来をこの一つの不可分の現在の中に要約するかの如く行動せよ」ということになる(七一ページ以下)。責任——すでにあったことに対しても――の意識の無限の増大が、両説の心理的な機能である。「永遠の回帰は超人の象徴であり、逆に超人がまた永遠回帰の理念の機関になる」(七七ページ)。しかし両理念がまた、「道徳的な真理に具体的な姿を与える」ための「具象的な手段」にすぎないならば、両者のあいだにはやはり差異が存する。すなわち、超人は、たとえ理念としてでも、実現されるべき一つの要請であり、永遠回帰は、これに反して、それが純粋に象徴的に考えられ、それにおいて人があらゆる固有意義と実現を度外視する限りにおいてのみ、意味深いものとして留まる(八七ページ)。

ニーチェの教説は、それの叙述がその象徴的な観念性を超えて実在性へ出て行く時にようやく、根拠のないものとなる(七四ページ)。ニーチェは、本質的に象徴的な『ツァラトゥストラ』の後で、その教説を「それ以上のもの」にしようとし、そのためかえってそれの重みを減少させた。かれはそれの「理念」を一つの「存在」に粗大化した(七九ページ)。しかしそれは倫理的な価値観念としてのみ根拠をもつものだから、人はニーチェとその教説のあいだに立って、かれを哲学的に救うために、かれに「禁治産の宣告を下さ」なければならない。超人もかれにおいてはしばしば、実現されるべき理念以上のものすなわち一定の歴史的内容となるが、それの実現によってかえってこの理念の「倫理的中核」が抜き取られる。その教説の中核は不死の問題であり(八一ページ以下)、それは一つの「価値問題」である。じじつ、不死は「道徳的人格の不滅の固有価値」に存するからである。それは、人間がその生存を倫理的に永遠化すべきであるということの表現である。不死の理念を一つの価値理念として実現するこの人間を、エーヴァルトは、「基本的(自然的)」人間と区別して「歴史的」人間と名づける(一〇〇ページ以下)。歴史的人間だけが超人になることができ、また永遠回帰を価値思想として肯定することができる。ニーチェおよびその哲学においては、しかし、基本的人間と歴史的人間が根本的な葛藤状態にあり、そしてかれが永遠回帰にそれ自体としても意義と実在性を与えようとする時には、かれの教説の真理は虚言になる。それがかれのそれ自体としては意味深い教説のもつ矛盾である。この矛盾は、偶然と(倫理的)法則の中心的な対立に反映している(七三ページ註および一三六ページ)。ニーチェが「偶然」を世界の最古の高貴さにまで高め、偶然の無罪を肯定するところから、かれの教説は、偶然と倫理的法則の両極のあいだ、無責任と自己責任のあいだを「動揺」しはじめる。そのようにして、永遠回帰という「大きな象徴」から、最後には、「粗大に現実的な概念の殻」以外の何ものも残らない。なぜならば、人間の不死は世界生起にとって内在的になるべきものだからである(一三九ページ)。

「かくしてニーチェは、その教説の基本的理念の力をうばう。……客観的な存在の強制からの人間の独立性が可能にされるために用いられるものが、かえって、人間をある幾何学的公理――人間がその知性的理解力と意志の動機を従属させなければならない公理――の桎梏の下に屈せしめんがために、放棄される。ニーチェは客体の世界に、譲渡しえない所有として主体に属しているべきものを、逃げこませる。……人間はみずからもはや永遠回帰の崇高な尺度をかれの体験にあてがうべきではないであろう。永遠回帰自体が外部から、人間をまったく必要としない一つの実在としてその尺度を、人間自身のところへ持ち来たったのである。永遠回帰において人間はもはや自分の生を肯定するのではなくて、永遠回帰が人間の生を肯定するのである。道徳的な評価の能動性は、その象徴をもって、偶然と宿命に委ねられている。」(一四〇ページ以下。)

エーヴァルトの批判は、「すべての形而上学の生命の核心」は「価値問題」であるという前提から出発する(九六ページ)。それゆえかれはその批判の尺度をニーチェから取るのではなくて、かれがヴァイニンゲルによって規定された方法で価値哲学的に修正したカントの『実践理性批判』から取っている(七および七一ページ)。しかしニーチェの教説の「誤解」は、ニーチェ自身にあるのではなくて、エーヴァルトにある。エーヴァルトの根本的区別(実在性と観念性、存在と当為、自然的偶然と倫理的法則)はまだニーチェの「未来の哲学の前奏」の此岸にあるのである。「存在の肯定」に対するニーチェの「肯定」――その「肯定《ヤー》」は「期待するあこがれ」(一四一ページ)であるわけではない――の歴史的意味は、デカルト以来伝えられている人間と世界、内面世界と外面世界、「真の」世界と「見かけの上の」世界という二元性を止揚すること、しかもそれを各自の生存の偶然がかえって存在の全体における最高の必然性と一致するように止揚すること、にほかならない。ニーチェの哲学を観念論的な倫理学と理解する時にだけ、それは偶然と法則の矛盾の中で動いているのであって、その哲学的意図にしたがってみれば、それは失われた世界の再獲得のための極端な試みなのである(六六ページ)。ニーチェが世界の存在に関する古代的な見解を近代性の頂点においてくりかえし、かくしてギリシャ的な宇宙論をキリスト教の後の意欲の人間学の地盤でくりかえすということに存するその矛盾の解明にもとづいてのみ、かの「矛盾の体系」も再構成されうるのであって、そのことがエーヴァルトの分析の目標になっている。

ニーチェの教説に関する解釈、その教説の倫理的な機能に応じて、一貫した論理をもって考え抜かれたその解釈は、ホルネッフェル[四](E. Horneffer)によって、不十分な仕方をもってではあるが初めて提出され、その後、多かれ少なかれ稀釈された形で、次にのべるようなリール[五]、ドレーフス[六](A. Drews)、マイエル[七](R. M. Meyer)、リヒテル[八](R. Richter)、ヘッケル[九](K. Heckel)、およびなかんずくジンメルの叙述の中にはいって行った。

3

ジンメル[一〇]はニーチェの教説の意義を、論理的に論証する方法によって、その論理的傾向に還元する。かれはそれを、エーヴァルトと同じく、ニーチェがそれの「倫理的自重」と呼んでいるものの側から解釈する。〔ジンメルによれば、〕しかしこの道徳的思想は「実際的」意義をもたず、むしろその宇宙論的要求と解きがたい矛盾をなしている。この第二の側面は、おのおのの瞬間的な行為と中止の道徳的意義を強調するための「拡大鏡」にすぎず、フィヒテの「経験的な自我の調整は、それが永遠の調整ならこうもあろうというような、仕方でなければならない」という命題に比較しうる。人間の行為の一つの「試金石」としては、ニーチェの思想は思想的な「機能」に還元される。そして教説そのものと、ニーチェがそれを語る時の震撼は、「その論理的把握におけるある種の不正確さ」からだけ説明することができる。

「すなわち、人がそれを十分な鋭どさをもって考え抜くならば、それの内面的な意義は完全に消失する。なぜならば、……正確に等しいものの反復は、丁度それらのものの綜合をまったく許さないからである。もし私の生存の中の一つの体験がくりかえされるとすれば、その反復そのものは私にとってきわめて重大な意義を獲得することができる。しかしそれとても、私がそのさい最初の体験をまだ思い出すからにほかならない。しかも、第二の体験が第一の体験によって限定された私の存在または意識の状態に適中する場合だけである。しかし、この第二の体験が第一の体験と絶対的に等しい状態において私に起こるという――経験的には不可能な――場合を仮定するならば、それに対する私の反応は第一の体験に対する反応と絶対的に等しいものになるであろうし、それが反復であるということは、私にとって少しの意義をももちえないであろう。……しかし、全生存一般の反復についても、事情はこれと異ならない。」――「ただその反復の多数を自分の意識の中で総括するような……傍観者にとってだけ、その回帰は多少の意義をもつ。体験者にとっては、それはその実在性そのものにおいて、無に等しい。ただそれの思想のみが、一つの倫理的心理学的意義をもっているのである……」（二五一ページ以下。）

等しいものの永遠の回帰の理念と超人の理念のあいだの矛盾は、前者も後者も「その本来の意味によれば、われわれの態度に対する規定であり試金石であるにすぎない」ということによって止揚される。超人は、ジンメルにとっては、ツァラトゥストラが目覚めて小児になるための最後の変化につけられる名前ではなくて、カント的な意味における有限にして無限な一つの「課題」である。超人の教説は、おのおのの瞬間に「あたかもわれわれが永遠にそのように生きるかのように、すなわち、永遠の回帰が存在するかのように」生きるべしという命令の意味をもっている（二五四ページ）。それゆえ極端な道徳的「責任」への意志が、「ニーチェのもっとも奇怪な教説の窮極の動機」であるように思われる。しかしその問題全体は、実際には、旋回する世界の無罪のただ中に再び現に存在せんがために、自分自身に対する極端な責任によって、極端な無責任（責任からの自由）を取り戻そうとすることに存するのである。ジンメルはもちろん、「ニーチェのすべての教説のうちで」永遠回帰の教説が「まだもっとも多く形而上学的な意義を有するものである」ことを認識している。しかしそれだからといって、かれがそれの解釈を「道徳的な根本意図」を目ざして行なうことを妨げてはいない。

倫理的規定の意味におけるかような解釈は、形而上学的な思弁によって補充される。じじつ、回帰説はその上、存在を生成の形において、また不定の無限性を一定の有限性の形において把握しようとする試みでもある。そしてその象徴が輪環であるというのは、円はまさに有限な拡がりを基礎として、それ自身の中で、無限にくりかえしうる運動を許すからである。しかしこれは有限と無限、存在と生成のような抽象的な概念の伸縮性を頼りに生きている一つの思弁である。主観的な倫理的自重としての・および客観的形而上学的思弁としての教説のあいだの何らかの結合は、ジンメルによって試みられていない。しかるに、一つの仮構の意味におけるその解釈こそ思想の客観的な要求にもとづくものである。じっさい、事実上起こっていると考えられる回帰を前提してのみ、その思想も、あたかも永遠回帰が——事実上——存在するかのように生きるべしという命令の意味において、一つの仮構となることができるのである。

4

ベルトラムは、一切の在ったものは比喩にすぎない、という主張から出発する。したがってかれはニーチェをも、その哲学的な生存の歴史的な問題性においてではなく、一種の聖伝として、「象徴」、「表徴」、「すがた」として理解しようとする。かれにとってかような神聖化の手本として役立つのは、古代の英雄神話と中世の聖者伝説である。歴史的なものから神話的なものへの移行を、ベルトラムは、文学的に媒介される比喩の相似における不定の言説によって、可能にする。真に神話的な考え方が欠如していることほどわれわれを古代から区別するものはない、というヘーゲルとブルクハルトの歴史的な認識は、ベルトラムの叙述によって無視される。その叙述は、神話的な考察の仕方がいつでも可能なものであるというような外観をよびおこしそうであるが、その実、それはかれ自身にあってはアレクサンドリヤ的な隠喩なのである。ベルトラムはニーチェの哲学的問題性を一つの表徴にむりにもまとめる。それがニーチェの哲学と生活における明白な亀裂を、言葉の組合せによって、あいまいなものにしてしまう。かれに言わせると、ニーチェは「信仰深い懐疑者」であり、「神々なくして神的な」人間への意志をもって「神を求める瀆神者」であって、ニーチェの姿全体が予言者的な「終りにして始め」である——これらの表現はみな、正しくもあれば無意味でもある。この「たましいの二重性」を叙述するのがベルトラムの主要な意図であり、それによって「かれの本質とかれの価値の、決定しがたく揺れる秤り」を明らかにしようとする(一〇ページ)。ベルトラムは、幾度か屈折したニーチェの生活をこのようにまとめて眺めるので、したがって、ニーチェの作品に、どんな点においても客観的に取りかかることをしない。かれはただ漠然とした比較によって、アリオン(Arion)、ユダ、ヴァイマル、ナポレオン、仮面、插話、晩夏、クロード・ローラン、ヴェニス、ポルトフィーノ(Portofino)などの象徴的な標題のもとに、パラフレイズするだけである。ニーチェのような問題的な生存がおよそ「定形をもって」叙述されうるものかという問は、現われない。ニーチェこそは他の何びとにもまして、狂気に至るまで、精神的な「決定」をひき起こそうとした人なのに、ベルトラムにあっては、むしろすべてが未決のままに浮游している。ベルトラムはもちろん歴史的なものを聖伝めいたものに翻訳することによって、ニーチェの歴史的な影響力に役立っていると思ってはいるが、実際には、かれがニーチェの無類の精神的な衝撃力を多数の表徴として捉えることによって、その歴史的な影響力を、ほとんど無効になるほど弱めている。

叙述の仕方と叙述の対象の種類とのあいだの原理的な不適合は、ゲオルゲ[一二]の文学的ニーチェ像に支えられていて、それはニーチェの狂気における終焉を、狂気があたかもかれを神々のもとにつれ去ったかのように取り扱っている最後の章「エロイジス」(Eleusis)に、特に明瞭に現われて来る[一三]。しかし、晩年のニーチェが自分自身およびあらゆる大きな事物について語った傍若無人な言葉は、ベルトラムがその上に拡げる詩的なヴェールよりも、依然として真実である。ベルトラムが折にふれてニーチェの教説のことを語る煮えきらない語り方も、この叙述の全体的性格にふさわしい。かれはニーチェの教説を「見せかけの啓示」とか「妄想の秘儀」とかと呼び、それを、自己自身への「帰港」を見た時の「眩暈感の象徴化」と見なす。かれの教説の問題点は、それをもって解明されずに、巧みに蔽われるのである[一四]。

5

アンドレール[15]はかれの全叙述の意図をニーチェの歴史的理解に限定した。この文学史的に規定された意図の範囲内において、かれによってニーチェの教説が、初めて全面的に、その典拠と対応について調査された。それは人間を自己自身を超えてその上まで高めるべき「宇宙論的幻想」である、という。

「(原文フランス語)人はこれまで、永遠回帰と超人を同時に承認しうることを、理解しなかった。再生した人間の大いなる幻想は直線的かつ上昇的な道の最後にでなければ現われないものと思われていた。このような直線的な上昇が永遠の回帰の中に、どうして存在しえたろうか。それは、時間が曲率のある線を描くからである。無限の遠方においてすべての直線は、それ自身の上に帰る。永遠回帰の運命は、純粋な偶然の遭遇を可能にする。なぜならば、われわれのすべての行為は、未来を目ざして、その過去を修正するからである。われわれがわれわれの現在を生き直すことを承諾する決定は、その内容によってではなく、その自由さによって、世界を正当化する非常に自由な行為である。……永遠回帰はわれわれの超人性の保証である。超人性はわれわれに永遠回帰を承認することを許す。人はもはやこの二つの理念を切り離さないであろう。」(第四巻三一六ページ以下。)

この二つの「秘儀」はたがいに補充しあう。しかしいかにしてこの二つが一つの全体に合一するかは、アンドレールの分析においては明らかにならない。それはかれが、ニーチェが人間を超えて(超人的に)肯定しようとする世界、自己自身を意欲するその世界と、「われは欲す」との間の亀裂を、見おとすからである。その教説の全体はアンドレールにとっては依然として「内容に依存しない価値をもった大いなる神秘的直観」である。しかし、一つの教説が、それ自身として含んでいるものを度外視されるとしたら、いかなる価値をもちうるだろうか。それの本来の問題は、それが生存における二重の重さ、すなわち「自然的な重さ」と「過去の重さ」(第六巻六七ページ)から、しかも二つの同時的な復活によって、解放しようとする、という点に見られる。

「そこで永遠《(原文フランス語)》回帰の二つの様相が存在する。そしてそれを見た註釈者は一人もなかった。自然学は物質的世界の永遠回帰を証明するのに十分である。東方の知慧に従うニーチェは、忘れられた死者が眠る過去を廃そうとして、ハデスへの下降を試みるであろう。その二つの復活を混同してはいけない。しかし両者は同時に行なわれる。そしてその同時であるということが、われわれを、重力に次いで支えるのにもっとも重い荷物、過去という重荷、から解放する。」(第六巻六二ページ。)

しかし、宇宙の側と人間の側からするこの二つの解釈の系列が、どのようにして調和するか。

「この第二《(原文フランス語)》の理論を、もう一方の理論の中にはめこんで、どのように論ずべきであろうか。それは宇宙に対するニーチェの深い感情を伝える。」(七四ページ。)

この謎は、アンドレールに言わせると、世界の永遠の循環と自己永遠化への意志に関するニーチェの二重の教説を一つのものとして見ることができるためには、人はすでに超人的になっていなければならない、ということによって解決する。「われわれはこの自由な永遠を何に用いるであろうか。しかしそれが超人的になることでないとすれば、われわれがそれを何に用いることができるであろうか」(七六ページ)。このようにして教説全体は、思想的には言い表わせない「最後の秘密」として留まる。

「これは伝達《(原文フランス語)》しがたい美しい詩である。それによってニーチェは、孤独な暗い避難所から出て、かれ一人のものたる明澄さの中でわれわれに姿を現わす。われわれはそこから、かれに自然および人間性との合一を感じさせる魅惑的な感動を、留めるだけであろう。」（第六巻三八六ページ。）

しかし、アンドレールの叙述がとぎれるこの個所でかえって、文学史的には捉ええない哲学的問題が現われる。じっさい、ニーチェの最後の思想の最初の構想がすでに——一八六二年の「歴史とファートゥム」および「意志の自由とファートゥム」に関する両論文において——論じているのは、まさに「自然」と「人間性」のあいだの問題的な不一致についてであり、それゆえ、分離された両領域の合一へのニーチェの傾向の動機が「自然」と「人間性」のあいだの分裂である。ただ一度だけ、この近代的分裂を克服しようとするニーチェの試みが、〔アンドレールによって〕おおよそ言い表わされている——

（原文フランス語）「かれは非合理の深淵から浮かび上がって合理的解放の頂上によじのぼるつもりである。底知れない・そして疑いもなく矛盾せる・しかし近代の力強い要求を表わしている努力。ニーチェは内面の完全性を取り戻そうと渇望する内心の分裂のただ一人の犠牲なのではない。ただおそらくかれは他の何びとにもまして、それに苦しんだ。現在の時代は悲劇を有しない。それは現代の神秘説が英雄的な肯定をたえず吸収しているからである。そこで当代の悲劇は、けっきょく、抒情詩である。そして、それゆえに《ツァラトゥストラ》では、それが含んでいた悲劇は、言葉の音楽がそれの反映のように漂っているところでは、言葉の音楽から抜け切れなかったのである。」（第六巻五八ページ。）[一六]

6

クラーゲス[一七]の著書は、一つの根本思想——「コスモス的な円環」への所属にまでさかのぼり、そしてその最初の表現を『ゲオルゲ論』（一九〇二年）において見いだしたような根本思想——の展開の徹底的な厳格さによって、ぬきんでている。その『ゲオルゲ論』には「意識の座たる頭脳ではなく、血液の中に、ざわめく大波は湧き上がる」とある。同じ分裂が、かれによる筆蹟学の建設の基礎にもなっていて、それは筆蹟について二重の由来を問題にする。筆蹟は、形成された表現運動として、一方では本源的な肉体的精神的な動きを示し、他方では、それに加わって、不随意的な衝動を恣意的に規正する形成力を現わしている。元来コスモス的な生動性とわがままな精神、本源的な生の充実あるいは貧困と派生的な生の規正あるいは精神化という二重の由来によって、筆蹟の解釈は二重の意義をもっている。ニーチェの手蹟は、クラーゲスによれば、極度に生命にあふれており、もしくは活気があり、同時に故意に精神化されている。それは形成力と表現運動を、生と精神を、もっとも美しく結合している[一八]。

この根本現象をクラーゲスはニーチェの哲学に応用して、――ニーチェの手蹟の分析とはいちじるしく矛盾しているが――かれの生存と哲学には結合しがたい二つの勢力、精神的な権力意志と律動的に動くコスモス的な生の「受働的」な必然的体験とが、つなぎ合わされているということを、一貫して明らかにしようとする。この根本葛藤をクラーゲスの哲学は「精神」の勢力の否定によって解決する。したがって、かれによると、ニーチェの作品は半分ずつに分けられる。すなわち、かれが「業蹟」と見るのは、それが「熱狂」の哲学であるという点にあり、大きな誤謬は、それが同時に権力意志の哲学たらんと欲する点に存する、という。ニーチェ自身がその両者を、「運命への愛」において、「存在の肯定」に対するかれ自身の肯定として結合するということ、そしてかれがいかにして両者を一つのものとして把握しているかということ、そのことは、権力意志と永遠回帰の内面的連関と同じく、クラーゲスの固定した輪郭の視野にははいって来ない。かれの解釈のたえずくりかえされる手、すべてを解明しようとするその手は、ニーチェの作品における本源的な生の「ゆがめられない」表出と、その作品における意識的に意欲されたものとの区別、真の洞察と偽りの造り物との区別、そのような執拗に行ないつづけられた区別である。かれに言わせると、本源的に体験された「現実」の真の表出と考えられるのは、けっきょくは、およそニーチェの哲学的著作ではなくて、いくつかの「忘我的」な詩である(註四六)。それゆえ肯定的に評価されるニーチェは、およそ哲学的人格(=精神に結びつけられたたましい)としてのニーチェではなくて、「精神とは縁のない、すなわち(!)本源的な」コスモス的な生の表出である限りにおいてのニーチェである。コスモス的な生からの出発において、個体的な生存は、普遍的な生の「つかのまの担い手」としての排除的な性格づけを受け取る。精神は、クラーゲスによれば、キリスト教的な実在解釈の歴史的人間とともに優勢になったものだが、「肉体」あるいは「たましい」の優勢は異教的な人生観が打ち建てたものである。ニーチェは肯定的な発見をもっぱらかれの異教的な側面に、誤謬をすべてキリスト教的な側面に負うている、という。

この矛盾はニーチェの等しいものの永遠回帰の教説において頂点に達する。それにおいて実際に表現されるものは、それがあろうと欲するものとは反対である、という。それはヘラクレイトス的ディオニュソス的存在の肯定ではなくて、自殺の否定である。

「自分の中でも一人が生の憎悪者に属しているのだという不幸な確信からかれを自殺をもっておびやかしている絶望に逆らって、みずから自分の生の肯定を証明しようとして、いつも呪文に頼る思想家の気持になって考えてみるがいい。そうすれば、かれがなぜ、回帰説で終らなければならなかったか——それとてもやはり絶望にほかならないのに——が、理解される。この同じ生を、自己破壊への意志から千度ももぎとって、何千度もくりかえして生きようという宣言をもって、かれは考え出される限りのもっとも極端なことを、しかも生の肯定についてではなく、否定の否定について、果したのである。それは、自己破壊への傾向に対するもっとも不屈な自己主張の防禦の呪文である。」（二一六ページ[一九]。）

クラーゲスが、「この知識を手にしてニーチェの作品を渉猟する者は、おどろくべき発見をするであろう」と言うのは、まったく正しい。じじつ、ニーチェのディオニュソス的な充溢の光が、絶望の底知れない暗黒の前にゆらめいているからである。そのようにしてクラーゲスは、ニーチェの狂気における最後をも、かれが一切の生の敵たる「意志の絶対的な肯定と生の絶対的な肯定という、たがいに不倶戴天の仇たる二つの立場を固執した」ことから、説明する。じっさい、「肯定《ヤー》と否定《ナイン》をひと息で言う」ことより不合理な、不可能なことがあるであろうか、とクラーゲスは言う。

それでいて、「深淵と頂上」のこの一致、「光と闇の結婚」こそが、ニヒリズムと永遠回帰の二重の予言においてその絶頂に達するニーチェの哲学全体の本来の根本性格である。それゆえにクラーゲスおよびかれのニーチェ解釈に対して提出すべき批判的な疑問は、自殺の想念の本源性（独創性）を問うことであろう。クラーゲスは、ヘーゲルの洞察によれば存在するもの一切を「捨象しうる」ことに存する本質的な「精神の否定性」に対して、盲目である。かれはそれを単なる非自然と見て、それが自己自身を乗り超える本性（自然）を有する人間の固有な「特権」でもあることを知らない[二〇]。人間が「意欲する」存在として無への自由を有することによってのみ、人間は存在への自由をも有し、そしてつねにすでに在るものを更にみずから肯定し、それによって積極的に存在することもできる。自殺の想念が人間にとって真にその本性に反するものであるならば、人間は自然的な生物と同じく、生を全体として、否定することにしろ肯定することにしろ、できないであろう。そして――生に関する――あの「哲学」もこの「哲学」も存在しないであろう。ニーチェの哲学の意義は、まさに、「民衆のように」「たましいと肉体」を、それより更に「たましいと精神」を分離することが、かれには自由にならなかった、ということにもとづいている(『楽しげな学問』の序文、第三節)。それゆえかれは「ニヒリズムの自己克服」を求めなければならなかった。そのような試みは人間にとって、植物が単純におのずから生長し、動物がみずから動くのと同じく、「自然的」なことである。オーフェルベックがニーチェをトリーノに迎えに行った時、ニーチェは一種の熱狂的な状態にあった。しかしその当時のかれの手蹟は――クラーゲスの理論から期待されるのとはちがって――純然たる生の律動の表出にはなっていず、生命力の崩壊はなお数年のちに始まったのに人間的な生活がすでに終りになった一人の「精神」錯乱者の手蹟であった。当時ニーチェはたしかに「自然の言語に戻されて」――「自然なる人間」になって――いたのではなかった。じじつ人間の自然(本性)には、否定者および代弁者でありうることが必要である。たとえクラーゲスの精神が「始原世界の笛の呼び音」に耳をかたむけて、かれに内在する否定性から解放されようとしても、かれもやはり両義的な生の代弁者であり、単にコスモス的に動く世界の歌口ではないのである。

7

ボイムレルは、ベルトラムと反対に、哲学者としてのニーチェについて「非聖伝的なもの」、統一的なもの、を語ろうとする。かれはその目的のためにニーチェのアフォリズムを「ただ一つの解釈の平面」に合一するが、しかしそれは、統一的な「体系」を立てるためにニーチェを一つの「非統一的なもの」にするような、構想である。ニーチェの哲学全体を「音楽的」に体験されたことと「哲学的」に思索されたことによって区分するボイムレルのやり方は、埋もれた神殿の基底を掘り出して、いくつかの「柱体の鼓胴」を再び「投げ出して積み重ねる」という要求をもって現われる。真のニーチェの姿をたてなおすためのこうした体力のいる試みが、まじめに受け取られるべきだというのは、単にボイムレルがナチス時代にニーチェの著作の公認の序文書き兼刊行者だったからだけではなく、かれが以前にかれ自身の能力をカントの『判断力批判』に関する研究とバッホーフェンへの緒言において実証したことがあるからである。それだけにますます同時代人にしてみれば、ニーチェの本来の「教説」をかれの哲学の全体の中から躓きの石のように取り除いて、その残りから一つの「体系」を作り出すような解釈を、ボイムレルが完成するということが、どうしてありうるのかという問が、いやおうなしに起こって来る。それに対する答を与えるのが、ニーチェの知慧への道を「意志の道」とするボイムレルの解釈である。〔ボイムレルによれば〕「力対力」それがニーチェの生の根本性格であり、「戦いとしての世界」がかれの世界観である。かれの哲学は、かれが「剣を振りつつ」、「西欧の都会風に対してジークフリートの攻撃」を加えながら挫折することをもって終るただ一つの行為である！　明きらかにボイムレルも元気のいい「楽しげな学問」をもって剣を振ろうとしたのだ。そしてそれにはニーチェの等しいものの永遠回帰の教説と『ツァラトゥストラ』第二部および第三部の結末がうまく合わないので、かれは自分の考えどおりにニーチェの姿勢を直してやらなければならなかった。

かれがニーチェの世界観をあらわすために作った・そしていろいろと変形されて流布している公式は、「英雄的実在論」という公式である。それは、ニーチェ－ツァラトゥストラが「最高の自覚の行為」を遂行したどんな「幸福な島」からも、無限に遠く距たっている。ボイムレルはニーチェの英雄的精神の種類を完全に見あやまる。それは、かれがニーチェをその見かけの上の反対物、すなわち苦難と牧歌への傾向と併せて見ることをしないからである。『ツァラトゥストラ』と『権力への意志』が成立したシルス・マリーアと南国的な風景は、ニーチェにとって「永遠に英雄的な牧歌」であり、そしてかれは「英雄的－牧歌的」という組合せをヘルデルリーンと同じ意味に用いている(たとえば、『書簡集』第四巻一一四ページおよび『放浪者とその影』、アフォリズム第二九五)。しかし英雄的な人間とは、かれにとっては、「苦難に慣れ、苦難を探し出す」人である。英雄的な牧歌や英雄的にわが身に引き受けた苦難などは、ボイムレルによるニーチェの「思想風景」の叙述には、少しもみとめられない。二つとも、かれにとっては、目標のない「戦い」の中に没してしまう。かれの戦いへの意志は、「正午と永遠」の完全な時刻に対して盲目である。ボイムレルが承認しようとするものは、「午前」の哲学だけである。もちろんかれは主としてニーチェの未完の最後の作品『権力への意志』に頼っているのだが、それも『ツァラトゥストラ』から分離してである。それでいて、かれ自身は自分の手がけたニーチェの遺稿の版において、ツァラトゥストラの教説をもって終結を支えられている『権力への意志』の草案を、再現している。このように『権力への意志』の連関から回帰説を勝手に削除した結果として[二三]、ボイムレルは、元来は永遠回帰の中からつづいて来る『生成の無罪』を永遠回帰のない『権力への意志』の中に取り入れ、そして後者の中に「権力としての意志」だけを見ることを、余儀なくされている。権力としての意志は永遠回帰の機能を引き受ける。そしてボイムレルにおいては(四七ページ以下)、自己自身を意欲するディオニュソス的な世界、何かへの意志もなく目標もない世界、の代りに、今やすでに意志そのものについて、それはおよそ何ものをも欲せず、「権力」をも欲せず、ただ自己自身だけを欲する、それはすでに、廻転であるから初めも終りもない永遠の生成の無罪である、と言われている。この無罪にされた意志が、ニーチェの首を斬りおとされた哲学に対するボイムレルの解釈全体のあいまいな基礎である。実際にはしかし、意志の問題は『権力への意志』においてはじめて浮かんで来るのではなくて、すでに『ツァラトゥストラ』の「救済について」の章、すなわち、まっすぐに意欲することについての章に、現われる。意志が自分自身の不満から救済されるのは、単なる目的と目標の欠如によってではなくて、前方にも後方にも意欲する円運動の円に戻ろうと意欲することによってである。こうした等しいものの永遠回帰の環においてのみ、戦闘的な「戦う」人間の存在も、「汝なすべし」からの最初の解放の上に抜け出して、「自己自身を意欲する」ことができる。永遠回帰のこの意欲をあらわすニーチェの公式は、「運命」への単なる意志ではなくて、「運命への愛」なのであるが、ボイムレルは「愛」という言葉を、永遠への愛ではなく、市民的な感傷と考えることしかできない(六六ページ)。[二三] したがって、かれにとっては『ツァラトゥストラ』の「七つの封印」の章は、「第二の舞踏の歌」がくりかえされる「酔った歌」と同じく、それこそ七つの封印をされた書物である。「肯定《ヤー》と是認《アーメン》の歌」はかれには「ニーチェのすべての哲学的姿勢に」対立しているものと見える(八二ページ)のであるが、実際にはそれは、午前におけるすべての「放浪と登山」を「応急処置」としてはじめて弁明し、権力への意志の批判に肯定的に基礎を与えるものなのである。こうしたニーチェの「体系」の決定的な誤解の結果として、ボイムレルの「生成の無罪」の概念は、単に「暗黒の中へ」はいって行く意志をあらわす別な言葉になっているが、その意志は――ニーチェの場合とちがって――無責任を「肯定的に転換し」ようと試みるのではなくて、単にもはやみずから「責任を負う」まいとし、そして自分がおよそ何を、そして何のために欲するかを知らないものだから、もはやみずから意識していない意志である(四八ページ)。[二四] この意志は、けっきょく、「力の爆発」以外の何ものでもない。そしてボイムレルが、その英雄的な意志を生成の無罪と等置しようとして、どんなに骨を折っても、かれの意志が「権力(勢力)として」もちろん強力に意欲はするが、ニーチェの意志と永遠回帰との連関を考察はしなかったということが、どうしても顕われて来る。ボイムレル自身がこれを「行動」、「戦闘」および「情熱」と呼んでいる。

「《権力への意志》。思索のための書物、それ以上の何ものでもない。……それは思索を楽しみとする人々のものであって、それ以上の何ものでもない。……それがドイツ語で書かれていることは、少なくとも時代はずれである。私は、それが何かドイツ国民の志望の強化と見えないように、フランス語で書かれて欲しかった。今日のドイツ人はもはや思索者ではなくなっている。かれらに娯楽と印象を与えるものは別なものである。原理としての権力意志なら、かれらにとってすでに理解し易かったであろう。」(第十四巻四二〇ページ。『書簡集』第一巻五三四ページ参照。)

これに反してボイムレルは、ニーチェの臆断された意志の教説を「かれのゲルマン主義のもっとも完全な表現」と見る(四九ページ)。ニーチェのヘラクレイトス的な――しかしディオニュソス的でない――世界、そこでは戦いと勝利が一切である世界、それも「原始ゲルマン的」である、という。もちろんボイムレルは、この断えざる戦いにおいて世界の「永遠の秩序」と「最高の正義」が打ち建てられることに価値をおくのであるが、そのことはしかしニーチェが行なったヘラクレイトスの世界の叙述について言えることであって、永遠回帰の法則を欠いたボイムレルの世界にはあてはまらない。単なる力の爆発によって最高の正義がどうして打ち建てられるというのか、誰も洞察することができない。ニーチェが古典文献学者として最初にヘラクレイトスについて提示するものは、かれが後にディオニュソスの名において教えるものと、正確に同じものである。そして再び人は自問せざるをえない――ボイムレルほどのニーチェ通が、どうしてヘラクレイトス的世界とディオニュソス的世界の対置などを思いつき、また「永遠回帰の概念があらわれることによって、世界のヘラクレイトス的性格が消失する」という主張をするに至ったのか。更にまた――

「実際にはこの思想は、ニーチェの体系から見れば、重要でない。われわれはそれを、きわめて個人的な体験の表出と見るべきである。それは《権力への意志》という根本思想と何の連関をももたない。それどころか、それは、まじめに考えると、権力意志の哲学の連関を粉砕するであろう。」(八〇ページ。)

回帰思想を体系の中へ実質的にはめこむことは、かれには不可能なことと思われる。その思想はその体系の中では漂石である――じっさい、前者は一種の「宗教的な観念」であり、これに反して後者は厳密に哲学的な思想連関であり、そしてニーチェのディオニュソス的な二重世界には「戦いとしての世界」を再認することは不可能である、という。しかし、それが不可能であるということは、「他のすべての動的な量子に対して緊張関係にある動的な量子」――それがニーチェの世界を表わすニーチェの真に標準的な公式である（八四ページ）と考えるボイムレルの解釈が正しい証拠には、必ずしもならない。しかし何ゆえにボイムレルは、『ツァラトゥストラ』の哲学的内容に対して、またニーチェのディオニュソス的世界に対して盲目なのであるか。それに答えるのは、永遠回帰に関する節につけた註の最後の文章、すなわち、人は永遠回帰のディオニュソス的な教説を通る道を行くとニーチェの生存の「紛糾させる問題性」の中へおちこむ「だけ」であるから、ということである。しかしこの問題性は単にニーチェの生存の問題性であるのみならず、ニーチェの哲学の問題性でもあり、それによって紛糾させられるのは、ニーチェの「体系」を「音楽」と「哲学」に分けることによってその問題性を恣意的に単純化しようとする者だけである。そのためボイムレルは、ニーチェを「詩人哲学者」と見る見方、ボイムレルが攻撃したその見方にみずからおちいる――それでいてかれは他面、ちょうど『ツァラトゥストラ』から以後ニーチェの作品が体系になるということを、確認している。ただかれの戦闘的な性質がかれに、手持ちの思想連関をおちついて形成するひまを与えなかったのだ、という。その問題は、正しく提出するならば、ボイムレルが提出するように、「一人の創造的な思想家の作物が、その思想家が同時に行為への衝動をもつ時には、どんなものになるか」というのではなくて、もし解釈者が哲学者として時局に便乗する意志をもつ時には、ニーチェ解釈がどんなものになるか、ということになるであろう。その答は、ニーチェの哲学を権力意志に切り詰めて、その哲学的思想をヨーロッパ政策のためドイツの当代の傾向に役立つものにするような解釈が出来上がる、ということである。ボイムレルは、真理の認識のためには「パートス」と「思索者の力」が重要である(七七ページ)と言うが、「力」が思索の中にある力でなかったら——そしてたとえそれがニーチェの哲学について思索しうる力にすぎないにしても——哲学者にとって力などが何の役に立つものか。ボイムレルは、自分が力をもっていて、ベルトラムのニーチェ聖伝よりはるかにまさっていると信じている。しかしニーチェの哲学的実験を一つの聖伝に神聖化するか、あるいはクラーゲスのように権力意志を犠牲にして肉体と霊魂の「熱狂的」哲学と説明するか、あるいはボイムレルのように「英雄的実在論」を引き立てるために永遠回帰の教説を取り除いて説明するかで、何らの原理的な差異も成り立つわけではない。

8

エンメリヒ[二五]は、ボイムレルによる政治家ニーチェの調整が、ニーチェのヘラクレイトス的哲学がナチス運動の精神的「基礎」であることを最初に「証明」した(同書七一ページ)[二六]という意見をもっているが、かれはニーチェの哲学における問題点を、ボイムレルとは逆の方法で単純化する。すなわち、かの女はニーチェの哲学全体を永遠回帰の教説の中へ入れて、権力意志をも何の破綻もなくその意味で解釈する。かの女はこの単純化の目的のために、ニーチェの哲学において「本来」「存在」として「体験」されていることと、後になってから「存在するもの」の平面において考え出されたにすぎないこととを、区別する。存在の真理の本来的な体験(四四、四六ページ)においては、ニーチェはディオニュソス的世界と合一する(八〇ページ以下および八四ページ)。「世界である真理」は人間である真理と同一のものであり、したがって、誠実への意志もすべての存在するものの存在の真理と「本来」一致する、という。すなわち、永遠回帰の固有の意欲の問題全体が、エンメリヒによって消去されるのである。「そのようにしてもしも人間が《全体の中に》あるならば、世界の《本質》は人間の本質でもある。すなわち、権力への意志および永遠の回帰である」(八一ページ)。しかし、まさにこの「もしも」が、意志が自己自身から救済されるための前方への意欲における後方への意欲と同じく、あいまいなのである。自己永遠化の傾向におけるニヒリスティックな動機(二八ページ)についてエンメリヒはその意義を認識しなかった。なぜならば、エンメリヒは、ニーチェがある決まった瞬間以来、すなわち、何ものももはや真実ではなく、それゆえすべてが許されているということの発見以後、ニヒリズムから決定的に身を「もぎはなした」(三七ページ)という誤った意見をもっていたからである。しかし実際には、ニーチェはニヒリズムからなかなか抜け出せずにいて、永遠回帰の教説がようやくニヒリズムの「自己克服」となったのである。ニヒリズムを基底として、つまり底がないということにもとづいてはじめて、従来の・そして今や無価値にされた・すべての価値の顚倒としての権力意志と、永遠の回帰とは、体系的に一つのものに属することになる。永遠回帰の教説そのものがすでにニヒリズムを反転する価値顚倒の原理にもとづいているからである。

エンメリヒの解釈では、権力意志と永遠回帰は、ニヒリズムの自己克服によってではなくて、「超人」において、一つのものに属する。その超人がまた――「人間の克服」においてのみ「超人」はその意味をもつのに、その問題を顧慮せずに――「人間における生」(一〇〇ページ)以外の何ものでもないはずだという。「本来的な体験にお いては誠実な者すなわち超人である」(一〇三ページ)。このたえずくりかえして「本来的体験」を引合いに出すことによって、エンメリヒの解釈においては、時間のかかる謎全体――ニーチェがそれの解決を狂気に至るまで試み、ついには自分が「二つの無のあいだに」身をちぢめているのを発見したその謎――が、一挙にして解かれてしまう。「人間の自己克服」によって「世界と再び婚約」しようとするニーチェの試みのもつ問題性全体は、エンメリヒの叙述においては、人間とコスモス的な宿命との無差別の等置によって消失する。

9

モルニエ[二七]は、人間と世界を一つのものとして設定する試みを、特別に「ドイツ的」なものだと考えている。それはかれ自身が、その序言でさっそく示されているように、フランス人としてデカルトの伝統に立っているからである（一七ページ）。世界のこの古典的な構造の光の中では、ニーチェのディオニュソス的哲学は、人間の意欲と能力の自由を世界の盲目的な宿命に屈服させる新しい「神秘主義」として現われるわけである。

「じっさい（原文フランス語）、ニーチェがその最後の哲学を作りあげる基になっている世界の一元的な理論――本質からして一元論的なドイツ的精神が、還元すべからざる二元性の定義に到達すると必ずそれを綜合によって解決しようと試みるのはふしぎなことである――その理論がかれをしてその人本主義を拡げしめ豊かにせしめて、宇宙を説明するに至らしめる。かれは、英雄の定義がかれに滴虫や遊星をも説明するのでなければ、その定義に満足せず、悲劇的な道徳はコスモス的な連関に関係づけられ従属させられないかぎり、その全価値を獲得しない。したがって、悲劇的な純粋さは、人間を宿命に対抗させ、あるいは宿命にさらす方法たることをやめる。それは人間の中にその宿命を発見しなければならない。そして人間的理想の最後の言葉は、自己自身の中に宇宙を自覚することであることしか知らないであろう。内面の純化の極点、英雄的精神の全経験は、それゆえ、それをなるべく自然から遠ざけることではなくて、自然を同列におき、その中に融けこみ、自己の中にそれを生き生きと感じることに存する。……基本的な二元論、キリスト教的な戦いと悲劇的な戦い、人間と運命、自由と自然、という原理は、要するに解決されている。人間はディオニュソス的熱狂のためにだけ解放されたのである。」(二五四ページ以下。)

そのことは、「自然的本能」とはちがって人間を人間たらしめるもの、すなわち、精神・意識・判断・推理・意志(二八六ページ)を不可解にもあきらめることを意味する。

「実際には(原文フランス語)、ニーチェの努力が最初からその豊富と明澄と最高の自律性において建て直すことを目ざした意識は、今やもはやディオニュソス的世界の中にその場所をもっていない。コスモス的な宿命と人間の態度のあいだの接触は今やあまりにも緊密であり、連関はあまりにも必然的であって、世界の実体の中には、人間の自由が人間の熟考や否定の遊びをさしはさみうるような割れ目がもはや存在しない。」(二五八ページ。)

モルニエにおいては、人間の「意識」は世界の「機構」に、「人間的尊厳」は「自然的生活」に、「意志」は「本能」に、「人間的価値」は「自然的現象」に、「宿命」から生ずる「決定論」は自意識を有する人間の「自由」に対立しているが――これに反してツァラトゥストラのたましいはもっとも必然的なものでありながら、喜びをもって偶然の中に跳びこみ、運命への愛の中にあってかえって「自由」であると自覚している。しかしこれが「論理的矛盾」(原文フランス語)であるとすれば、当然つぎのような問が成立する――

「……宇宙のこの深い力の中で人間的意志の自律性を廃棄することによって、ニーチェは悲劇を一層純粋にしようとしてかえってそれを不可能にしたのではないか。じじつ、悲劇はまさに、人間に知られない宿命を、運命に還元しえない意志を、必要とする。悲劇はその両者の葛藤を前提とするからである。……さて、ニーチェの神秘主義においては、超人間的なモイラ(運命)と英雄の行為が、同一のきびしい軌道にしたがう。宿命は人間がそれに同意しない時にだけ悲劇的になる。結晶体や遊星の宿命は少しも悲劇的ではない。遊星はその楕円軌道と葛藤を生じないのである。英雄的精神を高揚し形成するための最大の努力の一つは、けっきょく人間を現象の一つに数えることになる。したがって、獲得されていたものはすべて、失われていることから遠くはない。」(二六六ページ以下。)

ニーチェは、コスモス的な回帰の肯定とともに、かれ自身が獲得した英雄的に戦う人間の偉大さを、おのずから存立する世界の自然との「共同」のために犠牲にする。

「人はすでに《(原文フランス語)》、これがすべてどんなにドイツ的であるか、宥和しがたい二つの経験をして綜合に対して平衡を失わしめるものがすべてどんなにドイツ的であるかに、気がついている。ゲーテのように、ヘルデルリーンのように、またノヴァーリスのように、ニーチェは汎神論的な誘惑の中に没する。……したがって、疑いもなく宇宙的な無罪の拒否によって成り立つ尊厳さを有する人間が、宇宙的無罪の一契機となった。……宇宙に熱狂し、過去にも無限の未来にもしばりつけられている人間、終った世界に・そして生まれようとする世界にとってたえず必要な人間、宇宙発生論の遺産と子孫をひとしくはらんでいる人間、こうした新しい人間の偉大さを、人は否定するわけではない。しかしこの偉大さ、宇宙における人間の必要性とそれを認める感謝によって作られるこの偉大さは、われわれの中に反映した世界の偉大さそのものにほかならない。この偉大さは確実である。しかしパスカルは別な偉大さを定義したが、それはあの偉大さがすべて力を合わせても到底粉砕することのできないものである」(二六七ページ以下。二八一ページ参照。)

ニーチェの熱情は、

「真に人間的《(原文フランス語)》な諸要求をかくも高く持していた人において、ひんしゅくを買いかねないものである。人間の解放のための、たましいの烈しさのための、そして欲望の純粋さのためのもっともいたましい努力、もっとも鋭敏な反省、もっとも長い訓練、もっともきびしい純潔が、ニーチェを、一人の小児がその自発能力だけで達するような忘我的な生き方とほとんど違わない一種の大げさな、しかし安易な熱烈さにしかみちびかなかったことは、残念なことである。」(二六八ページ。)

この新たに始める小児への第三の変化によってニーチェは、モルニエの書物の二つの主要な標題を借りていえば、「偶像の復活」によって「解放の君主」として、自己自身を否認する。精神と意志に見すてられたニーチェになってはじめて、実際にかれの最後の「一つの影のための神秘説」に対応するものとなる(二七一ページ以下)。(原文フランス語)「もはやニーチェでなくなった一人の人間が、ついに世界のリズムと調和した生を淀みなく送ろうとした。病気は、基本的な有機的機構を侵すことなく、すでに精神を処理していた。生活のために必要な行為の遂行のためには意識が必要でないというニーチェの予測は、かれ自身において実証された。意識、《生の表面における小さな光》は、消えていた。生は、依然として秩序だてられ、同意しつつ、世界の運行と完全に結合して、つづいた。それによって生気づけられていた身体は、もはや宇宙的機構の一断片にすぎなかった。しかし、ニーチェの中で消えていたはかない光は至高の要素だったのである。そしてかれはそれを、品位において、また時には力において運命にまさる唯一の敵対者と見ることを知らなかった。世界は人間的自由の一小片を取り戻していたのだ。」(二九八ページ。)

ニーチェの自己自身からの脱落の根拠は、かれが「苦痛の欲望」(二二三ページ以下)を通りすぎる悲劇的な道程において、幸福を見いだそうとするロマンティックな誘惑に、ついに負けたということに存する。かれは、さきに分離した「歓喜の創造」(一九三ページ以下)と「幸福の創造」を再び結合する。(四二、五七ページ、二〇四ページ以下。)

(原文フランス語)「ニーチェはルソーに向かってかれの軽蔑を叫びかけ、そして……《かれにも自然への復帰を望んだ》《この出来そこない》と言うことができるであろう。ニーチェがかれを非難するのは、実際に自然への復帰を欲したためではない。自然は不平等であり戦争であるのに、自然が平等だと信じたためであり、自然において道徳から逃がれるべきなのに、自然の中に道徳を再発見しようと欲したからである。かくして、文明を判断するために、ニーチェはルソーの原則とその逆の原則を取り上げる。ルソーのように、……かれは自然的人間の徳への復帰の中に救いを求める。」（二五〇ページ。）

ニーチェのコスモス的な忘我は、完全な世界喪失に対するかれの最後の隠れ場であったように見える。(原文フランス語)「ニーチェの周りには宇宙が存在しない。かれがさまよう町々において、かれは自分の神経に少しでも好都合な気候、自分の仕事に少しでも有利な隠れ場を探すだけである。かれが若い女に結婚を求めるとすれば、それはかの女を弟子と認めた後である。かれが病気になるとすれば、それはあまりにも考えるからである。かれが一人の友を見つけ、あるいは失うとすれば、それは哲学的な議論においてである。野は、かれにとっては、孤独でしかない。かれの空には……雲も夢もない。……それは単に、かれの知性の飛翔がもっともまっすぐな、そして遅れることのもっとも少ないものになる空虚な、純粋な走路にすぎない。……無罪なもののうちもっとも自然的なもの、眠り、それさえ留保なしにかれに委されているのではない。かれはそれをクロラールをもって買わなければならない。……このからだ、このまなざし、この唇には、身振りにしろ抱擁にしろ言葉にしろ、普通の人間関係のために作られたものは何もない。《世界を失った者は、自分自身の世界を獲得しなければならない。》ニーチェの周りには何もない。こんなにも仮借なく自己自身の中に閉じこめられたままでいる思想家は、かつてあったためしがない。」「この生の哲学者は、生きることだけをなおざりにしていた。」「職業、恋愛、交際社会の関係を通じて自分の孤独を救う力がないので、かれは自分を世界から分離せざるをえない。」(三三および二九〇ページ。)

このきびしい孤立と「世界に対する雄大な恐怖」(八ページおよび一八九ページ)と荒涼たる宇宙に対する対抗において、かえって、解放者たるニーチェは極度の哲学的英雄精神に到達した。そしてそれがかれを駆りたてて「知覚される世界よりも更にいたましい・更に圧倒的な・更に息苦しい世界を想像させた。……喜びの創造のためには、世界が人間を見すてること、……世界が目的も意味ももたないこと、世界がわれわれをどこへも連れて行かないことが肝腎である」(二一二ページ)。永遠回帰の世界はそのような世界であり、それの循環に反映しているものは、ニーチェ自身の逃げ道のない生存の循環論法にほかならない。

(原文フランス語)「永遠回帰の教義がもつ恣意的なところ、子供じみたところを探すのは、容易であるがゆえに、むだなことである。それが孤独とその形而上学的な運命の哲学の普通の用語であったことを確認することで、十分である。すなわち、もっとも巧みな・あるいはもっとも本当らしい・あるいはもっとも慰めになる・世界の説明ではなくて、もっとも恐ろしい説明であった。ところで、もっとも恐ろしいものだけが探されていたのである。」(二一三ページ。)

ニーチェは悲劇的理想を踏み越えるとともに、かれの破壊の方法をも捨てた(六二ページ以下、七七ページ、八六ページ以下、九二ページ)。破壊の方法は極端な解放に役立っていたものであり、「救い」と「幸福」を徹底的に断念して人間に「その失われた悲劇」を返すべきものである。じじつ、悲劇的人間はつねに「死を探求して」おり(一六四ページ)、かれは「完全に生きかつ死ぬ」自由を有し(六一ページ)、そして「新しい悲劇の創作者は、人間に立派な死への道を明示すること以外は望まなかった」(一三七ページ)が、ニーチェは最後に永遠の回帰を欲して、「運命に対する倦くことのない挑戦」(一六五ページ)をもはや欲しなかった。

しかしモルニエがニーチェの第三の変化の内面的必然性を感じないのは、おそらくただ、「合理主義的」英雄精神(二七一ページ)がまだ、新しい拘束を見いだすことが肝要な問題になるような自由の「荒野」の中にはいっていなかったためであろう。無への自由のぎりぎりの縁《へり》に立って意志の窮迫を最高の必然性の肯定に転回することを、デカルトがすでに必要としたのではなくて、ニーチェが必要としたのである。

モルニエの叙述は、ニーチェの矛盾のベルトラムによる綜合と対をなすものであるが、それは他のどんな叙述にもまして、ニーチェがいかにドイツ的な出来事であるかを示している。それはここでは、ニーチェの本来の哲学のすべての本質的な要求を拒否する一人のフランス人がわれわれに語っているからである。「超人、無罪、永遠回帰のぶざまな崇拝、かれを歪め貧しくすることしかできないその崇拝。それだけではない、かれがそれから解放されたと誤って信じているドイツ神秘主義からは欺かれ、かれがむなしく否認したローマン主義的な遺産の犠牲となり、かれは、自分が明示し純化しようとする自分の主人公の悲劇的本質そのものを、さっそく変えようとする」(二二四ページ)。しかしモルニエが極端にドイツ的だと感じたのは、ゲルマン主義に対するニーチェの批判だけではなくて――「かれがドイツに対置するのは一つのドイツであり、ドイツの宗教に対して〔別な〕宗教であり、ドイツの陶酔に対して〔別な〕陶酔であり、生成に対して永遠回帰であり、ヴォータンのヴァルハラに対してディオニュソスのヴァルハラである」――〔そのようなものだけではなくて〕更にニーチェによる古代の更新である。

(原文フランス語)「かれが逃げ場を求めるギリシャにおいて、かれが発見するのは、ギリシャ的なゲルマン主義である。ギリシャではなくて、かれの国の画家や哲学者や詩人がギリシャに打ち建てたドイツ植民地、その領域がアテネとプラトンをすてて、デルフィからエロイジスに、オルフォイスからエンペードクレスにおよぶドイツ植民地である。神話の・バッカス祭の・秘儀の・向こうみずな哲学の・方式と秘法のギリシャ、疑いもなく現実のギリシャではあるが、ギリシャそのものではない。」（二七七ページ以下。）

ドイツ人に欠けているのは、モルニエによればまさに、正午であり永遠である「瞬間」に対する感覚である。「瞬間の感覚（原文フランス語）――時間の中に直接的な現在を・友情を捉える能力――は、本来地中海的なものである。……変容の哲学にとっては、現在は一つの抽象、時間の一点、過去から未来への《橋と通路》にすぎない。われわれ〔フランス人〕にとっては、現在はもっとも現実的な現実である。倦むことなく自己自身の超克に努力している世界は、純粋にして無比な価値の存在には同意しない。地中海的な知慧は、反対に、おのおのの瞬間を通路ではなく結末とし、おのおのの瞬間に絶対的な、還元しえない価値を付与し、やり直しのできない方法で汲みつくされ到達された喜びをその中に封じこむ。かくしておのおのの瞬間は……それ自身としての価値、立派な無用性を受け取る。注目すべき徴候であるが、アンドレ・ジッド氏はニーチェから生に対するかれの態度のあらましを受け取って、ある点ではその態度を完成したが、それは瞬間の哲学を作り出すことによってである。完成ということのラテン的な唯美主義はすべて、要するに、特に生き生きとした烈しい現在の理解から出て来る。すべての完成は、永遠化された瞬間である。ニーチェにはこの予見が欠けている。……ニーチェ的な英雄は権力意志を知っているが、行為を知らない。存在の感覚以上に、ニーチェに欠けているのは瞬間の感覚であり、瞬間の感覚以上に行為の感覚である。生成の哲学はすべて行為を知らない。……」（二八三ページ以下。）

ニーチェの解決の試みは「一元的」である。なぜならば、かれは「本質からして平衡を失った、ドイツ的な精神」として、「悲劇的な戦いのために厳然と対抗させられた運命と人間の敵対的な力を一束に結合し」ようとする誘惑に抵抗することができなかったからである。

「(原文フランス語)人間は世界の一元的な理論に完成され、コスモスの運動の一要素としての実在よりほかの実在をもつことをやめなければならない。人間は、たとえ世界を批判する時でも、あるいは世界によって圧しつぶされる時でも、世界に一致している。かくして権力の哲学は、自然的な力とはちがった人間固有の能力の否定、選択し考量し拒否する自由の否定に、いつしかみちびかれている。それは、たましいの決定と世界の運動の、もっとも内的にしてもっとも自発的な調和を実現することによってのみ、勝利を得ることができるであろう。無罪(無垢)が今やその目的である。かくして、シーザー型の偉大な文明人の像は、ニーチェの晩年の著作では、野蛮な本能人の像の前に、ややもすれば消えがちである」(二四九ページ)。

10

ヤスペルスは[二八]『世界観の心理学』(一九一九年)からかれの『哲学』(一九三二年)の展開に至るまで、ニーチェとキェルケゴールの印象のもとに思索した。しかし「哲学的思索」としてのニーチェの教説の解釈の観点は、存在の全体に対する新しい立場というニーチェ自身の試みから取られたのではなくて、ヤスペルス自身の実存哲学の中から転用されたのである。その実存哲学が世界定位と実存解明と形而上学(超越性の「符号」)の三部分から構成されていることは、更に、「世界」(自然)と「人間」(たましい)と「神」という伝統的な区別に由来しており、その窮極の哲学的刻印をカントによって得たものである。ニーチェにとってキリスト教的プラトン的超越性の「真の世界」が「きわめて長い誤謬の歴史」であったことは、もちろんヤスペルスによって「純粋な内在としての世界」の標題のもとに知識とはされているが、解釈の実際的な導きの糸としては用いられず、哲学的な欠陥として拒否されている。結びの部分ではもちろん「ニーチェが自分の思惟と自分自身を、どのように理解しているか」と「ニーチェがわれわれによって、どのように理解されるか」とが区別されるが、しかし、ニーチェの自己理解の叙述においてすでに、ヤスペルスの哲学的思惟の根本概念が前提とされるので、それぞれの思惟の本質的差異は抹殺される。ニーチェは実にさまざまな姿勢をあえてとったが、けっきょくそれは弁証法的否定によって再び相対化されるばかりであった、という。それゆえニーチェの教説の中から後々まで残るものは、道程そのものであり、たえず途上にあることであり、そしてこの運動に解消されないものは、経験的内容の非哲学的絶対化と前景的な固定化である。ニーチェの真理は、この道程の中のどこか一つの段階、たとえば最後とか『ツァラトゥストラ』の絶頂とかにではなくて、もっぱらかれの超越的な思惟の全運動の中に見いだされるべきである。超人、永遠回帰、権力意志の「ますます固定されてくる教説」の中にも、まれではあるにしても、問題提出を見おとすべきではない。「おのおのの教説が同時に相対的になりうる場所においてはじめて、ニーチェの本来の哲学的思惟が支配する」（二八一ページ）。こうした止揚しがたい多義性の様相なしでは、ニーチェがニーチェ自身としてとどまらないであろう。じっさい、かれは無から存在への途上を、一切の確定的なものを越えて、不確定な「根源と限界」を目ざして、押しすすむのである〔とヤスペルスは言う〕。

しかし、もしニーチェの歩みと向こうへ渡ること、降りて行くことと自己自身の上に出て行くことに、何か明瞭なことがあるとすれば、それは——いつものように揮発させられたキリスト教的な超越性とは反対に——「世界の環」へのかれの本源的な、しかも最終的な意志である。こうした「神」と「世界」の決定的な二者選一はヤスペルスによって、提示され相対化されたもろもろの矛盾の一体系をもって弁証法的に相殺され、外見だけは非独断的な原理的かつ全体的な相対化という方法をもって、二者選一としては解決される。この方法の光をあてると、ニーチェの思惟のすべての肯定と否定は、いわば「超越」の諸形式に見えて来る。この立場——とは言っても実はまったく立場ではなくて「浮動」にすぎない——から見ると、ニーチェの「生の序列」は「実存のもろもろの可能性」に変ずる。ニーチェの超克の意味は、かれが何ものにも最終的に身を委ねなかったことである、という。しかし、それでもなおニーチェが明白な肯定《ヤー》や否定《ナイン》を確定している場合にだけは、ヤスペルスは、超越する運動の独断的な固定化——それに比べるとすべての肯定的に決定されたものがつまらないものになるような固定化——を、認識することができる。ニーチェの哲学の求められた「全体」とは、かれにとっては、すべての決定的な肯定と否定を度外視する時に後に残る「不定の無限界のもの」である。ヤスペルスがこの命題を証明するためにいろいろと言を費やしても、しかし、ニーチェにとっては徹底的な決定が肝要だったのだということ、そしてニーチェの作品が単なる「めまいを起こさせるような運動」や「無限性の呪文」以上のものであるという事実に目をおおわしめうるものではない。

等しいものの永遠回帰の思想は、ヤスペルスの実存哲学的思惟による判断においては、超越性の単なる「符号」になり、思惟としては、神をも世界をも起原や目標として有していないような一種の超越となる。回帰説に関するヤスペルスの論議は、もちろん、この思想がニーチェにとって他のどの思想にもまして決定的であったということの確認から始まるが、しかしヤスペルスがそれを解釈する仕方は、なぜほかならぬこの思想がニーチェにとってそんなに重要になりえたかということを、認識せしめない。ヤスペルスの叙述において、回帰説の問題性は、それが一面では無信仰の実存的な表現であり、他面ではカント以前の形而上学を目ざしているということに、還元される。しかし、このような試みが必然的に失敗するものだということは、ヤスペルスが実存的に変化した形式で自分の哲学に取り入れる超越的批判的観念論が世界の真理に関する最終決定的な言葉でもないかぎりは、証明されないであろう。このような、一つの意識だけで統括される神と人間と世界というカント的図式の前提の結果、永遠回帰の思想の真実らしさは、ある不定の超越性——ニーチェにあっては不正にも感性的可視的世界の存在がそれとすりかえられているという——への形式的な超越に還元される。ニーチェが、象徴としてのみ案出されうるものを、かれの意志をもって把握しようとすることによって、かれ自身が、象徴が単なるマスクになるように、するのだ、という。しかし、かれの道がどんなに「空気のない空間」に通じるものだとしても、それは空しいものではない。じじつ、かれの思想運動の衝動と目標は「実存の歴史性」であって、失われた世界を再び獲得しようとする試みではないのである、という。ニーチェが何ものであり、何をなしたかということは、「未解決」にとどまっている。すなわち、純然たる存在意識や存在そのものと同じく未解決である、という。ニーチェの哲学にふくまれている爆薬は、ヤスペルスにおいてはその要素を洗い流されたようになっていて、もろもろの無色の概念の精巧な網の中で、その歴史的な作用力を奪われている。そのさい、ニーチェ自身の攻撃に対する無力は、思想の形式的な世界の中を「包括的に」通るものとして示される。ニーチェとキェルケゴールにおける決定への意志の、対比と類縁を、ヤスペルスはあんなに明瞭に指摘しておきながら、それをヤスペルス自身が再び、一定の内容もなくキリスト教的啓示に対する無信仰と信仰のあいだに浮動している一種の「哲学的信仰」の中に、解消させている。(『理性と実存』一〇一ページ以下、『ニーチェ』三八八ページ以下。)

11

ヤスペルスの先例にならって、ギース[二九]はニーチェの超人と永遠回帰と権力意志の教説を、自己存在の「実存弁証法」から解釈する(一六〇ページ以下)。しかも、もっぱらその点からだけ解釈するので、それらの教説がもつ可能な超越性に対する徴証的性格をも、ギースは放棄している。三つの教説はすべて「自己克服」の一つの方式に還元される。なぜならば、この方式は、超人の理念のみならず、普遍的に考えられた権力意志および生きた世界の全体における等しいものの永遠回帰をも規定するからである。永遠回帰と権力意志は、自己の状態、その自己に関係した創造の状態の「機能的な表現」にすぎないはずであるという。永遠回帰は、ある一定の人類の世界像(六一、六六、一六二ページ以下)そのものと「内面性の弁証法」そのものが解釈され対象化されるような、一つの解釈である。永遠回帰の円環状の時間性は、同時に権力意志の根本性格でもある自己克服の「反射性」にもとづいている(一二三、一五九ページ)。ギースはツァラトゥストラの「背後世界人について」の説話を引合いに出して、かれのニーチェ解釈を、「存在の腹」は人間としてでなければまったく人間に語りかけないという命題に固定する(三七、六二ページ)。かれは、この説話が背後世界人に対して論駁的に語っていること、『ツァラトゥストラ』のその先の進行が、単に人間およびその反射性だけを発言させるのではなくて、永遠回帰の比喩において存在そのものを発言させていることを、見落としている。ツァラトゥストラのために最初にかれの教説を告知するかれの動物たちに向かってするかれの説話も、決して単に非難する意味のものではない(一三〇、一四〇ページ)。たしかに「かれの」世界はツァラトゥストラの世界であり、ツァラトゥストラのたましいに対応している(四九、一六一ページ)。しかし、それだからと言って、永遠回帰の宇宙論的問題が、それを説き、それに堪える主体に返上されるわけではない。世界と人間の「反映」は原理的に相互的かつ両義的である。それは、自己克服の目標が正に自己を無への意志からすべての存在の宿命の意欲に解放することであり、自己を意識し世界を喪失した「われ欲す」を脱して自己を忘却したコスモスの子になることにほかならないことからだけでもすでに、一つの目的、自己克服の主観性の中に、固定されることができない。これに反してギースの叙述においては、世界は、権力への意志として、またその時間的存在様式として、創造者の——世界を自分のものとして創造する創造者の——「実例となる比喩」にすぎない。永遠回帰は、コスモス的に定位される時にのみ、創造的意志の遡って意欲することの中に存するのと同じ逆転向を表白するので、小児の「みずから回転する車輪」と存在の永遠の車輪とは正確に対応するのだという——人間そのものだけではなく人間の世界関係に根拠をもっている一つの矛盾の克服の問題全体が、あたかも右のような対応の当為と対応の意欲に存するのではないとでもいうように。

存在の全体の中では一つの断片、偶然、謎である人間と、世界との、問題的な統一の問題を、主観的な自己克服としての権力意志の一つの側面に還元する結果として、ギースは、超人と権力意志と永遠回帰の関係が「まったく何の問題でもない」ということ、それらはむしろたがいにきわめてよく調和し、たがいに補足しあうということを、説明することができる（一二六、一三一ページ）。しかし永遠回帰の教説が真に自己克服の弁証法（権力意志）の構造だけを世界時間的に表白し、永遠回帰の円環状の世界時間を自己克服の主観的な反射性の中に打ち建てるものだとしたら（一五九ページ）、三種の変化の最後の変化を遂行し、そしてすべての歩むことや向こうへ越えて行くことが役に立たなくなった後で、ついに永遠の天空の中に「飛んではいる」ために、なぜ『ツァラトゥストラ』の五百ページが必要であったか、理解されないであろう。（以上、こんなに徹底的ではないが同じ傾向でカウフマン *W. Kaufmann* の『哲学者・心理学者・反キリスト者ニーチェ』〈一九五〇年〉もニーチェの哲学を人間学的に理解された自己克服から展開している。）

12

ハイデッゲル[三〇]の思惟も、ヤスペルスのそれと同じく、一切の存在するものを超越する道、そして存在そのものについては確認されることを何ひとつ表白しない道、の上で動いている。ハイデッゲルもかれ自身の思惟をニーチェのそれの中に入れて解釈し、ニーチェにおいて自分自身を説明するのである。しかし、こうした形式的な類似性をもって、両人のニーチェ解釈の親近性は、すでに言いつくされている。両者の相反する態度や意図の方が更に本質的であり、かつ目立つものである。ヤスペルスがニーチェの教説を超越性の符号として、一切を相対化する超越の運動の中に浮動させておき、ニーチェの全作品をあらゆる側面から包括して行くのに対して、ハイデッゲルは、個々の命題や基本語――その意味が可能な反対命題や反対語も顧慮せずに明白に確定されるような――を選択することによって、ある一定の点からニーチェの全作品の中へ食い入る。かような確定する解釈の意図は存在問題の解明である。

ニーチェは、ハイデッゲルに言わせると、われわれにまだ直接に関係する「従来の」思惟のもっとも刺戟的な人物であり、『ツァラトゥストラ』は、ニーチェの「唯一の」思想たる等しいものの永遠回帰を考える作品である。ニーチェが言うべきこの唯一のものは、証明もされえなければ、否定もされえない。しかしそれは信仰の事柄でもない。それはただ問いつつ考えつつ顕わされて来るものであるが、このことはけっきょくあらゆる本質的な思惟のあらゆる本質的な思想について言えることで、つまり、「より分けられたもの、しかし問うに値する謎」である(『講演と論文集』一一九ページ)。それだけに一層決定的な問題は、ニーチェの教説がハイデッゲルに、ニーチェ自身が見たように、すなわち一切の生きた存在の根本法則として、見えて来るかということである。「ニーチェのツァラトゥストラとは誰か」という講演の結びの言葉は最初から、それは違うということを、推測させる。じっさい、ニーチェが、近代的技術、回転する発動機の本質は「等しいものの永遠回帰の形態化」であるかも知れないなどと、いつ考えたことがあるであろうか。そしてハイデッゲルは、超人と永遠回帰と権力意志とのそれぞれの教説の統一を主張し、ニーチェが欲した世界の存在と人間の生存との対応の基礎になっている矛盾を暗示的にさえ顧慮しないとすれば、無への意志を永遠回帰の意欲に反転すること、およびその結果として行なわれる一切の価値の顚倒を、どのように理解しているのであろうか。ハイデッゲルにとっては、すべての反転は反転されたものの領域で動いているのだから、ニーチェの反転と価値顚倒は単に否定的なものを意味する(『森の径』二〇〇、二一四、二四二ページ)。ニーチェによって遂行された反転によって、形而上学にとってはもはやわずかにそれ自身の無意味さの中への顚倒が残っているにすぎない。じじつ、超感性的なものの廃棄は単に感性的なものをも、そしてそれと同時に両者の差異をも、除去する〔とハイデッゲルは言う〕。しかしニーチェ自身にあっては、「真の」世界の廃止が終るのは、決して実体のないものにおいてではなくて、一つの新しい始まり、世界と時間の完全性の瞬間すなわち一種の永遠性であるところの「正午」においてである。このようなニーチェの自己解釈にはかまわず、ハイデッゲルは、ニーチェが形而上学すなわちキリスト教的プラトン主義を克服するところあまりにも少なかったために、むしろニヒリズムに対するかれの単なる「反動」によって逃げ道もなく形而上学とそのニヒリスティックな結果の中にまきこまれたままでいるのだと主張する。もちろんかれはその反転の途上でニヒリズムの「いくつかの特徴」を経験しはしたが、ニヒリズムそのものをまだニヒリスティックに解釈し、ニヒリズムの「本質」を、すなわち存在の真理は覆い隠されているものだということを、かれ以前の形而上学と同様に、認識しなかった(『森の径』二四四ページ)。かれの行なった従来の価値の顚倒は、前に行なわれた従来の最高の価値の無価値化を、ただ最終的に遂行するにすぎない。自己自身を意欲する権力意志の視野の中に、すなわち、価値と価値設定の展望の中に捉えられて、ニーチェは自分自身の新しい価値設定を、もはやニヒリズムとして認識しなかったのだ〔とハイデッゲルはいう〕。——みずからも「転向」を行なった思想家、すべての推論の円環構造を主張する思想家が、ニヒリズムの「克服」の試みが前提なしにニヒリズムの此岸で始まるはずはなく、ニーチェが知りかつ言ったように、克服されるべきものをそれ自身の中で止揚するのだということを、どうして認めることができないのか、ふしぎに思われる。近代の哲学者にして、時世や時代や世界困窮におけるすべての歴史的思惟を超越して、永遠不変のもの――その必然性が「未来の困窮」にではなくて、一切の生成する存在の永遠の法則に発するような永遠不変のもの――を考えるまでに至ったものがあるとすれば、中心を外れた人間を自然の永遠の「原文」に「訳しかえ」そうと試みた時のニーチェであった。

生および生きた世界の全体的性格は評価し査定することのできないものであるというニーチェの明確な確認とは反対に、ハイデッゲルはニーチェの哲学を「価値の形而上学」として解釈し、価値を一種の「観点」として解釈するが、その観点の単純な意味をかれは巧みに曲解する。ニーチェが眼前に見ていて、『ツァラトゥストラ』を基礎として『権力への意志』において展開しようと試みる世界概念は、しかし、在るものは「おのおのの瞬間において」完全であり、あらゆる変遷のうちにも等しい力と意義をもっているのだから、権力意志としての生は評価しがたいものである、ということによって特性づけられている。ハイデッゲルが先廻りをして価値概念をもってする解釈の発端は、その先のすべてに対して決定的である。かれは、永遠性そのものたる正午を、ニーチェが経験し理解したようには解釈せず、「廃された無常性」として純粋に否定的に理解した。しかし、ニーチェが正午について言っていることを実際に読む者は、ハイデッゲルが言われていないことや考えられていないことにまではみ出して読んでいることに、ただただ驚くばかりである。ニーチェの教説の「本質的なもの」に関するかれの解釈においては、ニーチェが『ツァラトゥストラ』の第三部および第四部を永遠性への思念をもって結んでいることが、無視されたままである。この永遠性は存続の確保ではなくて、等しい発生と消滅の永遠の回帰である。

それはハイデッゲルの解釈においては、等しいものの永遠回帰として、かれが回帰説を一面的に解釈する出発点となる権力意志が、それ自身の恒常な存続を「できるだけ同形かつ一様な」意欲のために確保する、ということに、わずかに現われて来る。意志は等しい意志のように恒常に、等しいものとしてのそれ自体の上に帰り、権力への意志をその本質(essentia)とする全体の中に存在するものの存在する仕方、その存在(existentia)、は等しいものの永遠の回帰である、という。しかしハイデッゲルはessentiaとexistentiaの古来の区別をすでに通りすぎているので、かれのニーチェの形而上学の二つの基本語たる「権力意志」と「永遠回帰」の解釈は、ニーチェがおよそ本質的に新しいことは何も考えたのではなく、形而上学にとって昔から指導的だったもの——存在するものをその存在において、まだ考えられていない「本質」とまだ考えられていない「存在」によって規定すること——を完成するにすぎない、という結論に達する。権力意志と永遠回帰との、右のように考えるべき関係は、ハイデッゲルによってそれ以上論議されない。

ニーチェが永遠性を常に在ることと考えていたこと、すなわち無時間性としてではなく、常に同じ種類・同じ力・同じ意義をもった生成の恒常な現在もしくは「現前」と考えていたこと(『思惟とは何か』四〇ページ以下、『講演と論文集』一〇九ページ)、それには反駁の余地がない。問題はただ、これが存在の失敗であり欠陥であるか、あるいはむしろ存在の永遠に時間的な、もしくは永続的な真理ではないか、ということである。けっきょくそれは知慧の欠乏——知識が世界を「完全に」知っている時、すなわち知識が、存在の車輪の中にすべての存在するものがあるように「今日」のおのおのの瞬間の中に「過去《かつて》」と「未来《いっか》」とが集まっているということを、洞察する時にはじめて、完全にして十分なものの中へ参入するということを、認めようとしない欠乏である。「一切は行き、一切は帰って来る。永久に存在の車輪は回転する。一切は死に、一切は再び花を開く。永久に存在の年は経る。一切は破れ、一切は新たに接ぎ合わされる。永久に存在の等しい家が建てられる。一切は別れ、一切は再びあいまみえる。永久に存在の輪環はみずからに忠実である。おのおのの瞬間に存在が始まり、おのおのの此所のまわりに彼所の球が回転する。中心はいたるところにある。永遠性の小径は曲っている。」ツァラトゥストラの動物たちによるかれの教説のこの最初の告知は、たしかに無条件に新しいものではなくて、昔から形而上学によって考えられたことを、近代的な意欲の立場に立って、くりかえすものである。しかしそれでは、真理は時につれて「存在の別な運命」によって変るものであり、すべての存在するものの存在〔そのもの〕のように永久不変のものとしてはとどまらず、したがって時とともに知者の意識において回帰するものだと、われわれに言うのは誰であろうか。ニーチェが、「今」、権力意志と来たるべき地球支配の時代に明らかに時宜に適していることだけを考察したのだとしたら、かれはかれの時代の時代はずれの一批評家としてとどまったであろう。かれは、みずからを時代(時間)の病気から解放したことによってはじめて、「快癒する者」になったのである。知慧の最後の愛好者として恒常なるものを——存在するもののあらゆる転変の中に不変にとどまるがゆえに常に回帰する恒常なるものを——知っていた快癒者に。

本書に使用した文献

『ニーチェ著作集』〔クレーネル版〕第一部および第二部、大オクターヴォ版および小オクターヴォ版、十六巻。

『ニーチェ著作集』〔クレーネル版〕第三部（文献学に関するもの）第三巻＝大オクターヴォ版第十九巻。

『ニーチェの初期の著作集』ムザーリオン版、第一巻、一九二三年、および歴史的批判的全集版、一九三三年以降。

『ニーチェ書簡全集』第一—五巻、および『ペーテル・ガストからニーチェへの書簡集』第一・二巻、一九二三年。

『ニーチェ・オーフェルベック往復書簡集』一九一六年。

ニーチェに関する資料——

C. A. Bernoulli, F. Overbeck und F. Nietzsche, I/II, 1908.

E. Förster-Nietzsche, Das Leben F. Nietzsches, Kl. Ausg. I/II, 1925.

E. F. Podach, Nietzsches Zusammenbruch, 1930.

キリスト教に対するニーチェの攻撃に関する文献——

W. *Solovjeff*, „Dichtung oder Wahrheit" in: Ausgew. Werke I, 1914.

J. N. *Figgis*, The Will to Freedom or the Gospel of Nietzsche and the Gospel of Christ. New York 1917.

L. *Schestow*, Dostojewski und Nietzsche, 1924.

K. *Jaspers*, Nietzsche und das Christentum, 1938.

H. *de Lubac*, Le Drame de l'Humanisme Athée, Paris 1945.

M. *Carrouges*, La Mystique du Surhomme, Paris 1948.

W. *Nigg*, Religiöse Denker, 1952, S. 219 ff.

〔ニーチェの著作の引用はすべてクレーネル版の著作集により〕ニーチェ自身によって発表された著作（第一—八巻）からは、別にことわらない限り、標題とアフォリズムの番号をあげ、遺稿（第九—十六巻）からは、別にことわらない限り、巻数とページをあげ、『ツァラトゥストラ』(第六巻)からは、巻数とページをあげて、引用する。〔以下の註においては巻数とページを示すのに、たとえば、第二巻二五一ページを**二**・二五一と表わすことにする。また、アフォリズムの番号は、たとえば『曙光』一四と表わすことにする。ニーチェ以外の人の著書についても、これに準ずる。〕

クレーネル書店から出た種々の版のページ対照表は大オクターヴォ版の索引(第二十巻)に含まれている。関係書誌はF. Würzbach が Literarische Berichte aus dem Gebiete der Philosophie, Heft 26, Erfurt 1932 に出している。

〔以下の註においては、次の〕略語〔を用いる〕——

『悲劇の誕生』……………『悲劇』
『人間的なもの、あまりに人間的なもの』…………『人間的』
『放浪者とその影』…………『放浪者と影』
『曙光』…………………『曙光』
『楽しげな学問』……………『学問』
『善悪の彼岸』……………『彼岸』
『道徳の系譜』……………『系譜』
『偶像のたそがれ』…………『偶像』
『反キリスト』……………『反キリスト』
『権力意志』………………『意志』
『見よ、この人なり』………『見よ』

註の部分には、簡単な個所の指示および註釈が含まれるほかに、そのつど論じられる根本概念に対するもっとも重要な類似個所があげられる。

註

初版への序文

タイトルページのカットは、ギリシャのエクセキアスの皿によって「船中のディオニュソス」をあらわす。これについては『太陽は沈む』という詩の終り(本訳書一四二ページ)を参照せよ。

(一)『見よ』、「私はなぜこのように賢明であるか」(一五、九)。

(二)『書簡集』Ⅰ・五一五。

新版の序文

(一)ほとんど丁度半世紀後に、ニーチェの新しい理解のための次のような試みが現われた――

C. G. *Jung*, Eine psychologische Analyse von Nietzsches Zarathustra, 1935—39(ゼミナールの記録で、発表されていない)。

K. *Löwith*, Nietzsches Philosophie der ewigen Wiederkunft des Gleichen, 1935〔一九五六年に出たこれの新版が本訳書の原本である〕。

K. *Jaspers*, Nietzsche, 1936.

M. *Heidegger* の一九三六年以降のニーチェに関する講義。それの主要な部分は „Holzwege“, „Was heisst Denken“ および „Vorträge und Aufsätze“ に発表された。

(二)オーフェルベックあての書簡、一八八八年十二月二十八日。

(三)*Stefan George*, Siebenter Ring; R. *Oehler*, Die Zukunft der Nietzsche-Bewegung, 1938; *Heidegger*, Holzwege, S. 230, 233.

(四)当時の政治的情況では公然と普及するはずがなかった本を初めて出版してくれたことについて、出版社 „Die Runde“ の所有者 Bahlsen 氏に、著者は感謝の意を表する。

(五)一八八九年一月六日の日付をもつブルクハルトあての最後の書簡。E. *Podach*, Nietzsches Zusammenbruch, 1930 に複製が出ている。

(六)C. A. *Bernoulli*, Overbeck und Nietzsche 1908, Bd. II, 251 を見よ。『曙光』一四を参照せよ。

(七)Ⅰ四・三五九。

第一章　ニーチェの哲学

(一) **九**・三四〇以下、**一六**・二四五。
(二) **一二**・一九一。
(三) **一四**・三一九、『学問』三四七および**一六**・八四を参照せよ。
(四) 『彼岸』四二。
(五) **六**・二八六。
(六) **一六**・三八三。
(七) 『彼岸』二〇九および二一〇。
(八) **一一**・一五九。
(九) 『放浪者と影』二一三、**一四**・三五二以下を参照せよ。
(一〇) **一五**・九一。
(一一) **一四**・三五四。
(一二) **一三**・七二以下および『曙光』四五三。
(一三) **一四**・三五三以下。
(一四) 『曙光』三一八。
(一五) **一三**・五五。
(一六) **一三**・五七および**六**・四三九。
(一七) **一三**・五四以下。
(一八) **一三**・三四以下。
(一九) 『彼岸』二〇。
(二〇) **一三**・五八。
(二一) 『彼岸』二三一。
(二二) **一三**・一五四。
(二三) **一三**・七三。
(二四) 『偶像』「時代はずれの者の徘徊」五一。
(二五) **一〇**・二一六以下、二九〇以下。
(二六) **一五**・九五および一八七四年三月二十四日付ローデの書簡を参照せよ。
(二七) **六**・一八三以下および一八六以下。二八八以下を参照せよ。
(二八) **一〇**・二一六以下。
(二九) 『書簡集』**三**・二八一。三〇六を参照せよ。
(三〇) 『書簡集』**四**・一七〇。
(三一) 『書簡集』**一**・四八七。
(三二) 『書簡集』**四**・三四七。
(三三) 『書簡集』**四**・四三四。
(三四) 『系譜』への序文。
(三五) 『曙光』への序文。
(三六) **一四**・三六二を見よ。
(三七) 『彼岸』の問題については、なかんずく、**六**・

一三一以下、二七四以下を見よ。『系譜』の問題については、なかんずく、**六**・四一以下、八八以下、一二七以下を見よ。『意志』の問題については、**六**・六三以下、八四、一〇五以下、一四七、一六五以下、一九七以下を見よ。

(三八)　『系譜』への序文。

(三九)　F. *Overbeck*, Christentum und Kultur, Basel 1919, S. 282 f. および *Bernoulli* I a. a. O. S. 227 f.

第二章　ニーチェの著作の時期分け

(一)　『人間的』への序文**二**・二。

(二)　なかんずく『書簡集』**四**・一七、一一四および二九三を参照せよ。

(三)　**一五**・八二を参照せよ。

(四)　たとえば**一四**・三〇八以下を見よ。

(五)　『書簡集』**二**・五六八以下、**三**・三六五。

(六)　『人間的』への序文**二**。

(七)　それについては、『人間的』への序文、**二**・一および七、**一四**・三七一以下、**一五**・六一を見よ。

(八)　**一〇**・二四一以下。

(九)　**一〇**・二三三以下。

(一〇)　**一五**・一〇二以下。

(一一)　ボイムレルによる遺稿集 „Die Unschuld des Werdens" I, S. XIII ff. を見よ。

(一二)　**一三**・三九以下。

(一三)　**六**・二七以下および一四二を参照せよ——「私の春のためらいがちな悲哀は去った！　六月の私の雪片の悪意は去った！　私はまったく夏になり、夏の正午になった。」

(一四)　**六**・三九七。『系譜』、**三**・二四。**一二**・四〇六および四一〇。**一三**・三六一。**一六**・四一三以下。

(一五)　**六**・三四および一五〇。

(一六)　**六**・一一、三五、一〇八、二一八。**一二**・三九一および『系譜』、**二**・一六を参照せよ。

(一七)　**六一**・一二五、**一二**・四一二および**一六**・三二八を参照せよ——そこには第三の段階、すなわちギリシャの神々の「我あり」が表示されている。しかるに『ツァラトゥストラ』の中には、「汝なすべし」と「我欲す」に対応する表示が欠けている。コスモスの子の創造し破壊する戯れについては**一二**・四〇九を参照せよ——そこではツァラトゥストラがある「コスモス的な説話」において、自分の完成された作品を砕いては、何度でもそれを新たに接ぎ合わせている。
(一八) 『意志』アフォリズム一〇四一。
(一九) 一八七八年六月十六日付ローデの書簡を参照せよ——そこではニーチェに、かれの目標への到達のために逆行の道が予言されている(『書簡集』二・五四六)。

第三章 ニーチェの哲学における統一性の基礎となる根本思想

(一) ロマン主義と実証主義とニヒリズムとの関係については一六・四四八を参照せよ——「一八三〇年と一八五〇年のあいだに、愛と未来に対するロマン主義的な信仰は、無への欲望に変化する。」これについてはロマン主義に対する次のごとき政治的批判を参照せよ——A. *Ruge*, Der Protestantismus und die Romantik, Hallische Jahrbücher für deutsche Wiss. u. Kunst II. *Jg.* 1839 および *Carl Schmitt*, „Politische Romantik“ 1925.
(二) 『人間的』に関する同時代の評価については、なかんずく、ブルクハルトの書簡(『書簡集』三・一七四以下)およびローデの書簡(『書簡集』二・五四四三以下)を見よ。自由精神と自由思想の区別については、『彼岸』四四、一四・三九六以下、一五・四八九を見よ。
(三) 一五・七三以下を見よ。
(四) 一一・八以下。
(五) 『人間的』一・二二五。
(六) 『人間的』二・一一三。
(七) 一一・一九。
(八) 『放浪者と影』五、一六、三五〇。クラーゲス前掲書、第五章を参照せよ。
(九) 「自己責任への意志」としての自由というニーチェの概念については、なかんずく『偶像』、「徘徊」三八、『彼岸』一九、一六・二〇四を見よ。それに反してかれの本来の自由概念は『ツァラトゥストラ』以降は偶然と必然の関係から展開される。
(一〇) 六・九二、一〇・一四七、一四・三九四、一五・二二三。
(一一) 『人間的』への序文一・三。
(一二) 『人間的』への序文二・五。
(一三) 活動的になったこの「英雄的」ニヒリズムの典型的な代表者は、第一次世界戦争後では、なかんずくユンゲルとシュペングレルであった。E. *Jünger*,

Das abenteuerliche Herz (1929) S. 23 f., 180 f., 186 ff., 236 ff. を見よ。

(一四) 『人間的』への序文**一**・二。

(一五) 『人間的』**一**・六三八。

(一六) **一四**・三九三。

(一七) 本訳書六七ページ以下を見よ。

(一八) 『放浪者と影』三〇八。**六**・四〇〇以下を参照せよ。

(一九) 『人間的』**二**・四〇八(「冥府行」)。

(二〇) 同名の詩を参照せよ。放浪者と影のあいだに取り交わされる会話――そこでは「いくらか影めいてはいるにしても」、影が光のように存在するものであることが表現されている――は、ツァラトゥストラと放浪者―影とのあいだの会話としてつづき、ニーチェとディオニュソスのあいだの会話として終わる(『彼岸』二九五)。

(二一) **一五**・九以下。

(二二) 『放浪者と影』二一三。本訳書四ページを見よ。

(二三) **一五**・四六七。

(二四) **一四**・三八八以下。

(二五) **一一**・九。

(二六) 詩『放浪者』および『放浪者と影』ならびに**一四**・三〇六を参照せよ。

(二七) **一二**・二二三。**六**・二二九を参照せよ。

(二八) 『書簡集』**二**・五八二を見よ。

(二九) **六**・一九一および一九六。

(三〇) **六**・二二三、三九五以下。

(三一) **六**・三九六以下および二二三。これに反して、永遠の「到るところに(ある)」と「どこにも(ない)」のニヒリスティックな意味が永遠に等しいものに変化する三一七ページを参照せよ。本訳書九二ページを見よ。

(三二) 『曙光』五六。

(三三) 『学問』三七七。

(三四) **一五**・七四。

(三五) 『見よ』の結びの文句「恥知らずを圧しつぶせ」も、ヴォルテールに関連する。

(三六) 『曙光』四七七。

(三七) 『彼岸』四一。

(三八) 詩『猛禽のあいだに』。

(三九) この傾向の最初の兆候を一八六六年のある手紙がすでに含んでいる――「きのう一つの堂々たる雷雲が空にかかっていた。私は隣りの山に急いだ。……上で一つの小屋と、二四の小山羊を殺している一人の男と、その男の子を見いだした。雷雲は非常な勢いで嵐と雹をもって爆発した。私はたぐいようのない跳躍を感じた。そして私は、われわれが自然をよく理解するのは、われわれがわれわれの憂慮と困窮の中から自然のふところに逃げ出して行かなければならなくなった時だということを、正しく認識した。しかし私にとって人間とその不安な意欲は何であったか！ 私にとって永遠の《汝すべし》と《汝すべからず》は何であったか！ 電光、嵐、雹はどんなにちがったもの、倫理のない自由な力、であるか！ それらはどんなに幸福な、どんなに力強いもの、知性による曇りのない、純粋な意志であるか！」(『書簡集』**一**・二五。二十年後の『意志』の中のアフォリズム三三二以下を参照せよ。)

(四〇) それについてはレーヴィット『ヘーゲルからニーチェへ』第三版一九五四年を見よ。

(四一) 『未来の哲学の諸原理』原理二一。グリューン(K. Grün)編『往復書簡と遺稿』**一**・四〇七以下。

(四二) 『学問』三五七。

(四三) **一五**・七〇。

(四四) 古代の没落については『人間的』**一**・一四一、『曙光』七一、『反キリスト』五八以下および更に Bruno *Bauer* „Christus und die Caesaren", Berlin 1877 を参照せよ。

(四五) **一〇**・三四三以下。

(四六) K. *Hecker*, Mensch und Masse, 1933 を参照せよ——そこでは「変化」への傾向がヘーゲル以後の青年ドイツ派の著作全体における一般的な時代傾向として、特にインメルマン(K. Immermann)について明らかにされる。

(四七) **六**・六三以下および一〇五以下。**九**・七三、**一二**・二三〇および三五一を参照せよ。

(四八) **一五**・一一二および『反キリスト』一〇。

(四九) ラッソン編『現象学』(一九〇七年)四八三、『宗教哲学』(『全集』**一二**)二二八以下を参照せよ。

(五〇) 『全集』**一**・一五三。

(五一) **一五**・三四、三二三および三二八以下。

(五二) それについてはレーヴィット Heidegger, Denker in dürftiger Zeit, 1953, S. 92 ff. を参照せよ。

(五三) **六**・四五六。

(五四) 『曙光』九二。

(五五) **一〇**・二八九以下。**九**・一一二、二一一、**一〇**・四〇八を参照せよ。

(五六) 『曙光』第一巻の最後のアフォリズム「この印

において汝は勝つであろう」をも参照せよ。

(五七)　『学問』一二五。

(五八)　**一三**・三一六以下。

(五九)　「超人」および「神人」の概念の歴史については Ztschr. f. deutsche Wortforschung 1900, I, 1, S. 3 ff. および Hegel und Nietsche, Revue d'Histoire de la Philosophie, 3e a., fasc. 3, Paris 1929 とDostojevskij-Studien, Reichenberg 1931に出た D. *Tschizewskij* の言及を見よ。

(六〇)　**六**・一一五および四一八。

(六一)　ブルクハルトによるニーチェの性格描写を参照せよ――『書簡集』**三**・一七四、一八〇および一八六。

(六二)　**一四**・二六二。**一二**・四一七以下を参照せよ。

(六三)　**六**・三八八、四〇六、四一八。

(六四)　**六**・四三および三一五。

(六五)　それについては A. *Gide*, Jahrbuch der Nietzsche-Gesellschaft, „Ariadne" 1925 および R. *Guardinis* Dostojewskibuch : „Der Mensch und der Glaube", Leipzig 1933 を見よ。

(六六)　**六**・三八七。

(六七)　**六**・一二七および『学問』二七四を参照せよ。

(六八)　『系譜』**三**・二八。

(六九)　*Dühring* „Der Wert des Lebens" に関するニーチェの批評を参照せよ――**一〇**・四九二以下。

(七〇)　**一五**・六一。更に J. *Burckhardt*, Griech. Kulturgeschichte, herausg. von Oeri, 4. Aufl. Bd. II, S. 349 ff. : „Zur Gesamtbilanz des griechischen Lebens" を参照せよ。

(七一)　『学問』三五七。

(七二)　**一三**・三六三。

(七三)　それについてはディオニュソス頌歌に属する断片第五〇と、『系譜』**三**・二七と、「神への信仰における虚偽」をみずからに禁ずる「真実への意志」の残余に関する『彼岸』二二七を参照せよ。

(七四)　『学問』三四七。

(七五)　**一五**・三二五を見よ。

(七六)　**一四**・三一九、**一六**・八四。

(七七)　**一四**・二〇二以下および**一五**・一五六。

(七八)　ペシミズムと実証主義とニヒリズムとの内的連関に関しては特に**一四**・三四一、**一五**・一四七以下、一六二、一六七および一九四以下、**一六**・四四八を見よ。『学問』三四七、『曙光』四七七、**六**・三六一、およびディオニュソス頌歌に属する断片第四八を参照せよ。

(七九) **六**・二五一。氷雪を融かす風の象徴については**六**・五五および二九四を見よ。『学問』序文と三七七、**一三**・三四、**一五**・六〇および一八八を参照せよ。

(八〇) **一五**・一四一以下、一五五および『系譜』**三**・二七。

(八一) 『意志』序文。

(八二) **一五**・一六〇以下。

(八三) 『系譜』**三**・一および二八。

(八四) 『彼岸』五五、『反キリスト』七および一八。**一五**・三二三を参照せよ。

(八五) **一五**・一四二および『学問』一二五。

(八六) **一四**・二〇八以下。

(八七) **六**・六五、『学問』三四七を参照せよ。

(八八) **一五**・一五三。

(八九) 『彼岸』五六。

(九〇) **一六**・三八一。

(九一) **一六**・三八〇以下。

(九二) それについてはG. *Naumann*, Zarathustra-Kommentar 1899—1901, 4. Teil, S. 179 ff. を見よ。ろばの崇拝はキリスト教会に反対する後期の異教の得意の主題であった。更にP. *Labriolle*, La Réaction païenne, Paris 1934, S. 193 ff. およびW. *Otto*, Dionysos, 1934, S. 158を参照せよ。もしかするとニーチェがそのパロディーを書く時*Lichtenberg*のろば祭への言及を知っていたかも知れない——『全集』（一八〇二年）**四**・五三七（一八四四、**五**・三二六）。

(九三) **一〇**・三九六。『書簡集』**四**・二四七および三四八を参照せよ。

(九四) 本書「付録」を見よ。

(九五) **一六**・四二一—四三六。『権力への意志』を「一切の価値の顚倒」として、それの基準となる永遠回帰の哲学の中へ組み入れることについては、**一五**・一〇二、**一六**・四一四以下、四三五以下および四七四を見よ。

(九六) **一六**・四二二。

(九七) **六**・二〇三以下および二一〇、**一五**・八〇、**一六**・五一五および四〇一以下。

(九八) **一五**・一八二。

(九九) **一六**・四二二、**一二**・四〇六。

(100) **一六**・四一五。

(101) 『系譜』**二**・一四。

(一〇二) 『書簡集』**四**・一七八以下を参照せよ。

(一〇三) **一二**・四一九。

(一〇四) 『意志』アフォリズム二五を参照せよ。

(一〇五) **六**・二二六。

(一〇六) **六**・三一五。

(一〇七) これに反して回帰の思想に対する「これまでの逃口上」を参照せよ――**一二**・三九八以下。

(一〇八) 『学問』三七〇。

(一〇九) 「近年の心理学的な芸当は、怖ろしい深淵の上を渡って下へ目を向けないこと、すなわち歩きながら見ないこと――つまり、危険に近づくと信じながら勇敢に危険を越えて行くということ、であった。」**一四**・三〇六。**六**・二二〇および**一二**・二二三ならびに『学問』二八七および詩『放浪者』を参照せよ。

(一一〇) **六**・二三〇および四六二。
(一一一) **六**・三一五。
(一一二) **六**・一〇。
(一一三) **一四**・三〇二、**一二**・六六。
(一一四) **一二**・四〇九。
(一一五) **一二**・三九七および四〇一。
(一一六) 『意志』アフォリズム一〇四一。
(一一七) 『ツァラトゥストラ』では、脈絡のない沢山の説話ではなく、匿された長い思想の鎖と一つの哲学的問題の表現が問題となっていることを、ニーチェはある手紙の中で、自分の作品を「指物師のように話すために」「うまく作られた」ものだと称している個所で、語っている(『書簡集』**四**・一七五以下)。
(一一八) 『オーフェルベックとの往復書簡』一九九、二一六、二四〇。
(一一九) **一五**・八五。
(一二〇) 一八八一年八月二十六日の草案、『書簡集』**四**・一六四および二一〇。
(一二一) **一二**・四一三。四〇九、四一二、四一八、**六**・一〇五以下を参照せよ。
(一二二) 『書簡集』**四**・一三三および一五三。
(一二三) 『書簡集』**四**・一四九。
(一二四) **一四**・四〇九。
(一二五) **一五**・一五。
(一二六) 『書簡集』**四**・一三二および一九九。
(一二七) **一五**・三および四九。
(一二八) 『オーフェルベックとの往復書簡』一九六、二一六、二二七以下、二三一、二四三。
(一二九) **六**・一二一。

(二三〇)　**一五**・九一。**六**・二七〇以下を参照せよ。

(二三一)　「俳優の問題」については『学問』三六一および**一五**・三五六を参照せよ。

(二三二)　それについてはクラーゲスの上掲書註四六を見よ。

(二三三)　『書簡集』**四**・七〇を見よ。同様な決定的な『瞬間』を他の人々の生活においても指摘しうるであろう――デカルトの一六一九年十一月十日の謎めいた開悟、パスカルの一六五四年十一月二十三日の記録、ルソーのヴァンセンヌへの途上における開悟の描写（一七六二年一月十二日マレルブあての手紙）、キェルケゴールの一八三八年五月の日記の記事。しかしニーチェを「動転さした」思想体験は、そのような比較によって、少しもより明瞭にはならない。それは、およそ説明されるとすれば、『ツァラトゥストラ』の思想連関から説明されなければならない。

(二三四)　『学問』三八二および『系譜』**二**・二四。

(二三五)　**六**・四六九。

(二三六)　**六**・四〇〇、四〇二、四六九。

(二三七)　**六**・二一五以下および二一八。

(二三八)　**六**・一四二、二七一。

(二三九)　『意志』アフォリズム一〇三二を参照せよ。

(二四〇)　J. *Kerner*, „Blätter von Prevorst" の中のある個所と物語との文学的連関は K. *Jung* によってはじめて発見され（„Zukunft" vom 25. II. 1905)、それから Möbius, Seillière, Andler によって叙述された。

(二四一)　単にページだけをあげているのは、この章では、『ツァラトゥストラ』のページを示す。

(二四二)　二四〇。詩『火の印』において、すなわち「人間」という病気からツァラトゥストラが快癒した後で、大地の底の火山の火が、答を有する者にとって疑問符として、静かな灼熱をもって燃え上りながら、黒い空の下で一つの「高所の火」に変化する。それについては詩『見よ、この人なり』および**一二**・三五二を参照せよ。

(二四三)　「第二の舞踊の歌」の始めを参照せよ。

(二四四)　一九七。

(二四五)　一九九および四七四――そこでは同様に、しかし逆の根拠から、もはや「何の時間も」存在しない。

(二四六)　二〇一。

(二四七)　アンドレールの解釈**六**・二六を参照せよ――しかし、それは私の意見によれば持ちこたえられない。

(一四八) 一〇および四二。

(一四九) 四五および六三以下。

(一五〇) それに反して、『反キリスト』二五を参照せよ。

(一五一) 二一五以下。

(一五二) 三三一以下。

(一五三) **一二**・二九五――「英雄的精神は自己没落へのよき意志である。」

(一五四) 二一八および**一二**・四〇二以下。

(一五五) 一〇五以下。諸草案**一四**・二七七以下を参照せよ。

(一五六) それについては『書簡集』**四**・一六九を参照せよ。

(一五七) 二二九以下、二四一。二八一以下を参照せよ。

(一五八) 二六九以下。

(一五九) 二六九以下。

(一六〇) 二一〇。『書簡集』**四**・三〇〇を参照せよ。

(一六一) 「私が言いようもないほど重要だと考えないような目標がなかったら、私は私自身を、高く光の中に、そして黒い大水の上方に、保ってはいなかったであろう。このことが、実は私が一八七六年以来作って来た種類の著作のためにする私の唯一の弁明である。それは私の処方であり、生の倦怠に対する私の手製の薬剤である。何という年月であろう！ 何という永い苦痛であろう！ 何という内的な障害、顛覆、孤立であろう！」『書簡集』**二**・五六六。『書簡集』**四**・三四八および**一**・四四五参照――「私の生存は恐ろしい重荷である。もし私が、精神的倫理的領域において、苦難とほとんど絶対的な諦念のこの状態においてかえって、きわめて示唆に富む試験と実験を行なうのでなかったら、私はその重荷をとうの昔に投げ出していたであろう……」

(一六二) 二二九および更にディオニュソス頌歌に属する断片第七一。**一二**・三九九を参照せよ。

(一六三) 二三〇、四二〇。

(一六四) 二三一。

(一六五) 二三二。四六五を参照せよ。

(一六六) 二〇六以下、二四〇以下、二九〇以下。更に一七、一二五、二一〇、三一二、三六四。

(一六七) 三一四および三一八以下。「人間に対する大きな倦厭――それが私の首を絞め、私ののどへ這いこんだ。そして予言者が予言したこと――《すべてがどうでもいいことだ。何ごともむだである。知識は人の首を絞める》」。『書簡集』**四**・三二九を参照せよ。
(一六八)　一二四。
(一六九)　『人間的』**二**・四〇八。
(一七〇)　一二五。
(一七一)　ここから先は本来の思想の継続が時々停滞と中絶をこおむる。そして「快癒者」の章でようやく再び取り上げられる。**一四**・二九一を参照せよ——それによると、一度は、「意に反する至福」の章を快癒の章のすぐ後につづかせる計画が成立したのである。
(一七二)　二三七。
(一七三)　二〇〇および二三八。
(一七四)　二三八および二四二以下。
(一七五)　二八〇、二八七。
(一七六)　二三九。
(一七七)　『彼岸』の末段の歌を参照せよ。
(一七八)　二五二、二八〇、三一四。
(一七九)　二八九。
(一八〇)　三〇一。
(一八一)　同名の詩を参照せよ。
(一八二)　三一七。
(一八三)　**一二**・四〇八。
(一八四)　三二二。
(一八五)　三二七およびその詩の第三の部分——「太陽は沈む」。詩『神秘な小舟』を参照せよ——そこでは永遠性の同じ小舟がまだ救済されず謎めいて「黒い淵」の上に休らっているが、それが「第二の舞踏の歌」の中では、夜の水上に揺れ動く小舟としてきらめき、永遠回帰の比喩として、「沈み」ながらかえって生の神聖な水を「飲み」、そして「再び目くばせする」。ディオニュソスの聖なる植物としてのぶどうについては、W. *Otto*, Dionysos, a. a. O. S. 133 ff. を参照せよ。
(一八六)　三三四以下。
(一八七)　三三二以下および四六一以下。
(一八八)　『見よ、この人なり』の結びのために計画されていた詩『名声と永遠』を見よ。ヘラクレイトスについての諸断片に見られるその思想のもっとも早期の形を参照せよ——**一〇**・四六。
(一八九)　**一四**・二六七を参照せよ——「われわれは——実在とひとしく——週期的な存在になろうとしなければならない」——すなわち、世界の自然的生物の〔実在とひとしく〕。
(一九〇)　詩『最後の意志』(遺言)を見よ。

(一九一) 一二五、三〇一。

(一九二) 四二三。

(一九三) 一二五。

(一九四) 一一二および三一二以下。

(一九五) 『名声と永遠』の最後の部分を見よ。『見よ』**一五・四五**を参照せよ。

(一九六) 三一三。

(一九七) 二四三。

(一九八) 一二五。三五を参照せよ。

(一九九) 三〇五。

(二〇〇) 二九五以下。

(二〇一) 二〇六以下。『見よ』の中でこの個所がくりかえされる。一一三、一四四以下、二九〇および**一六・**二〇一を参照せよ。本書の以下につづく解釈と違った解釈をハイデッゲルは(Was heisst Denken, S. 33 ff.; Vorträge und Aufsätze, S. 110 ff.)「復讐」についてほどこしている。その中でハイデッゲルは〔ニーチェの〕言ったことから抜け出し、離れて行く。

(二〇二) 「かれの実在のため、またかれのしかじかの存在のために、みずから自由に選択しつつ自己を考える無意味な思想。背景——私のような自分自身を軽蔑する人間をその発生中に妨げているような生物が存在しなければならないという要求。自己を神に対する反対証明と感じること。」**一六・**四〇九および**一四・**二一九。なかんずく**一六・**二〇一以下、『系譜』**二・**二〇および『偶像』四大誤謬、七および八を参照せよ。

(二〇二ノ二) 一東洋人、日本人夏目漱石は、ツァラトゥストラの逆に意欲することによる「救済」について、「かつて一人の人間によって表明された最大の無意味」と、本の余白に書き入れをしている。そして、自由そのものたる必然性の命題(二八九)については、次のように書いている——「これは多くの禅僧や儒者が達成しようと努力した実際上の最終目的である。しかしかれらは、かつていずれかのヨーロッパ人が到達したよりも、はるかに高い程度の完全性(すなわち完全な自由)に到達した。キリスト教徒は、そのような自由が存在するとは、夢みたことすらない。かれらの空想上の自己意識たるや、とどまるところを知らないかのように見える。」

(二〇三) 「一切が回帰するということは、生成の世界の存在の世界へのもっとも極端な接近である——省察の絶頂。」(『意志』アフォリズム六一七。) そして——「生成はあらゆる瞬間において正当化(是認)されて現われなければならない……。現在のものが未来のもののために、あるいは過去のものが現在のもののために正当化(是認)されることは絶対にいけない。」(『意志』アフォリズム七〇八。)

(二〇四) 二五〇および二二三。**一四**・二六九を参照せよ。

(二〇五) 古代のファートゥムと近代の運命の区別については、Th. *Haecker*, Vergil, 1931, S. 104 ff. を参照せよ。

(二〇六) **一四**・三三一。

(二〇七) **一五**・九六、**六**・三〇四。

(二〇八) 『名声と永遠』四。

(二〇九) **一五**・四八。ディオニュソス的なものの概念については、なかんずく、『悲劇』への序文四、**九**・八五以下、**一五**・六一以下、『学問』三七〇を見よ。

(二一〇) *Schelling*, Die Weltalter, Reclam Ausg. S. 68. 更に Nachlass-Ausg. M. Schröter, 1946, S. 217, 227 および『全集』I/IX, 235 を参照せよ。

(二一一) 『オーフェルベックとの往復書簡』四四八、四五一を参照せよ。

(二一二) **一五**・八二。

(二一三) 二四三。

(二一四) 二四一。

(二一五) 二九四以下。

(二一六) ディオニュソス頌歌に属する断片第二〇および五八を見よ。

(二一七) **一四**・三三一、**一二**・四〇八および回帰の教説の回帰にも関して——**六**・三二一。

(二一八) 『書簡集』**四**・一九九を参照せよ。

(二一九) 四三。

(二二〇) 『曙光』への序文第三および四節。

(二二一) **一四**・四〇三。

(二二二) 三五。

(二二三) 『見よ』への序文。

(二二四) **一六**・三八七。

(二二五) 『反キリスト』I.

(二二六) **一二**・三五七以下、**一六**・二八七。

(二二七) **一五**・四四三。**一五**・一八四以下を参照せよ。

(二二八) **六**・八七、二八八、三一一。

(二二九) **一二**・四〇六以下。

(二三〇) **一〇**・三六七以下、『反キリスト』三。

(二三一) 『偶像』「徘徊」四八および四九。

(二三二) **一〇**・三六六以下。

(二三三) **一六**・三九三。

（二三四） 一六・一〇〇。
（二三五） 一二・四二六。
（二三六） 一六・三九八。
（二三七） 一二・六六以下。
（二三八） 一二・三九八。
（二三九） 一二・六四。一〇・一八八を参照せよ。
（二四〇） 一二・六六以下。
（二四一） しかし正にこの未来への意志が等しいものの永遠回帰の教説によって抹消される。ニーチェは一八八八年ブランデスに次のように書いている——「すなわち、私は時々、自分が生きていることを忘れることが、よくある。一つの偶然、一つの問がこのごろ私に、私の中には正に生の一つの主要概念が、《未来》の概念が、抹消されていることを、思い出させた。私の前には何の希望も、希望の雲のひときれも無い！ ひとつの滑らかな平面！ なぜ私の七十歳の一日が今日の私の一日に正確に等しくあってはならないのか。——それは私が、美しい可能性に対してもはや目を開かないためには、あまりにも永く死のまぢかに生きて来た、ということであろうか。——しかし今では私は今日から明日のことだけ考え……その先の日は考えないことにしていることは、確かである！ それは不合理で非実際的で、おそらく非キリスト教的でも、あるであろう——かの山上の垂訓者は正にこの「あくる日」の心配というものを禁じた——しかし私にはそれがきわめて哲学的だと思われる。」（『書簡集』三・三〇七以下。）
（二四二） G. *Simmel*, a. a. O. S. 251 ff. を見よ。
（二四三） 一二・六四以下。
（二四四） 一二・六二。
（二四五） 一六・三九八。
（二四六） 一二・五三および五七、一五・六三および一八二、一六・三九七、『学問』三三五。
（二四七） 一六・三九九。
（二四八） 六・二七四を参照せよ。
（二四九） 一二・五一。
（二五〇） 一六・三九六以下。一二・五七および六〇、一六・一三〇以下、一六七以下を参照せよ。
（二五一） 一六・四〇一。
（二五二） 一六・四〇〇以下。一二・六二以下を参照せよ。
（二五三） 一二・六三。
（二五四） 一六・一六八。
（二五五） 一二・六一。ニーチェの数学的な根拠づけの試みについては、カントの純粋理性批判のアンティノミーの第一命題における論証、ならびにそれに対するショーペンハウエルの批判——『意志と表象としての世界』一・五八六以下、および O. *Becker*, „Nietzsches Beweise für seine Lehre von der ewigen Wiederkunft", in: Blätter für deutsche Philosophie 9. Bd., H. 4, 1936 を参照せよ。

(二五六) **一六**・四〇一以下。それとともに、ヘラクレイトス的世界観の名のもとに行なったディオニュソス的世界観の最初の表現を参照せよ——**一〇**・三〇以下および**一九**・一六七以下。

(二五七) **六**・一六五以下、八四以下。

(二五八) **六**・三三一。**一二**・三九二を参照せよ。

(二五九) O. *Becker*, Mathematische Existenz, Halle 1927, S. 664 ff. u. 757 ff. を参照せよ。

(二六〇) 『人間的』IIへの序文。

(二六一) **一二**・二二一。『書簡集』**四**・一七六を参照せよ——「ほとんどすべての私の著作の中に《自分自身の上に高められて》一度は現われる一つの像が——現実になっている——そして、あゝ、そのさい何が自分自身を意味すべきであるかを、あなたがご存じだったら！」更にクラーゲス上掲書第九および一四章、なかんずく二〇四ページを参照せよ——「要するに《ツァラトゥストラ》は《超》という関係語の熱狂的に不気味な解釈である。超充実、超善意、超時間、超性質、超豊富、超英雄、飲み過ぎ、それらは、あるいは新しく作られた、あるいはたえずくりかえして用いられる超のついた語の数例であり、そしてそれらはいずれも、もっぱら考えられている語——超克という語——の異なった形である。」

(二六二) 同書一七五以下。

(二六三) **一六**・四〇二。

(二六四) **一六**・五一五。もう一つのアフォリズムでは、再び・そして・もう一度・意欲することへのこの意志と、無への意志との関係が、それにおいては、一つの目——世界を見るのに十分に明かるい目——の中の世界の映像という象徴が、世界のかわりに無に向けられるということによって、明らかにされる（**一五**・一六二）。

(二六五) **一四**・二八二を参照せよ——「ツァラトゥストラは言う、《私は寒風の、電気の、高峯の、季節の変り目の喜びである》……と。」

(二六六) 『初期の著作集』ムザーリオン版**一**・四二七および**一九**・一七六を見よ。ニーチェがヘルムホルツの力の保存に関する論文をも知っていたか否かは、ニーチェ・アルヒーフの報告によれば、もはや確認することができない。『伝記』**二**・一三六を参照せよ。R. *Mayer* に関するニーチェの言表は、最大の期待から最大の幻滅にまで変化する。『書簡集』**四**・六〇註、六三、一〇二以下。P. *Gast* の『ニーチェあて書簡』**一**・一二二、一六三、一七二、一七四、一七九、二〇二、二四三、二四五を参照せよ。また**一二**・四三二(一〇五番への註)と、更に *Andler* の上掲書**四**・二五四以下を見よ。アンドレールがあげている Abel *Rey* の „Le retour éternel et la philosophie de la physique“ 1927 という本は、私に入手できなかった。ニーチェの自然哲学のもっとも詳細な叙述をしているのは A. *Mittasch*, Nietzsche als Naturphilosoph, 1952 である。

(二六七) この用語は P. J. *Möbius* によって作られた。かれはまた、ニーチェが自然科学を信じたことが何を意味するかを、自然科学者として、おおまかながら明瞭な形において見た唯一の人である――「絶対的物理学の悲惨を抜きにして、ニーチェの運命は理解せられない。ニーチェは、自然科学のことはもちろん何も知らないが、そのためかえって《著名な自然科学者》の発言に対して非常な敬意を払っている多くの人々と同様な目に会ったように思われる。かれらは他にはおよそ何ごとも信じないが、近代科学の代表者の言となると、そのまま信じる。ニーチェもまたその前に身を屈し、それから《形而上学などは存在しない！》と叫んだ……」「初めはニーチェは青春溌剌の気と、ヴァークネルおよびショーペンハウエルに対する、また新しい文化運動に対する感激とによって、その寂寞を乗り越えた。しかしかれは、それらの理想に迷って来た時、自分自身を無意味な世界の中に見いだし、心を硬わばらせ、《神は死んでいる。一切は無意味だ！》と叫んだ。そして今度はかれは一切の価値の顛倒者になろうとした。しかし実際にかれの口から出るのは絶望である。かれは絶望に追いまわされ、そのあげく形而上学のみすぼらしい代用物――超人と永遠回帰――を作り上げた。」

(二六八) そのように移し返えすことを目ざしてニーチェは「人間の自然化」の必要(**一五**・二二八)と「道徳の自然化」ということを言っている。

(二六九) **一〇**・一八九。**一六**・三以下を参照せよ。

(二七〇) **一二**・四八。

(二七一)　**九**・一三〇以下、**一九**・一八九以下、『初期の著作集』三四。**一二**・三九一以下を参照せよ。

(二七二)　**一六**・三八六以下を見よ――「ディオニュソス的という語で次のようなことが言いあらわされる――統一性への衝迫、個人・日常・社会・現実・消滅の深淵の乗り超え、より暗い・より充実した・より浮動的な状態への苦痛にみちた情熱的な溢れ出し、あらゆる転変において等しいもの・等しく強力なもの・等しく至福なものとしての生の全体性格に対する狂喜せる否定、生のもっとも恐ろしくもっとも疑わしい特性をも是認し崇拝する大いなる汎神論的共歓と共苦、生殖と多産と回帰への永遠なる意志、創造と破壊の必然性の統一感情。」伝統的な汎神論からの区分については**一五**・一八二以下および四四二を参照せよ。

(二七三)　**六**・一五六以下および三三一ならびに一五一および三六四、『人間的』**一**・一〇九および『書簡集』**一**・三六〇を参照せよ――「私が思うに、認識しようと意欲することは、生の意志の最後の意志として、意欲することともはや意欲しないこととの中間領域として残るであろう……」

(二七四)　『曙光』四二三および四二六。

(二七五)　**一六**・四一七。**一五**・一四六以下を参照せよ。

(二七六)　それについては G. *Teichmüller*, Die wirkliche und scheinbare Welt, Breslau 1882 および更に *Andler*, a. a. O. Bd. II, S. 118 ff. を参照せよ。

(二七七)　**一五**・一二二を参照せよ。

(二七八)　アンドレーアス・サロメ上掲書一六五以下を参照せよ。

(二七九)　**九**・一九一。

(二八〇)　**一三**・七七および二二八。

(二八一)　**一二**・三六一。

(二八二)　**一〇**・一七二以下、**一三**・七六、**一六**・一〇〇。

(二八三)　**一二**・三六一。

(二八四)　**六**・四〇二。

(二八五)　『曙光』五七五。

(二八六)　**六**・一二三、三五二。

(二八七)　ポーダハにおけるブルクハルトにあてたニーチェの最後の手紙を見よ(上掲書)。

(二八八)　詩『もっとも富める者の貧しさについて』を参照せよ。

(二八九)　三二二。

(二九〇)　三五および三四七。

(二九一)　『放浪者と影』三〇八。ガストあて一八七九年九月十一日の手紙を参照せよ。

(二九二) 次のことについては F. *Bollnow*, Das Wesen der Stimmungen, 1943, S. 195 ff.; K. *Schlechta*, Nietzsches grosser Mittag, 1954, S. 66 f. を見よ。

(二九三) シュレヒタ同書三二。

(二九四) シュレヒタ同書四七以下、五四。

(二九五) 三二二。

(二九六) 本訳書六七ページ以下を見よ。

(二九七) ストリンドベリあて一八八八年十二月七日付およびガストあて一八八八年十二月九日付の書簡。

(二九八) 本訳書二四九ページ以下を見よ。

(二九九) 本訳書七七ページ以下、シュレヒタ同書一六以下を見よ。

(三〇〇) 『彼岸』末尾の歌。

第四章 近代性の尖端における古代の反キリスト教的反復

(一) 「それは殉教に関してはひとつの差異ではない——ただ殉教はもう一つの意味をもっている。生そのもの、その永遠の生産性と回帰とは、破棄への意志と破壊と苦痛とを制約する。他の場合には、苦難・《無垢な者としての十字架にかけられた者》は、この生に対する異議として・それの有罪宣告の方式として考えられている。その問題は苦難の意味の問題であるが、それがキリスト教的な意味か悲劇的な意味かということを、人は推しあてる。前者の場合には、それは一つの聖なる存在への道であるはずであり、後者の場合には、存在は法外な苦しみをもなお正当化するのに十分に神聖だと考えられている。悲劇的人間はもっとも苛烈な苦難をもなお肯定する。かれはそれをするのに十分に神聖化する者であり、十分に強く、充実している。キリスト教的人間は地上におけるもっとも幸福な運命をもなお否定する。かれは、どんな形式においてもなお生に苦しむのに十分に弱く、貧しく、無一物である。十字架にかかった神は、生への呪いであり、自己を生から救うべき暗示である。——切り刻まれたディオニュソスは生の一つの約束であり、かれは永遠に再生し、破壊の中から帰って来るであろう。」(**一六**・三九一以下。)

(二) **一五**・一一六以下、『反キリスト』一。

(三) **一五**・一二五以下。

(四) **一五**・三。

(五) **一五**・六五。

(六)　**一五**・六五以下。

(七)　『学問』への序文、『書簡集』**四**・二七〇。

(八)　『バイロイトにおけるヴァーグネル』第四節。ニーチェが再生した一片の古代をその中に見た特定の人物は、ナポレオンである。ナポレオンの歴史的な任務として、かれはヨーロッパ諸民族の結合による世界の単一化を見た。それについては**一五**・一一一およびベルトラムにおけるナポレオンの章(上掲書二〇一以下)を参照せよ。

(九)　「《ニーベルンゲンの指環》は、思想の概念的形式をもたない一つのおそるべき思想体系である。哲学者ならばおそらく、まったく対応するものを、そして形象も行為もなく単に概念だけでわれわれに向かって、語るようなものを、それと並べて置くことができるであろう。すると人は同一のものを二つの違った領域において表現したことになるであろう。……」(『バイロイトにおけるヴァーグネル』第九節。)

(一〇)　**一五**・四四四ページ以下。それについてはヘーゲル『全集』**一三**・一七二以下を参照せよ。**一〇**・九六を参照せよ。

(一一)　『偶像』「私が古代人に負うているもの」四および「反自然としての道徳」。

(一二)　一六・三八八以下――「精神は感覚の中にあってその処を得ておちつくように。感覚が精神の中にあってその処を得ておちつく。そしておよそ精神の中で行なわれることすべては、感覚においてもある微妙な並々ならぬ幸福とたわむれを呼び起こすはずである。そしてその逆も同様である。……そのような完全な・よく出来た人間においては、最後に、どんなに感性的な行為も、最高の精神性の比喩の陶酔によって浄化されるものらしく思われる。かれらは自分において一種の肉体の神聖化を感じ、《神は精神(聖霊)である》という命題の禁欲者哲学からもっとも距たっている。……人間が自分自身を感じ、自分をまったく自然の自己弁明および神聖化された形式と感じるような喜びの高さから、下って健康な農夫や健康な半人間・動物の喜びに至るまでの、この長い、幸福のおそるべき光と色のスケール全体を、ギリシャ人は、秘密に参入しえた人間の感謝にみちた戦慄を、そして多くの用心と敬虔な寡黙をもって、ディオニュソスという神の名で呼んだ。》**九**・一三一以下。エンペードクレス断章の中の次のような諸断片を参照せよ――『自然としての女性』――『エンペードクレスは自然の前に戦慄する』――『かれはディオニュソス神として尊敬される』――『ディオニュソスはアリアドネから逃げるか』。

(一三) **一六**・三九〇。

(一四) ディオニュソス崇拝の東邦発生をとう歴史的文献学的問題については *Schelling*, S. W. I, 9, S. 328 ff. および最近では W. *Otto*, „Dionysos", a. a. O. S. 51 ff. を参照せよ。

(一五) 『曙光』九六。

(一六) 『学問』三四七、『反キリスト』二二、二三、四二、五一。

(一七) **一五**・三二五および一八六。『学問』一三一を参照せよ。

(一八) **一五**・三〇四。三一八を参照せよ。

(一九) **一五**・一六二。

(二〇) **一五**・一八二。

(二一) **一五**・一八五。

(二二) **一六**・三九〇。

(二三) **一六**・三三九。更に『火の印』の最後の句、および更にディオニュソス頌歌に属する第十二の断片を参照せよ。

(二四) それについてはアンドレーアス・サロメの上掲書一三七および二二八、アンドレール**四**・二四四以下を参照せよ。

(二五) 『学問』一五二。**六**・四四および更にブルクハルト『ギリシャ文化史』J. Oeri 編第四版**二**・二七九を参照せよ。

(二六) **一九**・一六七以下、**一〇**・三〇以下。更に J. J. *Ruedorffer*, Nietzsche und die Philosophie im tragischen Zeitalter der Griechen, in dem Sammelband: Vom Schicksal des deutschen Geistes, Berlin, Die Runde, 1934 を参照せよ。

(二七) ニーチェのヘラクレイトス解釈については K. *Reinhardt*, Parmenides und die Geschichte der griechischen Philosophie, Bonn 1916 および L. *Binswanger*, Heraklits Auffassung des Menschen, Die Antike XI, S. 1 ff. を見よ。等しいものの永遠回帰に関する古代的世界観のためのすぐれた文献はヘラクレイトス(断片三〇および三一、ならびに五一、六三、六七、八八)、エンペードクレス(断片一一五)。プラトンのほとんどすべての神話、特に『ファイドロス』中のエロスの神話ならびにポリティコスの神話、アリストテレスの『形而上学』第一二巻第八章、およびニーチェの文献学関係のものにおいて再三言及されたアリストテレス門下のエウデム *Eudem*(この人は等しいものの永遠回帰を数学的天文学的に把握した)、およびストア派たとえばネメシウス *Nemesius*, De nat. hom. 38, 147 を見よ。——更に A. *Tilgher*, La visione greca della vita, 2. Aufl. Rom 1926; *Zeller*, Philosophie der Griechen; *Gomperz*, Griechische Denker, insbes. I, S. 112 f. u. 434; W. *Jaeger*, Aristoteles, S. 131 ff. を参照せよ。

(二八) **一〇**・四五以下。

(二九) **一九**・一七三以下。

(三〇) **一五**・六五。

(三一) **一〇**・三四以下および **一九**・一七八以下。これに反して、ボイムレル上掲書五九以下を参照せよ。

(三二) **一〇**・四一。

(三三) **一〇**・四二以下。

(三四) **一九**・一八八。

(三五) 『公子フォーゲルフライの歌』——「ゲーテに寄せて」。

第五章 永遠回帰の思想における「いかにして人は現在あるものになるか」

(一) 『初期の著作集』ムザーリオン版 **一**・六〇。伝記(小さな版) **一**・九八以下および „Der werdende Nietzsche", S. 131 ff. を参照せよ。両論文についてはショーペンハウエルの論文 „Transzendente Spekulation über die anscheinende Absichtlichkeit im Schicksal des Einzelnen"(レクラム版 **四**・二二九)およびR・W・エマソンのエッセイ『運命』(これは一八六二年にドイツ語訳で出た)を参照せよ。更に H. *Heimsoeth*, „Metaphysische Voraussetzungen und Antriebe in Nietzsches Immoralismus", 1955, S. 40 ff. を見よ。——一八六三年の自伝的なスケッチは一九三六年にはじめて発表された。

(二) 『書簡集』 **四**・一八六以下を参照せよ。

(三) それについては同時期のディルタイの試み——自然科学と歴史から「現実」の哲学を獲得しようとする試み——を参照せよ。ディルタイのニーチェ評価については『著作集』 **四**・五二八、 **五**・三七〇以下、**八**・一六二・二二四、『ヨルク・フォン・ヴァルテンブルク York von Wartenburg との往復書簡』二三八を見よ。

(四) 本訳書一二一ページを見よ。

(五) ムザーリオン版**一**・六七以下。——二十六年後に——「おのおの個々の人間はまだ発展の線全体であり(そして、道徳がかれを把握するように、出生とともに始まるある物であるだけではない)」〔と言っていること」を参照せよ。

(六) **一五**・一八三を参照せよ。

(七) Francis Thompson の詩 ,,The Hound of Heaven" を参照せよ。神の刑吏的性格に関するニーチェ自身の解釈については『系譜』II, §22 を見よ。

(八) それについては K. *Reinhardt*, Nietzsches Klage der Ariadne, 1936 を見よ。

(九) **九**・三〇二、三一八、四〇八。三〇〇、三五七、三七七、四一七を参照せよ。

(一〇) **一**・二八三以下。

(一一) ディオニュソス頌歌の断片六七番。一八八七年の一つの序文の断片(**一四**・四一九)を参照せよ——そこでは「もっとも深い思念」の状態が忘却の状態になっている。

(一二) **一**・二八五。

(一三) **一**・二九二。

(一四) **一**・二九八。

(一五) **一**・三七九。

第六章　近世哲学の歴史における、人間の現存在と世界の存在とのあいだの問題的な連関

(一) 「今や精神はかれの意志を欲し、世界喪失者はかれの世界を獲得する」(**六**・三五)。

(二) A. *Koyré*, Entretiens sur Descartes, 1944.

(三) **一三**・五五。

(四) **一六**・四五。

(五) **一三**・三〇七および三〇八。

(六) **一三**・三一一。

(七) **一五**・四六六および**一三**・九。

(八) **一六**・四五三(本文では *aus* が誤って ,,und" となっている。)

(九) ニーチェの批判**一四**・四以下、**一六**・一一三を参照せよ。

(一〇) **六**・一一。

(一一) **一四**・三二六。これについては、キェルケゴールが、無の前で有に至らんがために、デカルトの理論的な懐疑を実存的な「絶望」に過激化したことを参照せよ。『著作集』**七**・四九以下および „Johannes Climacus oder De omnibus dubitandum est“, herausg. von W. Struve, 1948.
(一二) **一三**・五一以下およびディルタイ『ヨルク・フォン・ヴァルテンブルクとの往復書簡』一七八を参照せよ。
(一三) **一三**・五六。
(一四) **一四**・五。
(一五) **一四**・七。
(一六) **一三**・一〇。
(一七) これについては『曙光』への序文第三節にあるニーチェのカント批評を見よ。
(一八) カッシーレル**五**・一七四以下。
(一九) 以下一八二五年の版によって引用す。
(二〇) 二〇ページ。
(二一) 前掲書二三ページ以下。『意志』アフォリズム三三二を参照せよ。
(二二) 二五ページ以下。
(二三) 一二二ページ以下。
(二四) 一三八ページ以下。
(二五) ディルタイの外界の実在性に関する論文を参照せよ。
(二六) 一六二ページ以下。
(二七) 二五一ページ。
(二八) 二五四ページ。
(二九) シェリング『全集』**一**・七。
(三〇) 前掲書一〇八ページ以下。
(三一) レクラム版一五ページ以下。
(三二) 前掲書六二、一〇六、一一三ページ。
(三三) 前掲書一一〇ページ。
(三四) 前掲書二一五ページ。
(三五) 前掲書二二二ページ以下。
(三六) これについて、また以下については、本書の著者による『ヘーゲルからニーチェへ』第三版一九五四年を見よ。
(三七) **一六**・四七以下。
(三八) 本訳書一二八ページ以下を見よ。
(三九) ニーチェとシュティルネルの類似点は、他の点では両者は天地の違いがあるので、破壊的衝動に関しては個々の表現に至るまで、一層目につく。A. *Lévy*, Stirner et Nietzsche, Paris 1904 およびアンドレール前掲書四・一六六以下を参照せよ。

(四〇) レクラム版一四ページ。

(四一) 二三ページ。

(四二) 三七ページ以下。

(四三) 五〇ページ以下。

(四四) 一一一ページ。

(四五) 一六五ページ。

(四六) 一八二ページ。

(四七) 二〇一ページ。

(四八) 四二三ページ。

(四九) 四二九ページ。

(五〇) 『人間的』二・三〇四。

第七章　等しいものの永遠の回帰と同一物の反復

(一) ヴァイニンゲル Weininger は一八八〇年ヴィーンに生まれ、一九〇三年みずから生命を断ったが、その前になおイタリア旅行において、「救われた喜び」にどうにかして到達しようと試みたのであった。『性と性格』(第三版一九〇四年)という早熟な著作——これの独創性は哲学的にはまだほとんど評価されていない——のほかに、かれの死後、日記と書簡(『手帖および一友人への書簡』一九二〇年、以下『手帖』と略記する)ならびに一連の論文(『最終の事物』一九〇七年)が出た。われわれの目的のためには、その中からなかんずく「時間の一義性」に関する論文が問題になり、さらに『性と性格』の中の第五章から第七章まで、特に一九三ページ、「論理」と「倫理」の関係についての個所、および人間の時間的存在に対する記憶の原理的意義に関する個所が考慮される。さらに第十三章、ユダヤ精神——それの自己否定はプロテスタンティズムに改宗した一ユダヤ人によってユダヤ的生存の自己批判の内部に依然として類いないものである——に関する章を参照せられたい。かれの尊敬は、ニーチェの生涯にわたる対決にとっても中心に立っていたのと同じ二つの精神的な勢力、すなわちキリストと……ヴァーグネルに対して、払われていた。

(二) 『最終の事物』八一。

(三) 『性と性格』一七二以下。

(四) 『最終の事物』五五。

(五) 『最終の事物』六〇。

(六) 五四ページ、『ツァラトゥストラ』の「蒼白い犯罪者」の章の中の強盗殺人の解釈に対するヴァイニンゲルの批評を参照せよ。

（七）　『最終の事物』XXIIIページ。「無」の概念については『手帖』三一、三九および四八を参照せよ。

（八）　『最終の事物』五九。

（九）　『最終の事物』三一以下。

（一〇）　それについては六・一八および三五、ならびにディオニュソス頌歌第六七断片のほかに、『時代はずれの考察』第三篇の冒頭を参照せよ。

（一一）　「人間がどの程度に相違点ならびに類似点に注意することができるかということも、当然のことながら、人間の記憶に依存する。この能力がもっとも発達しているのは、その生活において過去全体がつねに現在の中にまで及んでいるような人々、生活の個々の契機がすべて融合して統一体となり、たがいに比較されるような人々においてである。そこで特にそんな人々こそが、比喩を――しかも正に肝腎な比較第三項（類似点）をもって――用いる機会にあう。じじつ、かれらはつねに過去のものの中から同じものを、つまり現在のものとのもっとも強い一致を示すものをつかみ出すであろう。そのさい、二つの体験、すなわち新しい体験と比較のために引き出される古い体験とは、かれらにおいては十分に分節されているので、どんな類似も相違もかれらの目にはかくされていない。そしてそれゆえかえって、とうに過ぎ去っていることも、最近何年かの影響に対して、みずからを主張することができたのである。それゆえに、きわめて長いあいだ、一人の詩人の美しくかつ完全な比喩と象徴の豊かさに、詩人の種族の特別な長所を見たのは、いわれのないことではなかった。……今日、ドイツが百五十年以来はじめて偉大な芸術家も偉大な思想家ももたなくなり、そのかわり、「書いた」ことのない人間がやがて一人も探し出せなくなりそうな今日、そんなことはすっかりすんでしまったものらしい。人はそんなものを求めない。求めたとて見つかりもしまい。定かならぬ光彩を放つ漠然とした気分の中にその本質がもっともよく表明されていると見る時代、いくとおりかの意味において意識されざるものになってしまった哲学をもつ時代は、真に偉大な人間はそこには生きていないということを、あまりにも明白に示している。じじつ、偉大さとは意識であり、それの前では無意識の霧は、太陽の光線を浴びたように消失する。誰かたった一人でもこの時代に意識を与えたとしたら、この時代が今日でも自慢にしている気分の芸術をすべて、どんなによろこんで投げ出すことだろうか！ ――過去のすべての体験が最大の強度で現在の体験の中に作用をおよぼす時の完全な意識においてはじめて、哲学的ならびに芸術的な創造の条件たる想像力が一つの場所を見いだすのである」（『性と性格』一五〇以下。一五六および一六〇以下を参照せよ）。

（一二） 『性と性格』一六七以下。

（一三） 『性と性格』一六二。

（一四） 『性と性格』一七三以下。

（一五） 『最終の事物』五二。更にシェーレル『人間における永遠なるものについて』一九二三年第一巻五ページ以下「悔悟と再生」に関する論文を参照せよ。

（一六） 『性と性格』二〇九を参照せよ。

（一七） 『最終の事物』五一。

（一八） 『性と性格』二一〇以下。

（一九） 『最終の事物』一〇九。

（二〇） 『最終の事物』九七。

（二一） 『最終の事物』一〇四。

（二二） ニーチェの「しかし私はそれがそうあるように欲した」が過去を別段「変じ」ようと欲するのではなく、過去がすでにあったと正確に同じく再びあることを欲するのであるということは、ヴァイニンゲルのモラリスト的な形而上学にとって理解しがたいことである。

（二三） 『最終の事物』一〇四以下。

（二四） 『最終の事物』一〇三。

（二五） 一〇三ページ註および六四。

（二六） 『最終の事物』一〇八。

（二七） 『最終の事物』一〇〇以下。

（二八） 『最終の事物』九八および『手帖』四二。

（二九） 『最終の事物』六四。

（三〇） 以下引用はドイツ版第三巻一九〇九年（『恐怖と戦慄、反復』）による。

（三一） 一九六ページ以下。

（三二） 一四四ページ。

（三三） 一一九ページ。

（三四） 一八〇ページ以下。

（三五） それについてはレーヴィット『キェルケゴールとニーチェ』前出三〇ページを参照せよ。

（三六） 一三六ページ。

（三七） 一七〇ページ。

（三八） 一五八ページ。

（三九） 一五九ページ。

(四〇) 一六〇ページ。

第八章 ニーチェの実験のための批判的規準

(一) 『アンティクリスト』五一。ヘーゲル『著作集』**一二**・二二四およびマルクス『全集』第一部**一**・一三三を参照せよ。

(二) ニーチェのこの表現は K. J. *Obenauer*, Friedr. Nietzsche der ekstatische Nihilist, 1924 という叙述の標題になっている。

(三) **一二**・三六一。

(四) **九**・一三〇。

(五) *Podach* „Gestalten um Nietzsche", 1932 の中の „Langbehn" の章を見よ。

(六) **一四**・三五九。

(七) **一四**・四一九。

(八) 『意志』アフォリズム七四九。

(九) 『時代』前出一四一。

(一〇) **一五**・一八六以下および『アンティクリスト』五四。

(一一) **一二**・三六六。

(一二) **六**・二九一。**一四**・二六五を参照せよ——「主要教訓——おのおのの段階において完全性と快感にまで到達し——跳躍しないこと！」

(一三) **一四**・二六三。

(一四) **一五**・五一および**一六**・三三九以下。

(一五) それについては**一〇**・二九二以下を見よ。

(一六) **一六**・二八三。

(一七) **一六**・三〇三および『アンティクリスト』五七。

(一八) 『人間的』**二**・二三〇。

(一九) **一五**・一二以下。

(二〇) **六**・四二六および『アンティクリスト』五七。

(二一) 「シルス・マリーア」と題された「ポルトフィーノ」の詩を参照せよ——

ここに私は坐っていた。待ちながら、待ちながら
——しかし何を待つのでもなく。善と悪の彼岸で、
あるいは光を
あるいは影を楽しみながら。まったくほんの戯れ、
まったく海、まったく正午、まったく目標のない
時間。
そこで突然、友よ、一つが二つになった——
——そしてツァラトゥストラが私の傍を通り過ぎ

た。

(二二) **六**・四〇〇以下。『書簡集』**四**・三〇五を参照せよ。

(二三) **一二**・三六一、**六**・一五、一八、二四。三三四、四二一を参照せよ。

(二四) 詩『アリアドネの歎き』の結びを見よ。稲妻の象徴については詩「いつか告知すべき多くのものをもつ人」、「かさまつと稲妻」、「名声と永遠」を参照せよ。

(二五) 『系譜』III, §13、**一二**・三、三六〇、**一三**・二七六、**一五**・三四七、三七一を参照せよ。ニーチェが人間と動物をその確定されてある度合によって区別することは、(**七**・八八、四三一、**一三**・二七六、**一四**・六六以下)人間と動物が元来その本質を同じくするのだということを、前提している。この生物学的自然主義は、もしニーチェが人間と動物をこのようにして比較区別すると同時に、人間的実在と自然的世界の存在との関係全体をとう決定的な問題を設定するのでなかったとしたら、その哲学的意義がなくなるであろう。人間がまったく自然的世界の性格に属するのだというかれの主張が与える不快感を意識しながら、ニーチェは、人間が「粉飾も比喩も抜きにして」他の動物と並んで一種の動物である(**七**・一三五)、なぜならばおよそ人間は、全体としてすべての特殊なものを規定する一つの世界に属しているから、ということをかれの「新しい認識」だと言っている。ニーチェがしばしば人間を独特な動物と呼んでいることは、人間を「理性的」動物とする伝統的規定を思わせるものではなくて、人間を単にその中の一つの場合とする「生命の一つの全体的性格」を示すものである。人間は他のすべての動物よりも「より面白い」動物である。それは「危険にさらされた」ものであり、「危険な」ものである。「勇敢な」かつ「残忍な」、しかしまた自分自身に「なやんでいる」、「しつけのわるい」動物である。それは「多様な、人為的な、不透明な」動物であり「飼い馴らされた」しかしまた一種の「猛獣」でもあり、「笑う」動物、「泣く」動物であり、「動物以下のもの」、「動物以上のもの」である。それは有機的な生物なので、植物や動物と同様に、世界を、それに自分が接しうるかぎり、自分の世界に組織した。——きわめて深いところで動物と親縁のあるこの人間はかつて最高の神的な権威、かれにかれが何であるかを言い、かれにかれが何であるべきかを命じた権威によって、確定されていた。これまで人間本性を高め規定していたこの権威の脱落とともに、人間は神と動物のあいだのかれの確乎たる位置を失う。かれは今やかれ自身の意志によって立ち、超人への上昇と畜群的人間への下落の可能性の前にいる。現在の人類の一般的に支配するに至った傾向は、人間を平均し確定化する傾向である。確定は一種の等置として行なわれる。「種属の合目的性」の支配の下では、目標は、「大抵の動物の種属に関してすでに起こってしまっていると同じく一様に、かつ確定されたものに人間をすること」(一二・一二〇)である。これに反してニーチェ・ツァラトゥストラは、かつては求めるところの多い高い意味において確定されていた人間、そして今や平均の意味において確定される人間の「超克」を欲する。自己超克へのこの道の象徴は、人間という「橋」をツァラトゥストラが降り、渡り、超えて行くことであり、あるいは綱渡師である。それゆえ、人間がまだ確定されない動物であるということは、それをニーチェがツァラトゥストラの姿で「紹介する」ことによってはじめて確定しようとするということ(ハイデッゲル『思惟とは何か』二四以下および六六。『講演と論文』一〇六を参照せよ)を意味するのではなく、確定されたものになろうとする人間類型に対して超克への実験的意志を持ち出すことを意味する。その意志にとっては、ただ一つのことだけが、すなわち、神を離れた人間、したがって自分自身の足で立たされた人間は、地上の支配を始める能力をもつためには、自分自身に命令することができなければならないということだけが、確定したことである。かれは、自分がおよそ存在することを欲するか、そしてどのように自分が将来もなお存在することを欲するかを、自分自身に言うことができなければならない。かれが他のどんな動物よりも多くを欲し、多くをあえてするということ、したがって他のすべての動物をあわせたよりもおぼつかない、確定されないものであるということは、「人間」という謎めいた矛盾だらけの動物の独特な偉大さと危険に属することである。かれは、もし自分の目標を自分自身の向こうに投げ出すならば、前途に更に一つの未来をもっている。

(二六) 六・三八六、四一五、四一七。『彼岸』四三。

(二七) 『ヴァーグネルの場合』第三節。

(二八) 『オーフェルベックとの往復書簡』二七七。

(二九)　それについてはH. *Weichelt*, Also sprach Zarathustra, 1910, S. 225 ff.; シュレヒタ前掲書五四を見よ。

(三〇)　**六**・四三五以下、二八一。

(三一)　『彼岸』二四七。

(三二)　『時代』前出一〇三。

(三三)　『学問』三八〇。

(三四)　それについてはシェリング『時代』(遺稿版一九四六年)一九六および二五四ページを見よ。

(三五)　シェリング『アカデミックな研究の方法に関する講義集』(一八〇三年)一三八以下。本訳書一八八ページ以下を参照せよ。

(三六)　古代の「世界の永遠性について」の諸学説のためのもっとも重要な文献は、あやまって*Philo*のものとされた同じ標題の一つの論文である。

(三六ノ二)　『ツァラトゥストラ』の時代のあるノート(**一二**・五七)に曰く――「万有の円環過程を信じない人は、恣意的な神を信じなければならない――というように、私の省察は従来のすべて有神論的な省察と反対に制約される！」

(三七)　それについてはレーヴィット『自然と歴史』ノイエ・ルントシャウ一九五一年第一冊を見よ。

(三八)　**六**・一一三、二〇六、二九〇。

(三九)　**一二**・四〇五、**一四**・三〇一。

(四〇)　『学問』三四六。

(四一)　『学問』三五四、『意志』七〇七節。近代的な自意識の原理からの出発において、ニーチェにとって「無意識的なもの」の発見あるいは単なる「機能」としての意識の発見は、一切の生起における一つの自然の再発見への通路そのものになった。

(四二)　タイヒミュレル G. *Teichmüller* ――ニーチェはこの人の „Die wirkliche und die scheinbare Welt“ (1882)という本を知っていた――は、ギリシャ的な存在論からの出発において、「形而上学の新しい基礎」を近代的な主観性の立場に立って与えようとする試みを企てていた。ニーチェがかつて存在〔そのもの〕と存在するもの、存在と無、時間と空間と運動の存在論的な問題性に興味をもっていたとすれば、右の重要な著作が他の何ものにもましてかれにその動機を与えたに違いない。そのかわり、かれがそれを引合いに出すのは、ただ、それによって、「極端な抽象の基本形式」の単に「考え出された」性格を打ち固め、また「真の」世界をもって「見かけの」世界を取り除こうとするためである。(**一六**・

六六以下)「存在」という言説は、おのおのの命題において、あるものがこうこうで「ある」ということを申し立てる言語の説得力に基づくにすぎない〔という〕。(『偶像』――「哲学における《理性》」)。

(四三) 『意志』五八一節および五八二節。

(四四) 『学問』三七〇。

(四五) 『意志』一一二節。

(四六) 『意志』三八節以下。

(四七) 『偶像』――「反自然としての道徳」第五。「四大誤謬」第八、『学問』一および三五七、『意志』七〇八節および七一一節を参照せよ。

(四八) **一四**・二九三。

(四九) **一四**・三三一、**一二**・三九九、四〇八、**一三**・七三以下。

(五〇) これについてはR. *Pannwitz*, Einführung in Nietzsche, 1920 および Beiträge zu einer europäischen Kultur, 1954, S. 216 ff. を見よ。

(五一) **六**・一一四以下。

(五二) 十一年前にGersdorff あての一八七四年四月一日付のある手紙に次のように書いてあるのを参照せよ――「私の著作は大へん不明瞭で理解しにくいそうだ! 人が困窮について語る時、困窮の中にあるような人々はその人を理解するだろう、と私は考えた。それもまた確かである。しかし《困窮の中に》ある人々は、どこにいるのか。」

付録

(一) Die Entwicklung des Nietzsche-Bildes in Deutschland. Bonner Diss. 1933.

(二) Nietzsche in seinen Werken, Wien 1894; Neudruck 1911; 3. Aufl. Dresden 1924.

(三) O. *Ewald*, Nietzsches Lehre in ihren Grundbegriffen. Die ewige Wiederkunft des Gleichen und der Sinn des Übermenschen, Berlin 1903.

(四) E. *Horneffer*, Nietzsches Lehre der ewigen Wiederkunft und deren bisherige Veröffentlichung, Leipzig 1900, S. 22 ff. 全集第十二巻の刊行者たるA・およびE・ホルネッフェルと一致してフェルステル・ニーチェ E. *Förster-Nietzsche* も、(Das Leben F. Nietzsches, Kl. Ausg. Bd. II, S. 137 ff.)、回帰説を主として教育的な思想として説明している。ニーチェの「自然学」と「倫理学」の内

的連関の問題は、そのいずれにおいても、まったく説明されないままであり、第十二巻刊行者によって、どちらかといえば「理論的な」表現様式とどちらかといえば「文学的な」表現様式という罪のない区別をもっておおいかくされている（**一二**・四二四を参照せよ）。

（五）　A. *Riehl*, F. Nietzsche, der Künstler und der Denker, 3. Aufl. 1901, S. 143 ff.

（六）　A. *Drews*, Nietzsches Philosophie, 1904, S. 323 ff.

（七）　R. M. *Meyer*, Nietzsche, sein Leben und sein Werk, 1913, S. 437 ff.

（八）　R. *Richter*, F. Nietzsche, 3. Aufl. 1917, S. 326 f. und 334 ff.

（九）　K. *Heckel*, Nietzsche, sein Leben und sein Werk, 1922, S. 150 ff.

（一〇）　Schopenhauer und Nietzsche, Leipzig 1907.

（一一）　Nietzsche, Versuch einer Mythologie, 1918.

（一二）　これについてはR. *Thiel*, Die Generation ohne Männer, 1932 に出ているゲオルゲの『第七輪』の中のニーチェをうたった詩の批判的分析を参照せよ。

（一三）　これに反して H. Landry, F. Nietzsche, 1931, S. 186 を参照せよ。

（一四）　ベルトラムの著書に対するアンドレールの判断を参照せよ――「ニーチェの著作を尊敬せずにニーチェをあまり偉くしようとするところに、いくらか逆説がある。」（第六巻 VIII ページ。）

（一五）　„Nietzsche, sa vie et sa pensée“ 特に**四**（一九二八年）・二二五以下および**六**（一九三一年）・六〇以下。

（一六）　エンメリヒの批判（前掲書八八ページ以下）を参照せよ――そこでは、永遠回帰の教説を超人説と結合しようとするアンドレールの試みが常に等しいものの永遠の回帰を放棄していることが、正当にも指摘されている。しかるにエンメリヒは逆に、回帰説をそっくりそのまま人間の「本質」の中へ取り入れ、そのようにしてそれの問題を消去している。

（一七）　Die psychologischen Errungenschaften Nietzsches, 1926; 以下についてはレーヴィット Nietzsche im Licht der Philosophie von Klages, Reichls philos. Almanach, hrsg. v. Rothacker (1927), S. 285—348 を参照せよ。

（一八）　„Handschrift und Charakter“ の中の分析に

ついては、Nietzsche und seine Handschrift, Zeitschr. für Menschenkunde, Jg. II, 1927 H. 6をも参照せよ。

(一九)　似た考え方でTh. *Lessing*, „Nietzsche, Wagner, Schopenhauer“もすでに回帰説を、実在の絶対的な肯定の形における「一種の自殺」と理解した。

(二〇)　ニーチェ『曙光』アフォリズム二七四を見よ――「われわれ人間は、出来のわるい時は、不出来な文章を抹殺するように、自分自身を抹殺することのできる唯一の生物である……」

(二一)　Nietzsche, der Philosoph und Politiker (Reclam 1931)。更に遺稿につけたボイムレルの解説――Die Unschuld des Werdens, Bd. I (Kröner) 1931; また Nietzsche und der Nationalsozialismus, Nationalsozialistische Monatshefte, 5. Jg., 1934 H. 49をも参照せよ。次の批評は一九三五年にドイツでは「支えられない」、そして「望ましからざる」ものであった。それゆえこの付録全体(1―9)は、この『ニーチェの哲学』と一緒にして出版されることができず、書店の手を経ずに頒布された。当時の批評の現状は今日では一応昔の話になったように見える。それにもかかわらずこの批判的言及がここにこうして後になってから発表されることになるとすれば、精神がどの程度まで時代精神になりうるものかがこのようにして指摘されることは、政治的な記憶がいちじるしく短いものだということによって、弁明されるかも知れない。

(二二)　エンメリヒ前掲書七三ページ以下参照。『ツァラトゥストラ』と『権力への意志』との事実上の連関を本文について確認するためには、なかんずく**一五**・一〇二、**一六**・四三五以下および四七四ならびに『アンティクリスト』への序文を見よ。

(二三)　ニーチェはいつか、すべての愛は長さを考えず瞬間と永遠を考える、と言っている。同じ意味で、快楽について、それは永遠、すなわち永遠回帰を欲するがゆえに自分自身を欲する、と言われている(**六**・四六九)。そして『権力への意志』の最後の章へのモットーとして、ニーチェはダンテの中からCome l'uom s'eterna(いかにして人間はみずからを永遠にするか)という文句を書きとめた。

(二四)　*Baeumler*, Männerbund und Wissenschaft, 1934, S. 108を参照せよ。

(二五)　Wahrheit und Wahrhaftigkeit in der Philosophie Nietzsches, Halle, 1933. この述作全体は、

再帰説をそっくりそのままじめに取って、存在すること・動いていること・真実であることというギリシャ的な諸概念の地平で解釈するという功績をもっているが、ニーチェをハイデッゲルの存在論的問題設定とベッケル O. *Becker* の „Paraontologie" との理念の二重の眼鏡を通して見て、ニーチェをきわめて素朴にその両者のあいだに置く(四三ページ)という手落ちがある。

(二六) エンメリヒよりも更に決定的にギーゼ F. *Giese* は一九三四年の時流に合ったある考察の中で、現代を――「簡単に定式化して」――ニーチェの真の実現として叙述した。かれは自分の主張の証明のためにファン・ブルック Moeller van Bruck, ローゼンベルク Rosenberg, クリーク Krieck, ギュンテル Günther, ヴィルト Wirth, ベルクマン Bergmann およびキューナスト Kynast の著書に頼って方向を定めた(三六ページに「一九三三年およびキューナストと共に言うならば」という簡潔な文章をもって始まる章がある)。しかしまた、まだ「体験に担われた予言者」になっていない「正直に転向した人々」(ベン Benn, プリンツホルン Prinzhorn, グリュンデル Gründel, ディーゼル Diesel, ユンゲル Jünger)にも頼っている。〔ギーゼによれば〕ニーチェが欲したことは今や現実的政治的に実現されている(二、二七、一五七ページ、一八六ページ以下)、じじつ、かれのアポロ的とディオニュソス的の区別は男性的・アリアン的と女性的・ユダヤ的の区別に対応する。『悲劇の誕生』は近代的人種学説の予見である(二九ページ以下)。同じく「おおいなる健康」の概念は「北方民族化」として理解されるべきである(六〇ページ)。もちろんニーチェ自身はまだ――かれの義弟フェルステル(!)のように――かの「絶対的にして決定的な反ユダヤ主義」にまでは突き進んでいなかった(一三三および一六六ページ)。それゆえじっさいかれは、かれのキリスト教との対立と、それ自身まだユダヤ的な「ディオニュソス」という方式との関係を、明確にすることには成功しなかった(一五九ページ以下)。ギーゼのこの「解釈」を基礎にすると、回帰説の問題も平明な解決を見いだす。すなわち、ニヒリズムのノーを一つのイェスに「切り換える」(一二二ページ)のはほんのちょっとしたことであり、一九三三年の現実的政治的なイェスは鉤十字《ハーケンクロイツ》に象徴されるから、古代史家ヴィルトの助けを借りて、次のことが明らかになる――「ツァラトゥストラと最古の書物との同類たることは、太陽の運行と鉤十字との同類たるにひとしい。……第三帝国の旗は鉤十字において、等しいものの永遠回帰の教説を象徴している」（一二七ページ）。「われわれの周りには何となく石器時代の空気がある」（一九〇ページ）と、人はギーゼ自身と同じく結論することができる。しかしかれは「われわれがもしもっと勇敢な哲学者をもっていたら、市民的世界のいろいろな不意打ちは避けられていたであろう」（九七ページ以下）という一つのことにおいてだけは、まちがっていないであろう。

(二七) Nietzsche, Paris, 1933.

(二八) Nietzsche, Einführung in das Verständnis seines Philosophierens, 1936.

(二九) Nietzsche, Existentialismus und Wille zur Macht, 1950.

(三〇) 『森の径』――「《神は死んでいる》というニーチェの言葉」一九五〇年一九三ページ以下。「思惟とは何か」一九五四年一九ページ以下。『講演と論文』――「ニーチェのツァラトゥストラは誰か」一九五四年一〇一ページ以下。この批評についてはレーヴィットの著書 Heidegger, Denker in dürftiger Zeit, 1953 の第三章に出ているハイデッゲルのニーチェ解釈に対するわれわれの批判のより原理的な根拠づけを参照せよ。

訳者後記

本訳書は Karl Löwith, *Nietzsches Philosophie der ewigen Wiederkehr des Gleichen*, neue Ausgabe, Kohlhammer Stuttgart 1956 の全訳である。原書の初版は一九三五年ベルリン Die Runde 書店から出て、久しく版を絶っていたが、政治の上でも学問の上でも重大な内容を含む二十年の歳月の後に現われたこの新版では、本文に目ざましい改訂増補がほどこされたのみならず、付録として過去六十年にわたるニーチェ解釈の歴史がくわしく論述されている。

著者レーヴィット氏は一八九七年ミュンヘンに、著名なドイツ人画家を父とし、ユダヤ人を母として、生まれた。第一次世界大戦には一兵士として出征し、一九一九年からミュンヘンおよびフライブルク(ブライスガウ)の大学で生物学人類学社会学および哲学をまなんだ。当時両大学の教授陣にはマックス・ヴェーベル、ハイデッゲル、フッセルル等の碩学がいた。二三年、ニーチェに関する論文をもって学位をとり、爾来特に現代および十九世紀の哲学と社会学を研究した。一時イタリヤに留学し、二八年マールブルク大学へかえり、ハイデッゲル教授の指導のもとに、哲学一般の講義をした。三一年からは社会学の講座を担当したが、三三年ナチスの政権掌握とともに、イタリヤにのがれた。一九三六年十一月わが東北大学に招ぜられ、夫人とともに来日して、哲学およびドイツ文学を講じた。その後ナチスのアンチセミチズムが日本にまで力を及ぼすに至って、ついに氏は四一年二月やむなく東北大学を辞して渡米した。滞日中は東北大学の豊富な蔵書を活用しておおいに自分の研究をすすめ、また度々の執筆によって研究者や一般読者層に深い刺戟を与えた。主著『ヘーゲルからニーチェへ』は滞日中にまとめられたものである。渡米後ニューヨークとその近辺の神学校や大学に勤め、この哲学者とは異質の世界に十年をすごし、ナチスの潰滅し去ったあとのドイツにようやくよびもどされ、一九五二年の春、ヤスペルスの跡をおそってハイデルベルク大学の哲学科正教授の席についた。爾来志操堅固にして清厳辛辣な学者として、学生および一般の信望をあつめている。

はじめにあげた本訳書の原本のほかに、レーヴィット氏の数多くの著書や論文のうち主なるものとして次のものがあげられる——

Das Individuum in der Rolle des Mitmenschen, Tübingen 1928.

Max Weber und Karl Marx. (In: Archiv f. Sozialwiss. 1931/32)
(柴田・脇・安藤訳『ウェーバーとマルクス』弘文堂、一九四九年)

J. Burckhardt, der Mensch inmitten der Geschichte, Luzern 1936.

Von Hegel bis Nietzsche, Zürich & New York 1941. (Neu bearbeitete Ausg.: *Von Hegel zu Nietzsche*, Zürich & Wien 1949)
(柴田訳『ヘーゲルからニーチェへ』I・II「岩波現代叢書」一九五二・三年)

Weltgeschichte und Heilsgeschehen, Stuttgart 1953.
(この本の英語版は *Meaning in History: The Theological Implication of the Philosophy of History* の題名のもとに一九四九年シカゴ大学から出版された。)

Heidegger : Denker in dürftiger Zeit, Frankfurt a. M. 1953.
Wissen, Glaube und Skepsis, Göttingen 1956.
（川原訳『知識・信仰・懐疑』岩波書店、一九五九年）
その他、ドイツでは今まで出版されず、日本語版だけが出ているものに次のものがある——
『ヨーロッパのニヒリズム』（柴田訳）筑摩書房、一九四八年。
『世界と世界史』（柴田訳）「岩波現代叢書」一九五九年。

現代思想に対するニーチェの重要さは、今さら言うまでもない。その重要さの意味は、この孤独な、予言者めいた思想家の出現このかた今日に至るまで、決して一様ではなかった。当時は前代未聞だと思われたかれの多くの言辞が、今日では現代の思想を語るきわめて月なみな言葉になっている。かれの思索はヨーロッパの政治的下降の前夜におけるもっともラヂカルな自己批判でもあった。そしてかれの「未来の哲学の前奏」は、現代ではすでに後奏になっている。しかもその意味は、かれが先取りして言ったことによって理解されるのである。同時にかれは、プラトン的キリスト教的形而上学への反抗に終始した。それはヨーロッパの思想が二千年にわたってコスモスを忘却し喪失したのを一挙にして取り戻そうとする試みであった。それゆえかれの窮極の意志は、未来の新たな可能性を考えることよりも、時間の時間性を超克して、自然的世界が小児のようにみずからたわむれる永遠回帰のたわむれを意欲することであった。——ニーチェは、ソクラテス以前のギリシャの哲人のように永遠性を愛する最後の哲学者であった。
はじめニーチェの著作の効果はあまりにも圧倒的だったために、人々にこれと思想的に対決するいとまを与えなかった。それはあまりにも個人的に作用して、人を魅惑するか反感を起こさすかのいずれかだったので、冷静に客観的に考察されえなかったのである。やがてブランデスやダヌンツィオがニーチェに傾倒し、ついでアンドレーアス‐サロメ、アンドレール等々が相次いでニーチェの評伝を書き、ベルトラム、ヤスペルス、ハイデッゲルに至るまで、かずかずのニーチェ論が出た。レーヴィット氏によれば、それらはいずれも一面的であり、殊にニーチェ哲学の真髄たる永遠回帰説の位置づけについては正当な理解を示していない。レーヴィット氏が本書ではじめて、ニーチェの哲学を「等しいものの永遠回帰の教説」として体系的に解釈することによって、この教説の決定的な意義と意味、ならびにそれの近代哲学全体との内的連関を明らかにした。もちろん『ツァラトゥストラ』の精到な解釈が本書の背骨となって通っている。読者はこれをよんではじめて『ツァラトゥストラ』の意味について眼を開かれる思いがするであろう。五十ページにおよぶ付録では、アンドレーアス‐サロメからハイデッゲルに至るまでのかずかずのニーチェ論を、回帰説に関するかぎり、一々詳細に解説批判していて、これだけでも研究者にとっては、まことに貴重な文献である。

ニーチェは「私も私の本も、緩徐調《レント》が好きだ」と言った。また、かれの著作をよむためには読者は「《近代人》ではなく、ほとんど牛にならなければならないようなこと、つまり反芻することが必要である」と言った。レーヴィット氏のこの研究書も、レントをもって、いくどもいくどもダカッポを試みながら読まなければ、十分には理解せられない。それはめんどうな作業であると同時に、なんという楽しいことであろうか。本書の中に惜しげもなくちりばめられたニーチェ自身の、なかんずくツァラトゥストラ‐ニーチェの言葉のもつ、逆説と熱気にあふれたふしぎな魅力。そしてその真意をどこまでも解明しようとする著者の執拗な努力。また、ニーチェの思想をあとから追及してそれぞれのニーチェ像を描いている多くの研究者を引合いに出しては批判し去る著者のきっさきの鋭どさ。そのさい著者は、いつものやりくちとして、相手の言葉そのものを捉らえ、それに別なニュアンスを与えて、相手に向かって投げ返す。――それゆえこの書物は、よほど注意して読みすすまなければ、その意味が正しく把握されえない。この著者もニーチェと同じく、「よく読むことを、すなわち、底意をもち、扉を開けはなち、感じやすい指と目をもって、ゆっくりと、深く、うしろと前に気をくばりながら読むこと」を、読者に要求しているのだと思う。

訳者は、当然のことながら、小心翼々として著者の真意をできるだけ誤りなく伝えようと心を砕いた。しかし哲学専攻でもなく特にニーチェ研究家でもない訳者は、どこかでひどい思いちがいをしていはしないかと、たいへん心配である。さいわいにして読者の方々の御注意がいただければ、機会あるごとに完全なものに近づけて行きたいと思っている。

まったく個人的なことながら、私が『ツァラトゥストラ』の世界にはじめて導き入れられたのは、すでに四半世紀の昔、小宮豊隆先生の演習においてであった。月曜の午後のその時間は三年もつづいた。そのころの先生の風概、それぞれいちじるしい特色を具えていた学生の面々――私は当時を追想しつつ、そして、矍鑠としていられる先生の一層の御健康を願いつつ、訳筆をはこんだ。

レーヴィット先生の私に対するこれまでの顧遇に加えて、この翻訳をも私にゆだねられた過眘に対しては、感謝のほかはない。

しかし、この度もまた河野与一先生と著者の愛弟子エトムント・ヘルツェン氏との深切な配慮と助力、岩波書店の方々の適切な処置と忍耐とがなかったら、この仕事もとうてい成しとげられなかったであろう。ここにあわせて深く感謝の意を表させていただきたいと思う。

一九六〇年三月　仙台にて

訳　者

なお本文中、丸括弧に一行書きにした部分（……）は、原文で補足または言い直しをされたものか、訳者が訳語の言い換えをしたものであり、丸括弧の割註（……）は訳者の註、角括弧〔……〕は訳者の補足である。

■岩波オンデマンドブックス■

ニーチェの哲学　K. レーヴィット

1960年 4月30日　第1刷発行
1992年10月31日　第19刷発行
2016年 9月13日　オンデマンド版発行

訳　者　柴田治三郎《しばたじさぶろう》

発行者　岡本　厚

発行所　株式会社　岩波書店
〒101-8002　東京都千代田区一ツ橋2-5-5
電話案内　03-5210-4000
http://www.iwanami.co.jp/

印刷／製本・法令印刷

ISBN 978-4-00-730487-3　Printed in Japan